JN236881

この1冊ですべてわかる

マーケティングの基本

The Basics of Marketing

安原智樹
Yasuhara Tomoki

日本実業出版社

まえがきに代えて

　本書『マーケティングの基本』は、マーケティングを学ぶためのビジネス入門書です。ただ、すでにたくさんのマーケティングの書籍が世の中に存在しており、みなさんは「ほかの書籍とどのような違いがあるのか？」と思いながら、本書を手に取っていることと思います。

　本書は、「これから何らかの形でマーケティング業務に携わっていく社会人」「すでにマーケティング実務を担っているものの、もう一度マーケティングの全体像を俯瞰したいビジネスパーソン」「企業のマーケティング部門を志望している学生」といった方々を読者として想定しています。

　本書があなたの役に立つかどうかを考えるためにも、マーケティングの書籍らしく、まずは本書がめざす役割を説明しましょう。本書の役割を明確にするために、まずは「マーケティングの書籍群全体がどのような構造になっているか」について分析します。時間的な変遷をふまえ、順を追って本書の位置づけを説明します。

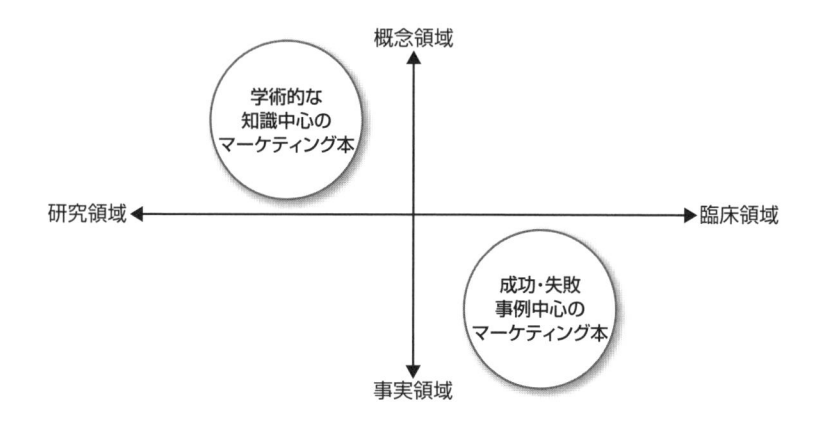

（縦軸：概念領域／事実領域、横軸：研究領域／臨床領域。左上に「学術的な知識中心のマーケティング本」、右下に「成功・失敗事例中心のマーケティング本」）

　2000年の少し前までは、「大学やシンクタンクなどで学術的見地から知識の体系にまとめられた研究・知識系」と「実際に企業が行なったマーケティング活動について、"成功""失敗"といった観点から事実中心に解説していく臨床・事実系」にマーケティングの書籍は大きく分けられました。

　もちろん、マーケティングは実務なので、現場である「臨床領域」や

「事実領域」が重要なのですが、臨床や事実を誰もが理解できるように客観的にするには、「研究領域」や「知識領域」も同様に重要といえます。

また、「マス・マーケティング」と呼ばれる、大量生産・大量消費を前提としたマーケティング活動に重心が置かれていたことも、2000年までのマーケティングの書籍の特徴として挙げられます。

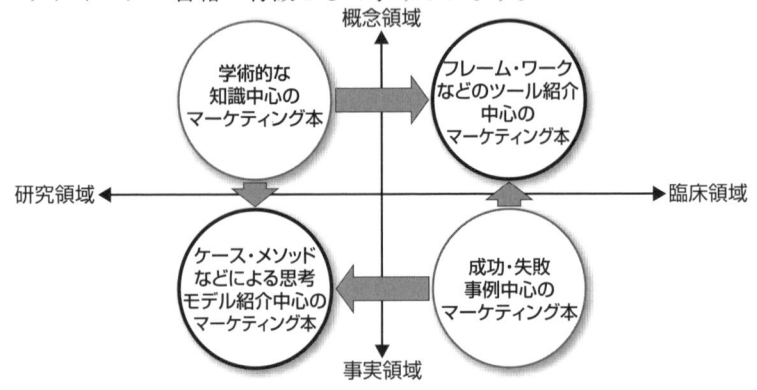

```
                    概念領域
                      ↑
          学術的な           フレーム・ワーク
          知識中心の    →    などのツール紹介
          マーケティング本        中心の
                           マーケティング本
研究領域 ←─────────────┼─────────────→ 臨床領域
                           ↑
          ケース・メソッド        成功・失敗
          などによる思考   ←    事例中心の
          モデル紹介中心の       マーケティング本
          マーケティング本
                      ↓
                    事実領域
```

2000年以降には、インターネットの普及や起業風土の定着などから、ビジネスの内容が多彩になっていきました。当然のことながら、臨床や事実で語られる事例も増えてきました。また、社会の成熟化からくるモノ・ビジネスからサービス・ビジネスへの移行、高級品などに見られるブランド論の必要性など、マーケティングの現場や知識も多様化していきます。

この動きに呼応するように、マーケティングの書籍も変化しました。ビジネスをシミュレーションしながら、大量の知識を体系的に身につけてもらうための「ケース・メソッド形式」など、従来ではビジネス・スクール（ハーバード大学が発祥であり、日本では慶應義塾大学のビジネス・スクールが有名）で講義されてきたノウハウを用いて、実際の企業事例をマーケティング活動のケースとして解説する本も出てきました。

一方、マーケティング実務で使える概念をツール（SWOTのマーケティングへの適用など）として紹介した書籍も登場します。それぞれの違いに4つの領域が対応して、マーケティングの書籍も細分化・専門化してきました（もちろん、またがっている書籍もたくさんあります）。

そのため、必然的にマーケティング関連の書籍は爆発的にそのライン・アップを広げています。このように複雑さが増すと、初心者の方々にとっ

てはハードルが高くなっていきます。よって、積極的に下図の「基本紹介」部分をカバーすることが最近までの「基本書」の傾向といえます。

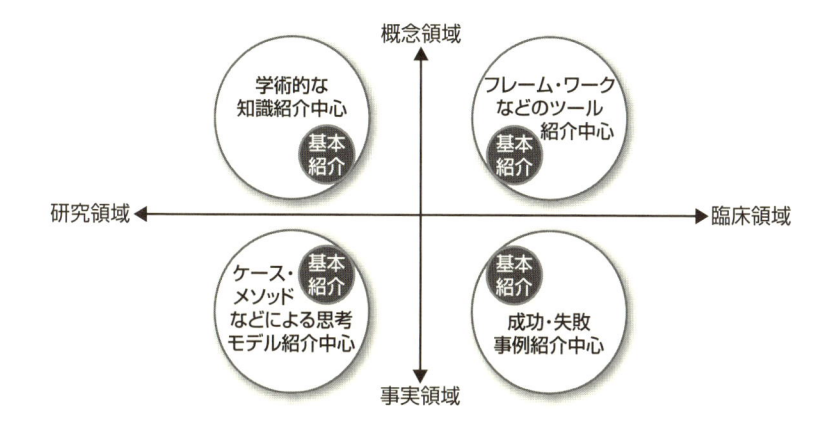

[図：概念領域―事実領域、研究領域―臨床領域の2軸で4象限に分かれる図。
- 左上（研究領域×概念領域）：学術的な知識紹介中心　基本紹介
- 右上（臨床領域×概念領域）：フレーム・ワークなどのツール紹介中心　基本紹介
- 左下（研究領域×事実領域）：ケース・メソッドなどによる思考モデル紹介中心　基本紹介
- 右下（臨床領域×事実領域）：成功・失敗事例紹介中心　基本紹介]

本書、『マーケティングの基本』では、下図の4つの領域の関連性を重視して構成しました。

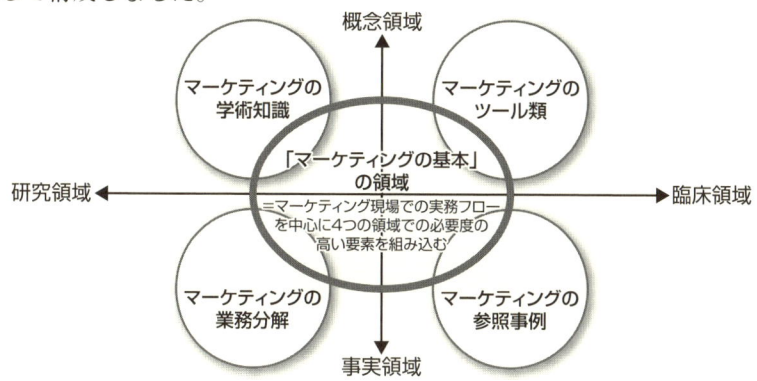

[図：同じ4象限の図。
- 左上：マーケティングの学術知識
- 右上：マーケティングのツール類
- 左下：マーケティングの業務分解
- 右下：マーケティングの参照事例
- 中央：「マーケティングの基本」の領域 ＝マーケティング現場での実務フローを中心に4つの領域での必要度の高い要素を組み込む]

関連性の中心にあるのが「現場でのマーケティング業務」です。

マーケティングの実務フローにおいて、「知っておくのが望ましいマーケティング知識（研究領域―概念領域）」「利用頻度が高いマーケティング・ツール（臨床領域―概念領域）」「実際に企業で行なわれている典型的なマーケティング業務の内容（研究領域―事実領域）」「現場での成功のポイントと失敗を避けるポイント（臨床領域―事実領域）」をという4つの領域を可能な限り組み込んで構成されています。

また、B2Bマーケティングやサービス財マーケティングでは、従来のマーケティング知識では現場に適用できないこともたくさんあるので、章を分けて説明しました。

　本書の執筆にあたって、リサーチャーの兼子良久さん、および、モデレーターの平野めぐみさんに多大なるご協力をいただいたことを感謝するとともに、ここに付記します。

　これまでのマーケティング関連の書籍とは違った形で、本書がみなさんのお役に立てれば存外の幸せです。

2009年1月

安原　智樹

マーケティングの基本 ●目次●

まえがきに代えて

第1章 ▶ マーケティング業務を俯瞰する

1-1 マーケティング業務は大きく2つに分けられる　14
マーケティングの業務は、新商品開発、既存商品育成に分類される

1-2 マーケティングの目的は「商品とおカネとのハッピーな交換」　16
「売り手」「買い手」の立場を考えて、双方のバランスをとることが重要

1-3 マーケティングはビジネスやコミュニティと密接にかかわる　20
マーケティングには配慮すべき単位と領域がある

マーケティングの職種①
1-4 マーケティング・ゼネラリスト　22
顧客を増やすために、バラバラな社内の活動をまとめるのが仕事

マーケティングの職種②
1-5 マーケティング・スペシャリスト　26
スペシャリストは高い専門性を求められ、業務内容も多岐にわたる

1-6 マーケティング業務の基本的な手順を知る　28
時間の流れを理解することが業務の基本となる

COLUMN ● マーケティング部門の業務スキルをスコア化する　32

第2章 ▶ 新商品開発の仕事【戦略】
～企業環境分析、新商品コンセプト、基本戦略立案

2-1 新商品開発は既存市場に新しい場所を創ること　34
新商品開発にもレベルの差があり、それぞれで開発規模が変わる

2-2 新商品を開発するための6ステップ　36
戦略構築では絞り込み、戦術構築では肉づけが重要になる

2-3	**企画書提出のタイミング・場面・構成**	39
	場面によって提出する企画書の種類を変え、円滑に開発を進める	
2-4	**ブランドは消費者の頭の中にあるすべての物事の取っ手**	43
	強いブランドを確立できれば、商品の利益率を高められる	
2-5	**新商品開発プロジェクトの起点**	48
	トップダウンとボトムアップのバランスがとれて、初めてプロジェクトは機能する	
2-6	企業環境分析① **企業環境分析の役割と概要を知る**	50
	具体的な作業をする前に、新商品開発の方向性を明らかにする	
2-7	企業環境分析② **PEST分析やGCS分析による消費者分析**	53
	マクロとミクロからの視点で分析することが重要	
2-8	企業環境分析③ **「狙う」「避ける」べき領域を探る競合分析**	58
	新商品発売後の競合の出現に備えて、あらかじめ準備しておく	
2-9	企業環境分析④ **バリューチェーンを用いて自社分析をする**	60
	自社分析では、活用できそうな企業資源を見つける	
2-10	企業環境分析⑤ **競合優位で魅力的なフィールドを見つける**	62
	自社の環境を整理するだけではなく、順位づけして組み合わせることが重要	
2-11	商品コンセプト① **ニーズとシーズをアイデアで結ぶ**	65
	企業環境分析をしたあとは、商品の概念化へ進む	
2-12	商品コンセプト② **マズローの欲求五段階説から見る「ニーズ」**	67
	ニーズをつかむためには、人間の欲求の流れを理解することが重要	
2-13	商品コンセプト③ **商品コンセプト開発の手順を知る**	69
	商品コンセプトの起点によって、3つのルートを使い分ける	

新商品コンセプト④
2-14 コンシューマー・インサイトを用いてニーズを発見する　　71
消費者に近づいてニーズを読み取ることが重要

新商品コンセプト⑤
2-15 シーズの特性をつかむ　　73
シーズは２つに分けられ、ニーズと組み合わせることになる

新商品コンセプト⑥
2-16 アイデアを抽出する4つの手法　　75
発想法を用いることで、アイデアを抽出することが容易になる

新商品コンセプト⑦
2-17 商品コンセプト段階での定性的、定量的調査　　79
商品コンセプト調査は２段階に分けられ、２つの視点から調査をする

マーケティング基本戦略①
2-18 STPで戦略にかかわる3要素を規定する　　84
社内で商品コンセプトがブレないように、共通の設計図を作る

マーケティング基本戦略②
2-19 セグメンテーション（S）対象市場について　　89
「構造」と「動向」という２点が対象市場を規定する際のポイント

マーケティング基本戦略③
2-20 セグメンテーション（S）競合関係について　　93
競合商品が明確になれば、競合関係も明確になる

マーケティング基本戦略④
2-21 ターゲティング（T）ターゲット　　97
顧客像が見えれば、マーケティング活動の精度が上がる

マーケティング基本戦略⑤
2-22 ターゲティング（T）オケージョン　　101
オケージョンによって、商品に関する場面を整理できる

マーケティング基本戦略⑥
2-23 ポジショニング（P）ユーザーベネフィット　　103
ユーザーベネフィットは絞り込んだり、順序立てる必要がある

マーケティング基本戦略⑦
2-24 ポジショニング（P）差別化のポイント　　105
ユーザーベネフィットがあって、初めてメイン商品との差別化を図れる

COLUMN● マーケティング業務マニュアルの必要性と問題　108

第3章 ▶ 新商品開発の仕事【戦術】
～ブランド・シンボル開発、マーケティング・ミックス立案化

ブランド・シンボル開発①
3-1 ブランド・シンボルを設計する　　110
ブランド・シンボルは顧客のイメージとなり、長期間変えないものとなる

ブランド・シンボル開発②
3-2 ネーミングのポイント　　113
ネーミングではブランド階層を意識しながら開発する

ブランド・シンボル開発③
3-3 デザインやブランド・スローガンを作成する　　118
文字的・絵画的シンボルを組み立てる

マーケティング・ミックス①
3-4 マーケティング・ミックスと4Pとの関係を整理する　　121
4Pはアクション・プランの中心

マーケティング・ミックス②
3-5 【プロダクト】製品スペックと製品ライン・アップ　　124
市場に新製品を導入する際、必要であればライン・アップをそろえる

マーケティング・ミックス③
3-6 【プロダクト】商品パッケージ・デザイン　　128
商品デザインが貢献する3つの価値

マーケティング・ミックス④
3-7 【プライス】価格設定　　132
プライスでは4つの視点に留意する

3-8 マーケティング・ミックス⑤
【プライス】価格に関する情報収集 137
顧客視点、競合視点、自社視点でのポイントを知る

3-9 マーケティング・ミックス⑥
【プライス】価格政策 140
新商品の価格を変えることは好ましくないが、商品によっては価格政策をとる

3-10 マーケティング・ミックス⑦
【プレイス】流通チャネルの役割 143
流通チャネルの3つの役割と種類

3-11 マーケティング・ミックス⑧
【プレイス】流通チャネル政策 148
導入コストや運用コストを考えながら、チャネルの規模を決める

3-12 マーケティング・ミックス⑨
【プロモーション】プロモーションの役割 151
プロモーションでは消費者行動モデルを意識する

3-13 マーケティング・ミックス⑩
【プロモーション】プロモーション媒体を選択する 156
プロモーション領域はおもに4つに分けられ、プル型とプッシュ型の2種類で使い分ける

3-14 マーケティング・ミックス⑪
【プロモーション】プロモーション表現を作成する 162
各表現の特徴を押さえ、顧客の購入志向を喚起する

3-15 市場導入戦略書でのポイント 169
市場導入戦略書は環境分析からマーケティング・ミックスまでを整理したもの

COLUMN● VI-CI-BI 172

第4章 ▶ 既存商品を育てる仕事

4-1 既存商品の育成の核となる2つの業務 174
6つのステップで、年間マーケティング戦略の策定と遂行を行なう

4-2 パフォーマンス・レビュー①
レビューの体系を知る …… 178
パフォーマンス・レビューで定量的、定性的な事実を抽出する

4-3 パフォーマンス・レビュー②
定量的な分析から仮説に進むポイント …… 185
消費者意識と消費者行動に関する指標から考える

4-4 パフォーマンス・レビュー③
仮説から定性的な分析へ進む …… 190
定量分析の結果を活かして、定性分析を行なう

4-5 パフォーマンス・レビュー④
課題を特定して因果関係を探る …… 193
悪い結果の場合には、課題をハッキリさせる

4-6 次年度目標設定①
ビジネス目標を設定する …… 195
3つの視点とアプローチでビジネス目標を討議する

4-7 次年度目標設定②
商品ライフサイクル理論とイノベーター理論 …… 198
既存商品育成でよく使われる2つの理論

4-8 マーケティング基本戦略の確認①
基本戦略確認のステップとは? …… 202
状況によって、マーケティング戦略を見直す必要がある

4-9 マーケティング基本戦略の確認②
基本戦略を継続するケース …… 203
マーケティング基本戦略の精度を上げる

4-10 マーケティング基本戦略の確認③
基本戦略の拡充 …… 206
結果がビジネス目標を上回る場合には、マーケティング基本戦略を拡大する

4-11 マーケティング基本戦略の確認④
基本戦略の修正 …… 209
結果がビジネス目標を下回る場合には、マーケティング基本戦略を変更する

4-12 CRMとROI 212
マーケティング・ミックスにおける既存商品育成手法①
CRMとROIでアクション・プランを点検する

4-13 プロダクト 216
マーケティング・ミックスにおける既存商品育成手法②
既存製品の拡張などが挙げられる

4-14 プライス 218
マーケティング・ミックスにおける既存商品育成手法③
きめこまかいオペレーションで対応する

4-15 プレイス 220
マーケティング・ミックスにおける既存商品育成手法④
流通チャネルの調整とSCMで効率性アップ

4-16 プロモーション 222
マーケティング・ミックスにおける既存商品育成手法④
ブランド化のために次のステップに進む

4-17 終売ルールを決める 224
商品ポートフォリオを作ることで、終売すべき既存商品を"見える化"できる

第5章 ▶ B2Bマーケティングと
サービス財マーケティングの仕事

5-1 B2Bマーケティングの特徴 228
B2Bマーケティング①
B2Bマーケティングの前提を理解する

5-2 2層の3C分析で環境分析をする 231
B2Bマーケティング②
顧客業種の分析からスタートする

5-3 新商品コンセプト開発のポイント 235
B2B マーケティング③
B2Bでは協働企業の選定が重要であり、業界一番手が望ましい

5-4 B2Bマーケティング④ マーケティング基本戦略のポイント　237
B2Bのセグメントでも、B2Cと共通の部分がある

5-5 B2Bマーケティング⑤ マーケティング・ミックス（4P）構築のポイント　240
見込み顧客を抽出し、B2Bプル・マーケティングを導入することが重要

5-6 B2Bマーケティング⑥ 既存商品育成のポイント　243
KPIを算出し、顧客化の指標を管理する

5-7 サービス財マーケティング① サービス財マーケティングの特徴　246
4Cと7Pを使って、サービス財の戦術を練る

5-8 サービス財マーケティング② 新サービス開発のポイント　249
サービスを価値として具体化する

5-9 サービス財マーケティング③ 既存サービス育成のポイント　252
顧客化のための情報収集と活用

本文DTP／ダーツ

※ 本書に記載されている社名、商品名、製品名などは各社の商標または登録商標です。本文中に©、®、TMを明記していません
※ 本書は2016年4月現在の情報を基にしております。

第1章

マーケティング業務を俯瞰する

1-1 マーケティング業務は大きく2つに分けられる

マーケティングの業務は、新商品開発、既存商品育成に分類される

◆マーケティング活動は企業活動の大部分をカバーする

有名なマーケティング手法の「4P（122ページを参照）」に代表されるように、マーケティング"活動"は企業活動の大部分をカバーしています。

生産から販売まですべてがマーケティング活動の一部なので、工場に勤務していたり、営業部門に所属していることもマーケティングに従事していることになります。しかし、すべての活動をマーケティングとして扱うと、経営全般まで含めた広大な話になるので、本書の扱う範囲はマーケティング"業務"としました。

❖マーケティングの4Pと企業活動の関係❖

4P	おもな関連部門
プロダクト (Product)	工場、研究所など
プライス (Price)	営業部、経理部など
プレイス (Place)	営業部、物流部など
プロモーション (Promotion)	広報部、宣伝部など

◆マーケティングの仕事は大きく2つに区分される

本書はマーケティングを「マーケティング知識」ではなく、実際の業務で実践できるように「マーケティング業務」で区分して構成しています。業務には商品の企画立案や、計画遂行に中心的に携わる仕事が含まれ、次の2点に分けられます。

❖マーケティング業務の２大区分❖

		新商品を企画し、市場に出すまでの業務	
①	新商品の開発	【小さな業務】既存市場での既存商品から派出した商品など	【大きな業務】新市場創造をめざす新商品開発など
		すでに販売されている商品を育成していく業務	
②	既存商品の育成	【小さな業務】既存商品の日々の販売状況を把握し、営業活動をサポートするなど	【大きな業務】次年度の年間マーケティング計画を立案し、経営から承認を得ることなど

▶①新商品の開発

　新商品を市場に出す業務です。新商品コンセプトから企画を立案し、市場導入の準備までを行ないます。新商品といっても、既存商品と少しだけ性能が違うだけの商品から、まったく新しい市場を創造するような革新的新商品まで幅広いものがあります。「新たな価値提案で顧客を生み出す」点では共通しています。

▶②既存商品の育成

　すでに発売されている商品を育てることに関する業務です。おもに、市場での商品の現状を把握し、次年度のマーケティング計画を策定します。
　マーケティング計画のなかで、「どのくらいの販売や生産などをめざすのか」目標を決め、目標を達成するための具体的な方策として、商品内容の改良や新たなキャンペーンを立案し、顧客への購入をうながします。また、日々の販売状況に対応して営業活動をサポートする業務も含まれるので、業務の幅が広いといえます。

1-2 マーケティングの目的は「商品とおカネとのハッピーな交換」

「売り手」「買い手」の立場を考えて、双方のバランスをとることが重要

◆ハッピーな交換にはターゲティングとポジショニングが必要

　マーケティング業務を説明する前に、マーケティング活動はビジネス活動においてどのような位置づけかを見ていきましょう。

　まず、企業におけるマーケティングの目的は「商品とおカネとのハッピーな交換」です。企業は価値を顧客に提供し、顧客から利益を享受します。そのためには、「どういった交換が望ましいのか」を考える必要があります。

❖商品とおカネとのハッピーな交換❖

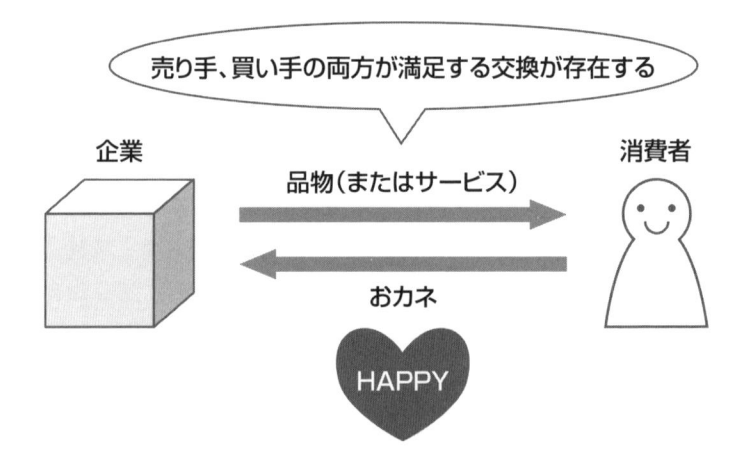

売り手、買い手の両方が満足する交換が存在する

企業　　品物（またはサービス）→　消費者
　　　　←　おカネ
HAPPY

　たとえば、自社の商品Xがあるならば、提供する相手によって、もらえる金額は変わってきます。「商品Xを"とても"ほしいと思っている人」に提供することができれば、もらえるおカネは高くなるのです。

　しかし、「商品Xを"少し"ほしいと思っている人」に提供するときは、購入は条件しだいになってしまい、「価格が安い」「景品がついている」などの条件がつけば自社の持ち出しが増えて、もらえるおカネは低くなります。まして、「商品Xをほしいと思っていない人」に提供しようとしても

交換そのものが成立せず、もらえるおカネはゼロになってしまうのです。つまり、「少しだけほしい人」は自分たちが満足いく交換に近くなります。

消費者側から見てみると、ある商品カテゴリーで商品を探している人にとって、「自分がほしいと思っている特徴Xを持っている商品」は満足度が高い商品です。そのため、支払う金額もより高くなります。

しかし、Xとは異なる特徴Aの商品Aでは"期待値以下"なので、購入は条件しだいとなってしまいます。また、さらに希望に沿わない特徴Bの商品は"期待と異なる"ので購入そのものがされません。つまり、消費者がどのような特徴の商品を求めているかを知ることができれば、企業側も満足できる仕組みになっているのです。

このように、「商品とお金のハッピーな交換」は必ずしも自動的に行なわれるわけではありません。そのため、「誰に（これをターゲティングといいます）」「何を（これをポジショニングといいます）」という矢印を考えながら提供することは重要な探索テーマになります。

マーケティングは、「商品とお金のハッピーな交換点」を見つけて実現し、それをさらに増やしていく活動です。この活動によって、ビジネスの目的である利益創出を実現させていきます。

◆マーケティングの内容も変化した

社会が変化すれば、生活も変化します。それにともなって、消費者も変化していきます。マーケティングは、1960年ごろに学術的に成立した比較的最近の知識体系です。同時に、社会の変化にともなって内容も大きく変化してきました。

たとえば、マーケティング・ミックスとしてポピュラーな4P（122ページを参照）も、メーカーなどの製品中心に組み立てられた区分です。経済が拡大するにつれて、サービス産業も大きくなり、こういった4Pでは対応がむずかしくなりました。そのため、4Cや7P（246ページを参照）といった別の知識体系で説明するほうがスムーズになってきているという実態も起きています。

また、B2Bと呼ばれる中間財や生産財の産業では、従来のマーケティングとは無縁とされてきました。しかし、マーケティングの原理は活かしながら、新たなフレームでB2Bマーケティングを構築しようという動きも多くなってきました。

❖売り手から見た「ほしい」度合いとおカネの関係❖

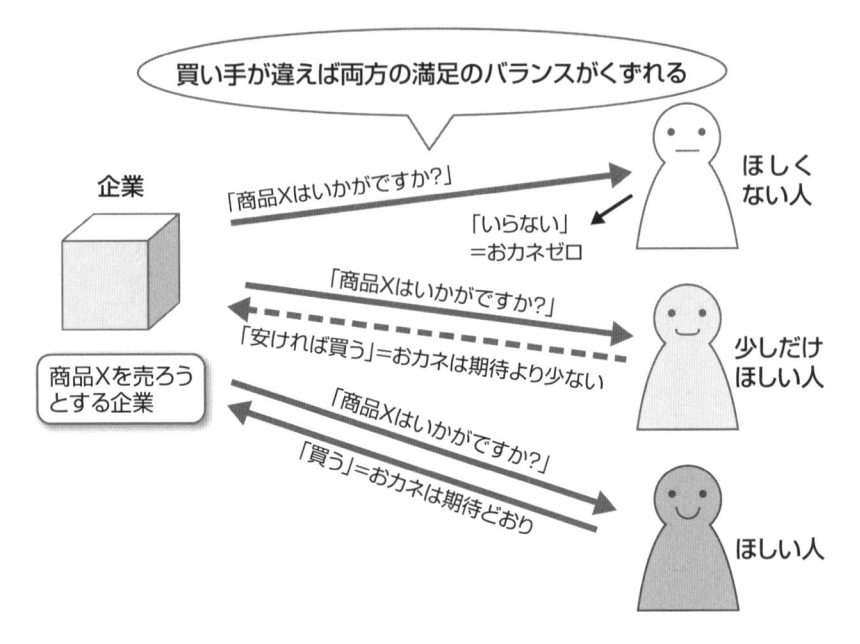

買い手が違えば両方の満足のバランスがくずれる

企業 →「商品Xはいかがですか?」→ ほしくない人
「いらない」＝おカネゼロ

「商品Xはいかがですか?」
「安ければ買う」＝おカネは期待より少ない → 少しだけほしい人

「商品Xはいかがですか?」
「買う」＝おカネは期待どおり → ほしい人

商品Xを売ろうとする企業

❖買い手から見た「ほしい」度合いとおカネの関係❖

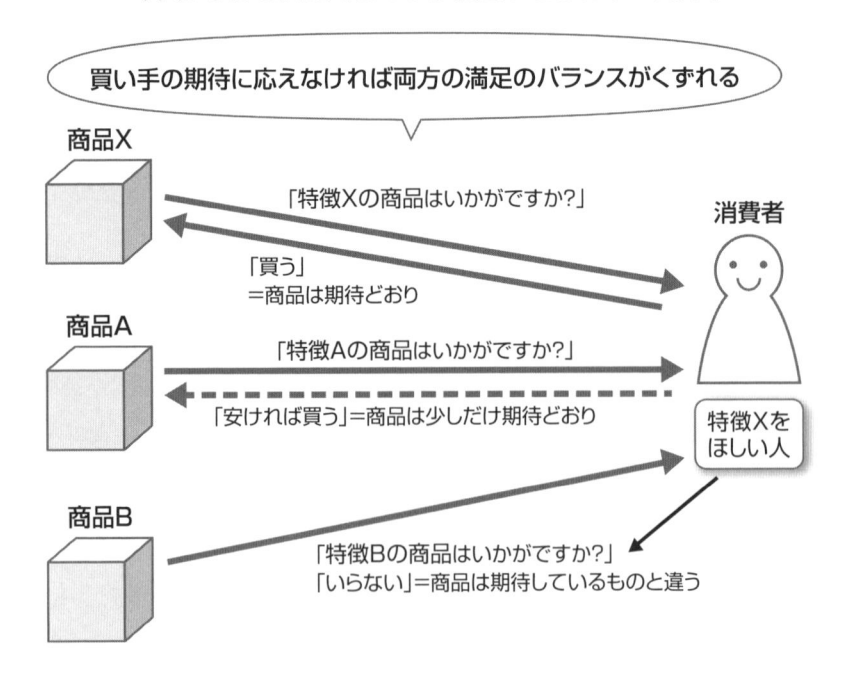

買い手の期待に応えなければ両方の満足のバランスがくずれる

商品X ←「特徴Xの商品はいかがですか?」← 消費者
「買う」＝商品は期待どおり

商品A ←「特徴Aの商品はいかがですか?」
「安ければ買う」＝商品は少しだけ期待どおり

特徴Xをほしい人

商品B ←「特徴Bの商品はいかがですか?」
「いらない」＝商品は期待しているものと違う

◆時代や場面を問わずに活用できるマーケティングの基本

　個人的な話ですが、私は2000年にマーケティング・コンサルタントとして独立しました。消費財や中間財のマーケティング実務経験を15年積んできたことが、マーケティング・コンサルタントとしての職業を選んだきっかけでした。

　ところが、この頃はちょうどインターネットの普及期であり、新しいネット・ビジネスが次々と立ち上がっていった時期でした。複数の人から、「もう、従来のマーケティングは通用しない時代になった」といわれ、正直、非常にショックを受けたのを覚えています。最先端であるインターネットの世界に関しては、まったくお呼びでないマーケティング・コンサルタントとしてデビューすることになってしまったのです。

　しかし、その後にＩＴバブルも終わって、インターネットが人々にとって1つの生活ツールとして落ち着き出すと、少しずつインターネット系ビジネスからのコンサルティング要請が増えてきたのです。現在でも、複数のWebを活用した企業においてマーケティングのコンサルティングをしています。

　お呼びでなかったはずなのに、いったい何が起きたのでしょうか？実は、インターネット系の企業でも、マーケティングの原理原則は確実に通用します。なぜならば、消費者はインターネットがほしいわけではなく、インターネットを通じて自分にとって価値あるものを探して、入手するという行動をとっているからです。

　結局、場面は多様化し、使うマーケティング用語も増えましたが、マーケティングの基本は変わらないということの証なのです。そのため、まずはマーケティングの基本知識を細切れになった単語としてではなく、手順に沿った体系で知っておけば、これからも大きく変化していく消費者にも十分対応できると思っています。

1-3 マーケティングはビジネスや コミュニティと密接にかかわる

マーケティングには配慮すべき単位と領域がある

◆関係によって扱う単位が違う

　マーケティングはビジネスの一部です。ですから、そこでは共通した"指標"が必要となります。企業経営という視点から見ると、「利益」「シェア」が二大指標であり、その両方の中心にある「売上」が活動目標となりやすい構造となっています。

　利益は、「売上－経費（変動費＋固定費）＝利益」であり、「売上÷市場規模＝シェア」といった式で二大指標の関係を表わすことができます。

❖企業経営における二大指標❖

ビジネスの基本目標は、シェアと利益

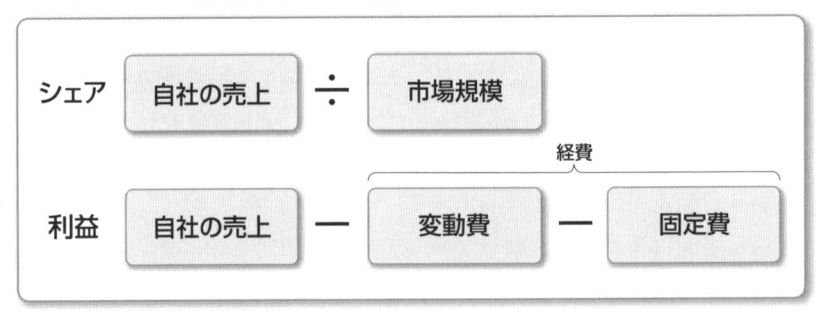

シェア	自社の売上	÷	市場規模	
利益	自社の売上	－	変動費	－ 固定費

（変動費＋固定費＝経費）

　このとき、活動目標となる「売上」はマーケティング活動にとっても重要な指標となるのですが、マーケティングの目的である「商品とお金のハッピーな交換」は見えてきません。

　そのため、これをマーケティングの世界の単位に置き換える必要があります。

　「売上＝顧客数×商品単価×購入頻度」とすることで、「誰に」「何を」を語れるレベルにします。その一方で、マーケティング業務では現場で起こっている交換を、ビジネスで扱える単位の「売上」として翻訳することも求められます。

❖共通した指標にするための翻訳能力が求められる❖

```
┌─────────────────────────┐
│   ビジネスの基本単位      │
│   ●自社の売上            │
└─────────────────────────┘
       ↑ 翻訳能力が求められる ↓
┌─────────────────────────┐
│  マーケティングの基本単位  │
│  ●顧客数 × 商品単価 × 購入頻度 │
└─────────────────────────┘
```

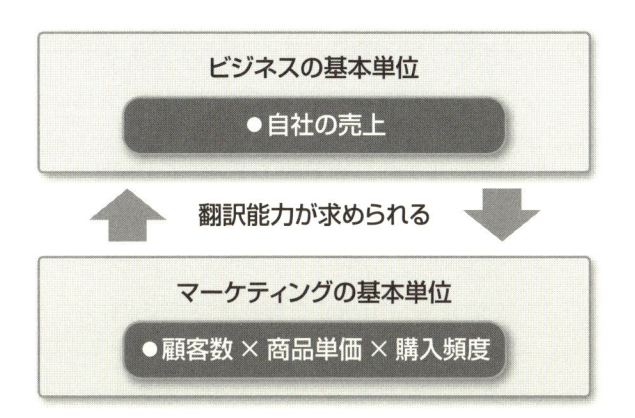

◆カバーすべき世界は広がっている

　マーケティング業務では、「交換」という単位がポイントになるのですが、企業全体を考えると単に「商品とお金のハッピーな交換」ということだけではなく、企業自体が存在している地域や国、地球といったコミュニティにも配慮をする必要があります。

　CSR（Corporate Social Responsibility）という、企業の社会的責任といった視点もマーケティング活動には求められるのです。

　マーケティング活動をするにあたって、「自社＝I」「顧客＝You」「コミュニティ＝We」という3つの立ち位置があります。まず、マーケティング活動の基本である「自社」と「顧客」との交換によって利益と価値をそれぞれが求めることになります。しかし、利益と価値は「コミュニティ」を考慮したものでなければいけません。

❖マーケティングに必要な視点❖

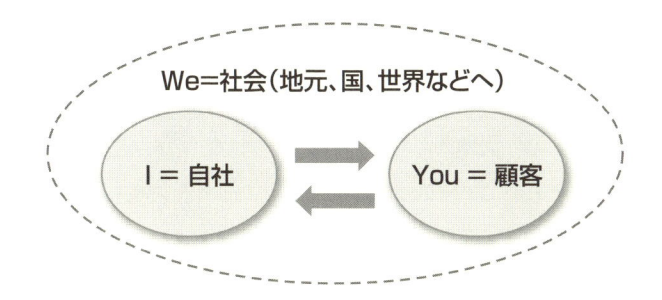

```
   We=社会（地元、国、世界などへ）
  ┌──────────────────────┐
  │  ( I＝自社 ) ⇄ ( You＝顧客 )  │
  └──────────────────────┘
```

1-4 マーケティングの職種①
マーケティング・ゼネラリスト

顧客を増やすために、バラバラな社内の活動をまとめるのが仕事

◆マーケティング・ゼネラリストに分類できる職業

　マーケティングの業務は多岐にわたりますが、通常は「営業マンが販売促進策を立案する」「開発部員が商品企画をする」といった仕事に関するものになります。そのため、企業活動そのものがマーケティングの業務を機能として持っており、社員で分担しているといえます。

　この分担のしかたも多様なので、本書ではゼネラリスト系とスペシャリスト系に分けて、マーケティング関連の職業として代表的なものを紹介します。

▶①プロダクト・マネージャー

　製品担当者と呼ばれる職種です。ある製品に関するマーケティング活動に関して、すべての分析・企画・準備までを統括します。調査部門、工場部門、販売企画部門、営業部門といった分業体制になっている組織を、プロダクト・マネージャーが中心となって進行していくので、司令塔のような存在です。

❖プロダクト・マネージャーの業務❖

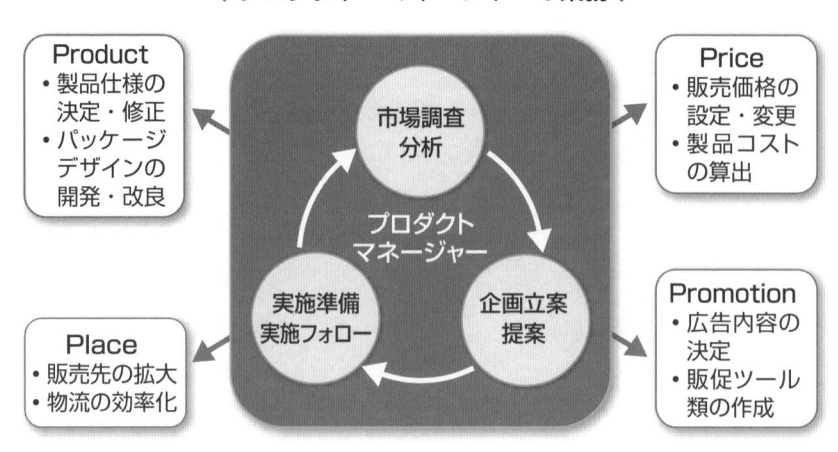

Product
・製品仕様の決定・修正
・パッケージデザインの開発・改良

Price
・販売価格の設定・変更
・製品コストの算出

Place
・販売先の拡大
・物流の効率化

Promotion
・広告内容の決定
・販促ツール類の作成

プロダクトマネージャー
- 市場調査・分析
- 企画立案・提案
- 実施準備・実施フォロー

実際には、担当する製品の分析・企画・準備などを通じて、ビジネス目標である「売上目標」「シェア目標」「利益目標」などの経営指標を達成する責任を負います。もちろんその分、マーケティング投資費用の使い方に関しても自主的に提案でき、経営陣の承認をもらえば自由裁量で扱えます。
　プロダクト・マネージャーは企業全般のマーケティング活動に精通している必要があるので、「小さな社長」のようなゼネラリスト的な役割が求められます。メーカー（とくに市場を製品によって区分けしている企業）によくある職種なので、B2B（Business to Business）のような生産財（製品やサービスを生産するために購入・使用する原料や部品など）や中間財（一般消費者が消費する製品やサービスを生産するための原料）も担当します。

▶②ブランド・マネージャー

　プロダクト・マネージャーが製品担当者と呼ばれ、製品単位で業務を行なうのに対し、ブランド・マネージャーはブランド（銘柄）を業務範囲とする職種です。業務の内容的にはそれほど差はありませんが、1つのブランドには複数の製品が存在することがしばしばあります。
　たとえば、洗剤ブランドには形態違いの液状や粉末の製品があり得ます。また、アパレルでは1つの会社に複数のブランドが存在し、ブランド別に季節ごとに新しい商品が提供されたりします。洗剤やアパレルなどの消費財系の会社では、ブランドを単位として分析・企画・準備を行ない、「市場でブランドがどう見られるべきか、どう使われるべきか」といったブランドの管理もします。そのため、ブランド・マネージャーは顧客接点が多い消費財企業によく存在します。
　企業と消費者の関係はキャッチボールの関係です。次ページの図を見ると、4Pと呼ばれる「プロダクト（Product）」「価格（Price）」「流通チャネル（Place）」「プロモーション（Promotion）」が同一の消費者の購入に向かって働きかけることになります。
　実際の企業活動では、4Pを担う部門がそれぞれ異なっています。1つでも消費者への働きかけが違う向きになれば、購入は進んでいかないので、全社を「この商品は○○という方向に向かうべきです」という統御をするための役割を担うのがブランド・マネージャーといった人の業務になります。

❖企業活動がめざすべき方向❖

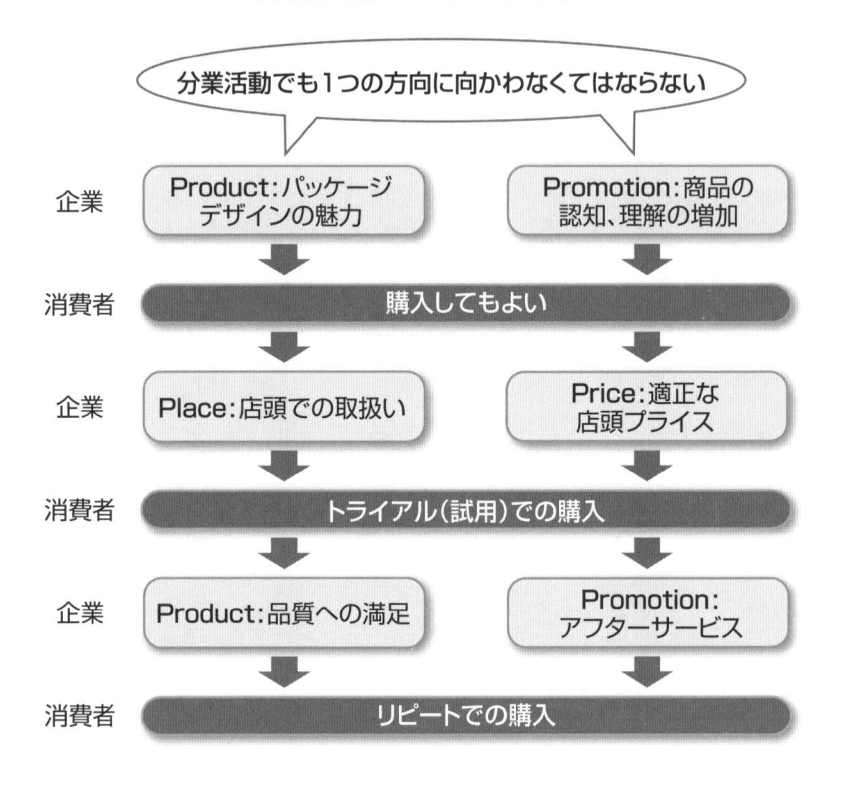

分業活動でも1つの方向に向かわなくてはならない

企業	Product：パッケージデザインの魅力	Promotion：商品の認知、理解の増加
消費者	購入してもよい	
企業	Place：店頭での取扱い	Price：適正な店頭プライス
消費者	トライアル（試用）での購入	
企業	Product：品質への満足	Promotion：アフターサービス
消費者	リピートでの購入	

▶③カテゴリー・マネージャー

　製品単位やブランド単位ではなく、特定の類似する市場で販売する商品カテゴリー全般を担当する職種です。複数の商品の育成や、担当する市場に向けた新商品の開発を行ないます。カテゴリー全体で売上・利益の責任を持ちます。

　カテゴリー・マネージャーは商品数が多く、1つ当りの売上規模が小さい企業によくいます。

　また、企業規模が大きくなると、プロダクト・マネージャーやブランド・マネージャーも大人数になります。その場合には、カテゴリーごとに上位職としてのマネージャーを置き、類似市場の中で自社の商品同士が競合しないように区分けを明確にしたり、個々のマーケティング活動を調整したりします。

❖ カテゴリー・マネージャーとほかのマネージャーの関係 ❖

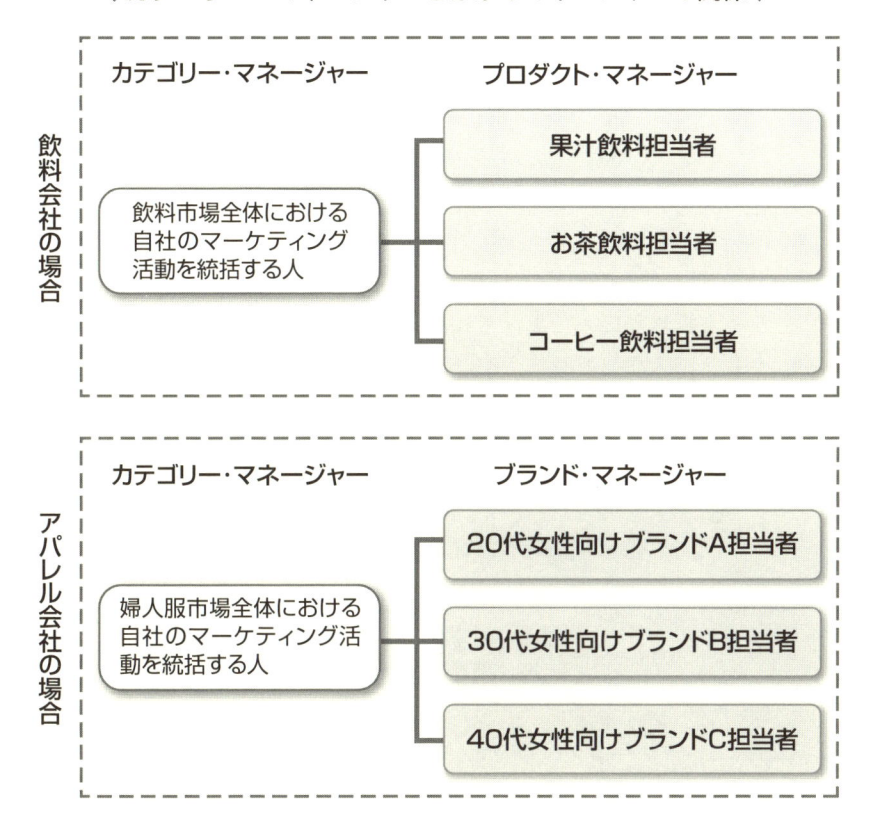

飲料会社の場合

カテゴリー・マネージャー　プロダクト・マネージャー

飲料市場全体における自社のマーケティング活動を統括する人
- 果汁飲料担当者
- お茶飲料担当者
- コーヒー飲料担当者

アパレル会社の場合

カテゴリー・マネージャー　ブランド・マネージャー

婦人服市場全体における自社のマーケティング活動を統括する人
- 20代女性向けブランドA担当者
- 30代女性向けブランドB担当者
- 40代女性向けブランドC担当者

1-5 マーケティングの職種②
マーケティング・スペシャリスト

スペシャリストは高い専門性を求められ、業務内容も多岐にわたる

◆スペシャリストは大きく3つに分けられる

　マーケティングの専門性に特化したスペシャリストもいます。商品担当、ブランド担当といった単位ではなく、専門領域についてカバーしています。本書ではスペシャリストを「①分析領域」「②企画領域」「③実施領域」に区分けして、おもな職種を紹介します。

　スペシャリストは高い専門性が求められるので、企業内だけではなく、外部スタッフとして存在することのほうが多い傾向にあります。

❖おもなスペシャリストの種類❖

①分析系マーケティングスペシャリスト	マーケティング・リサーチャー	市場調査を専門とし、調査設計から分析、提案まで行なう
	モデレーター	生活者や顧客に直接インタビューし、新商品のヒントや既存商品の課題を引き出す
②企画系マーケティングスペシャリスト	マーケティング・プランナー	企画業務に特化して新しい企画を組み立て、提案まで行なう
	マーケティング・コンサルタント	マーケティング業務全般を、企画中心にサポートする
③実施系マーケティングスペシャリスト	デザイナー	パッケージデザインやインダストリアルデザインといった視覚的なものを、マーケティングの視点から行なう
	コピーライター	ネーミングやブランドスローガンなど言葉に関するものを、マーケティング視点から行なう

▶マーケティング・リサーチャー

　市場調査を専門とする職種です。市場調査の設計、実施、データの分析、提案までを請け負うのが一般的です。大企業だと市場調査部のような部署があり、そこで専門的に働く場合もありますが、ほとんどの場合には調査会社に勤務し、クライアントからのリサーチ案件を受注して作業します。

▶モデレーター

　市場調査の中でも生活者や顧客に直接インタビューし、新商品のヒントを引き出したり、既存商品の課題を発見するといった職種です。通常のア

ンケートでは表面的な情報しか出てこないので、インタビューテクニックによって生活者や顧客の深層心理に近づく専門的な仕事になります。

▶マーケティング・プランナー

　プロダクト・マネージャーやブランド・マネージャーが行なう企画に関する業務に特化する職種です。外部スタッフとして存在し、コンサルティング会社や広告代理店などに属していたり、個人で活動するなどさまざまな人がいます。企画範囲は新商品開発から消費者キャンペーンなど多岐にわたるので、それぞれの業務内容に沿って、得意分野となる専門性が分化していることも特徴です。

▶マーケティング・コンサルタント

　マーケティング・プランナーが企画業務特化型だとすると、マーケティング・コンサルタントはプロダクト・マネージャーやブランド・マネージャーの業務全体をサポートするような位置づけです。おもに企画のコンサルティングを行ない、分析や実施の領域にも精通している職種です。業種業態（消耗消費財に強い、サービス財に強いなど）の区分によって専門性が分かれている傾向があります。

▶デザイナー

　食品やトイレタリーなどの消耗消費財のパッケージ・デザイナー、家電やオートバイなどの耐久消費財のインダストリアル・デザイナーなどが存在します。美的感覚に優れているだけではなく、消費者が利用する場面での機能性にも配慮できなくてはなりません。また、製造工程での制約やコスト的な上限もあるため、多角的な視点からデザインを構成する能力も要求される職種です。

▶コピーライター

　マーケティング業務においては、新商品のネーミングやブランド・スローガンなどの長期的に使用していく言葉によるシンボルが重要な役割を持ちます。また、広告キャンペーンのメッセージなどを作ることもコピーライターの仕事ですが、商品の取扱い説明書の表現なども、仕事の範疇（はんちゅう）となります。

1-6 マーケティング業務の基本的な手順を知る

時間の流れを理解することが業務の基本となる

◆マーケティングの基本的な手順は2つある

マーケティングの仕事には基本的な手順があります。マーケティングの知識があってもなかなか実務で活用できないのは、業務手順を理解しないと仕事がむずかしいからです。

マーケティング業務手順には、「ある起点から、あるゴールへ向かう」直線型のマーケティング業務フローと「循環しながら、より改良・改善される」円環型のマーケティング業務サイクルが存在します。

◆マーケティング業務フローに該当するもの

もっとも代表的なマーケティング業務フローは「新商品開発フロー」です。

❖新商品開発フローの例❖

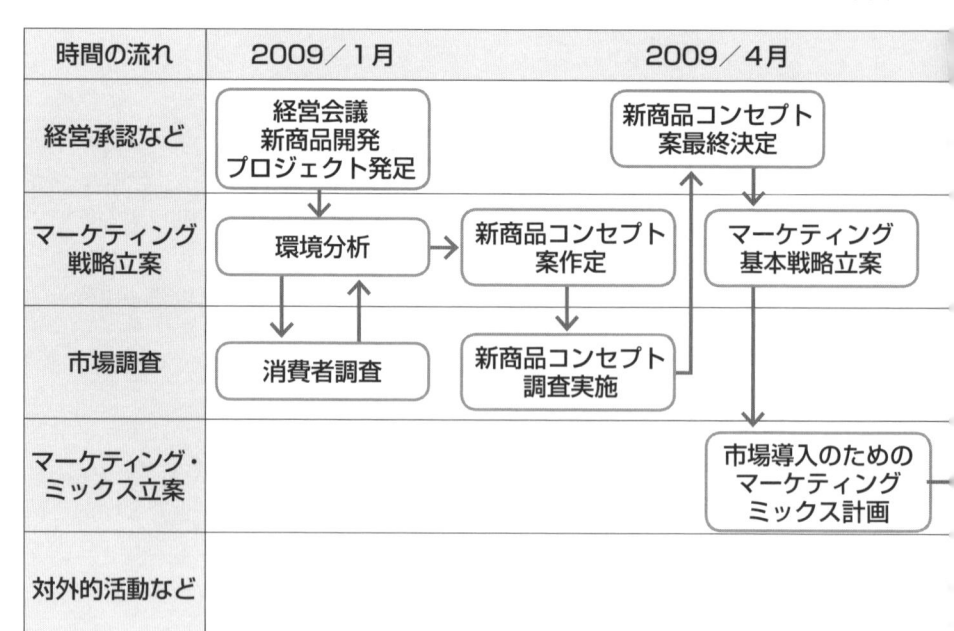

時間の流れ	2009／1月		2009／4月
経営承認など	経営会議 新商品開発 プロジェクト発足		新商品コンセプト案最終決定
マーケティング戦略立案	環境分析	新商品コンセプト案作定	マーケティング基本戦略立案
市場調査	消費者調査	新商品コンセプト調査実施	
マーケティング・ミックス立案			市場導入のためのマーケティングミックス計画
対外的活動など			

企業のビジネス戦略に沿って、新商品開発をする場合、「開発業務開始→環境分析→新商品コンセプト開発→マーケティング基本戦略の構築→マーケティング・アクション・プランの構築→市場導入準備作業→販売開始（＝開発業務終了）」といったステップをふみます。

マーケティング業務においては、この順番が非常に大切になります。なぜならば、前のステップが次のステップへ影響されるような組み立てになっているからです。

それ以外の業務フローには、個別の業務ごとに「広告制作フロー」や「市場調査フロー」などがあります。また、コーポレート・ブランドを再構築するようなプロジェクトも業務フローを持っています。

◆マーケティング業務サイクルに該当するもの

業務サイクルの代表的なものは「既存商品の年間マーケティング計画策定の業務サイクル」です。

既存商品が企業の利益を支え、来期も安定的な収益を獲得することは約束されたことではありません。商品は常に成長を求められますが、どのよ

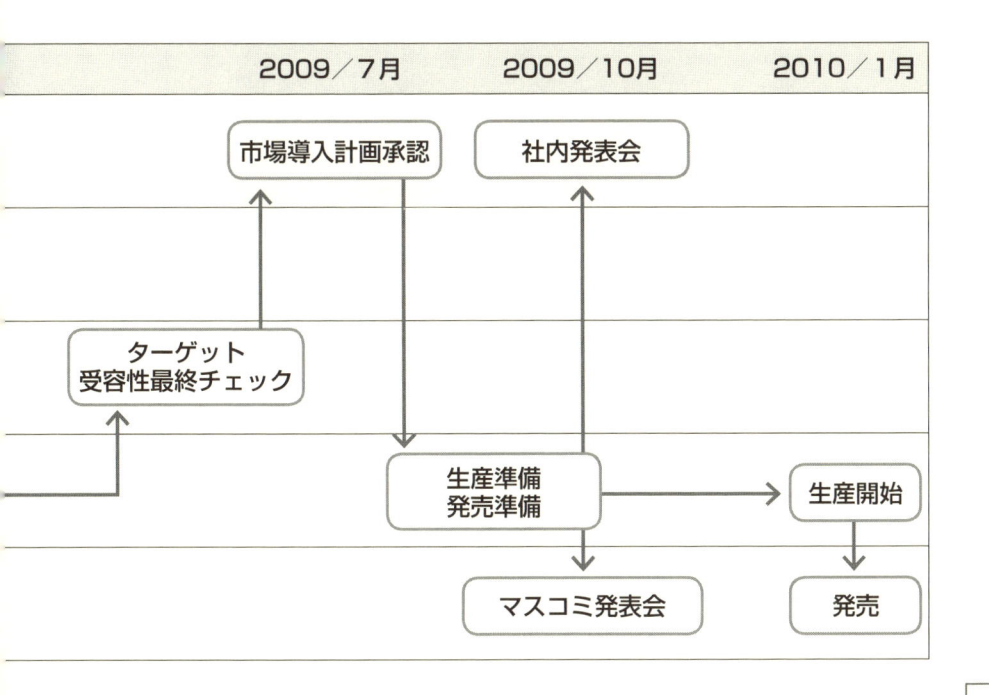

うに売上・利益を確保していくのかについては、商品ごとに計画を立てる必要があります。こういった業務は毎年行なわれ、前年度の実績や課題が翌年の計画に反映されるサイクルを持っています。

すでに販売されている消費財商品Xの年間マーケティング計画を策定する場合には、「現在の商品Xのパフォーマンス・レビュー→次年度の販売目標の設定→現在のマーケティング基本戦略の次年度に向けての修正→次年度のマーケティング・アクション・プランの構築→次年度の実施準備→次年度が当該年度となって実施→この年のパフォーマンス・レビュー」といったステップを繰り返します。こういったマーケティング業務サイクルは企業の決算年度の区切り（4月―（翌年）3月、1月―12月など）がベースになるのが一般的です。

それ以外の業務サイクルとしては、個別の業務ごとに毎月実施する「月

❖既存商品の年間マーケティング計画策定の業務サイクル例①❖

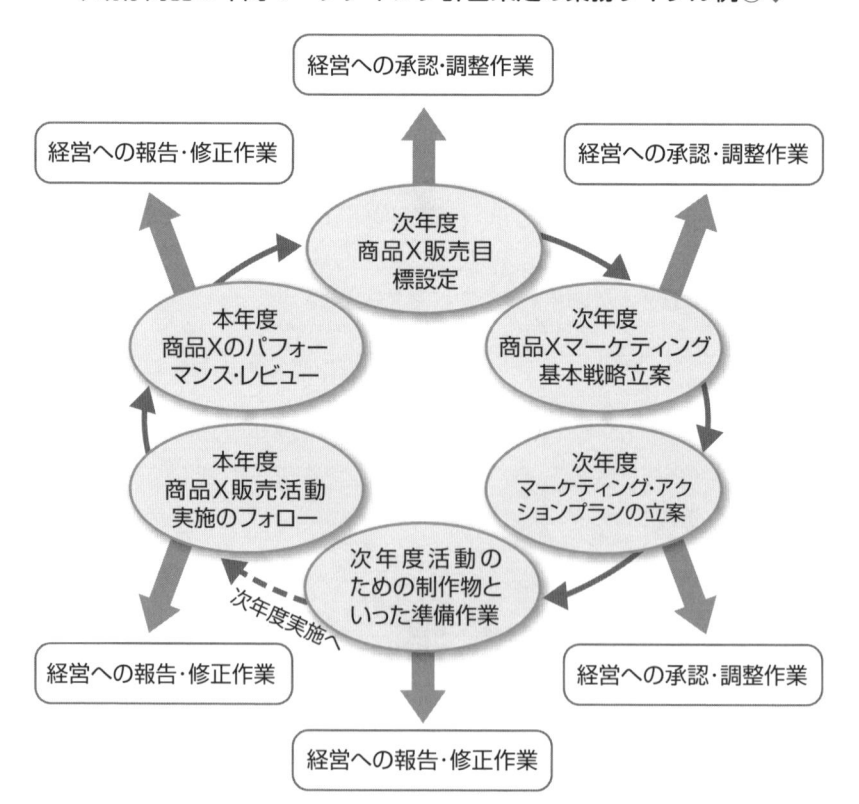

次販売状況レビュー」や定期的に実施する「ブランド・パフォーマンス調査」が挙げられます。

　また、こういった業務サイクルのある業務は、同時並行的に進むのが一般的です。たとえば、いま2010年度のフォローをしていたとしても、同時に現在の活動も分析していき、並行しながら2011年度の企画作業もしていくことになります。

　2011年度スタート時には、ほとんどの企画と実施準備が終了しており、販売や生産現場が滞りなく業務できるようにする必要があるのです。

❖既存商品の年間マーケティング計画策定の業務サイクル例②❖

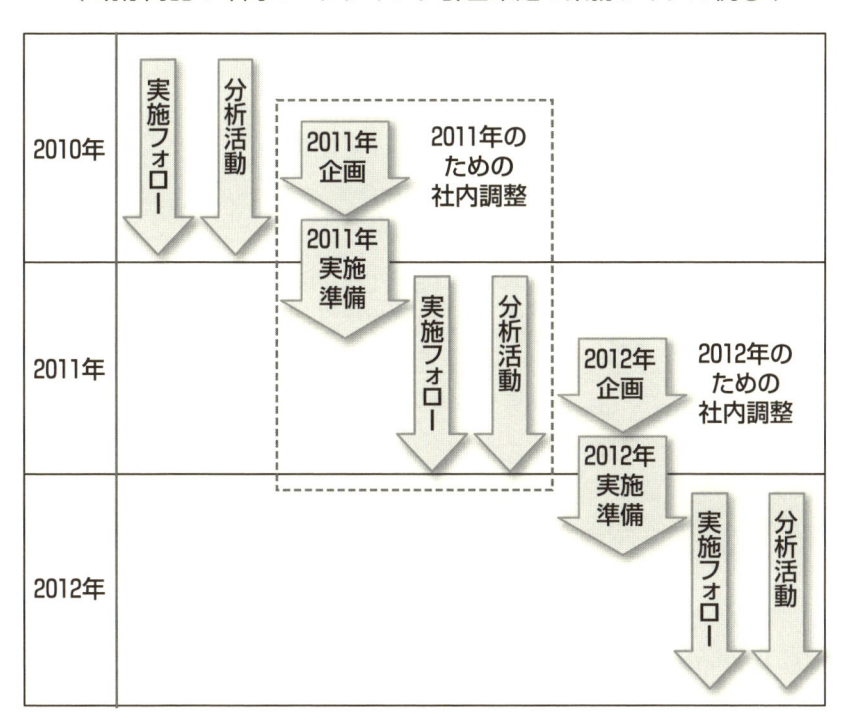

2010年	実施フォロー／分析活動／2011年企画／2011年のための社内調整／2011年実施準備
2011年	実施フォロー／分析活動／2012年企画／2012年のための社内調整／2012年実施準備
2012年	実施フォロー／分析活動

COLUMN

●●マーケティング部門の業務スキルをスコア化する●●

　マーケティング部門運営において、マーケティング業務に従事する人々に対しての育成プログラムを作る必要があります。

　マーケティング業務を5つに区分けしたものをベースに、個人をスコア化します。マーケティング部門での5つの主要業務は、番号ごとにレベルが高度になっていくので、まずはそれを単純化し、累積型で業務スキルのレベルをつけます。これによって、「自部門の現状の人数×レベル分布図」ができます。

業務スキルのスコア化の例

業務	業務内容	スコア化対象	レベル
1	既存商品育成でのアクション・プランが現場で実施されるときのサポート業務	販売現場で使うツール類の作成・供給、顧客企業への商談同行など	スタート時＝レベル0 主務者として任せられる＝レベル1
2	既存商品育成のためのプランニング業務	消費者調査の実施と分析、年間マーケティング計画書の作成など	主務者として任せられる＝レベル2
3	既存市場向けの新商品開発業務	自社の販売・生産基盤のある中での新商品開発市場導入計画の立案、市場導入作業など	主務者として任せられる＝レベル3
4	新規市場向け新商品開発業務	自社の販売・生産基盤がない中での新商品開発市場導入計画の立案、市場導入作業など	主務者として任せられる＝レベル4
5	全社的なマーケティング業務	中期マーケティング計画の立案、コーポレートブランド構築など	主務者として任せられる＝レベル5 ※マネージャークラスであることは必須

第2章

新商品開発の仕事【戦略】
～企業環境分析、
　新商品コンセプト、
　基本戦略立案

2-1 新商品開発は既存市場に新しい場所を創ること

新商品開発にもレベルの差があり、それぞれで開発規模が変わる

◆新商品開発は樹形図で説明する

大きなマーケティング業務として、新商品開発が挙げられます。「ビール会社が新しいビールを出す」「エステ・サロンが新メニューを出す」「医薬品会社が新しい薬を出す」など、今日もどこかで新商品が出ています。

新商品開発業務には幅があります。既存商品の部分的機能を変更するものから、まったく新しい市場を創るような商品まで多様です。

新商品開発は「既存市場に新しい場所を創る」ことなので、既存市場を樹形図で見たときに、新たに線を引くことになります。たとえば、下図ではビール・発泡酒市場の樹形図になります。

❖ビール・発泡酒市場における新商品開発の樹形図❖

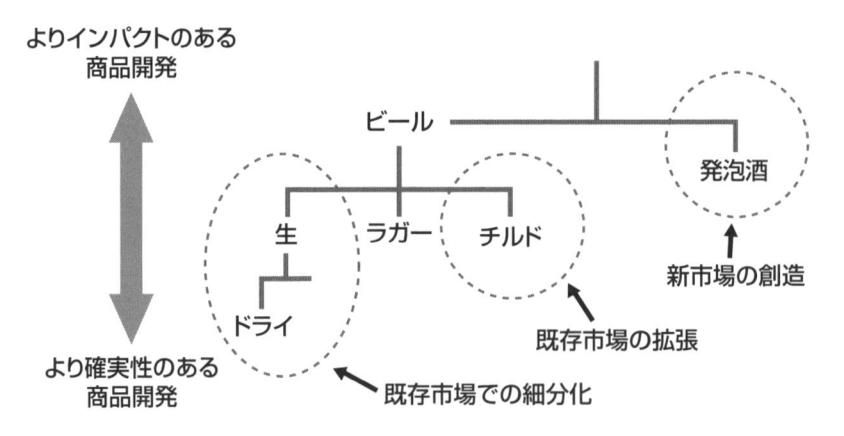

よりインパクトのある
商品開発
↑
↓
より確実性のある
商品開発

ビール ─ 発泡酒 ← 新市場の創造
├ 生
├ ラガー
├ チルド ← 既存市場の拡張
└ ドライ ← 既存市場での細分化

当初は「ラガー」と「生」というセグメントしかなかったところに、次々と新しい線が引かれていきました。新商品開発は、線を引く方向によって意味が変わります。

たとえば、上図で区分の上のほうで線を引くことは、発泡酒のようなものを作り、より大きな市場を創ることができる可能性があります。もちろん、難易度は高くなります。

新商品開発のアプローチは、大きく次の３つに分けられます。

❖新商品開発の３区分❖

①**市場細分型の新商品開発**
　既存市場を細かく区分けしていく商品開発
　　例：生ビール市場➡ドライ・ビール
　　　　缶コーヒー市場➡ワンダ　モーニングショット
　　　　洗濯機市場➡ななめドラム式

②**市場開拓型の新商品開発**
　既存市場を拡充するような新商品
　　例：アイスクリーム市場➡ハーゲンダッツ
　　　　　　　　　　　　（プレミアム市場を創るような高級アイス）
　　　　PC市場➡デルのPC（BTO：Built to Order）

③**市場創造型の新商品開発**
　従来の市場を否定し、まったく新しい市場を創るような新商品。通常はイノベーションをともない、商品名がセグメント名になるようなケースとなる
　　例：MD→iPod
　　　　ガソリン自動車→プリウス

2-2 新商品を開発するための6ステップ

戦略構築では絞り込み、戦術構築では肉づけが重要になる

◆**戦略構築と戦術構築に分けられる**

　新商品開発フローをステップに分解すると、「①企業環境分析」「②新商品コンセプト開発」「③マーケティング基本戦略」「④ブランド・シンボル開発」「⑤マーケティング・ミックス」「⑥市場導入計画」の6つの段階を持ちます。

　この6つの段階において、前半の3段階が戦略構築、後半の3段階が戦術構築の領域に属します。原則的に、戦略が構築されてから戦術が組み立てられます。

❖**戦略を策定する6つのステップ**❖

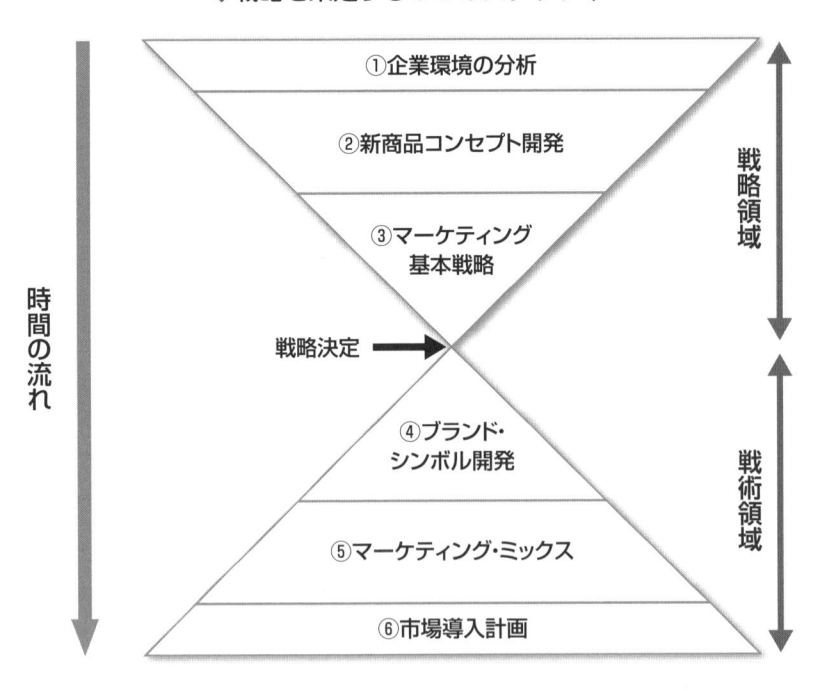

```
                    ①企業環境の分析
                  ②新商品コンセプト開発          戦略領域
                  ③マーケティング基本戦略
    時間の流れ          戦略決定 →
                  ④ブランド・シンボル開発
                  ⑤マーケティング・ミックス        戦術領域
                    ⑥市場導入計画
```

　上図の新商品開発における戦略と戦術の関係を見ると「砂時計」の形に

見えます。「①企業環境分析」「②新商品コンセプト開発」「③マーケティング基本戦略」の戦略領域が砂時計の上部にあたり、たくさんの情報から可能性を絞り込んでいくプロセスです。そのため、マーケティングにおいて「戦略とは捨てること」を意味します。

そして、「④ブランド・シンボル開発」「⑤マーケティング・ミックス」「⑥市場導入計画」の戦術領域が砂時計の下部にあたり、戦略に沿って具体的な肉付けを行なうプロセスとなります。消費者側から見える部分の活動ともいえます。

◆戦略の領域

戦略の領域には、次のものが挙げられます。

▶①企業環境分析

戦略構築での最初の段階です。自社がどの市場をめざし、かつ、どういった方向性で新商品開発すべきかを考え、規定していくステップとなります。通常、３Ｃ（50ページを参照）と呼ばれる段階です。

▶②新商品コンセプト開発

新商品候補となる案を複数考え、消費者調査等を通じて受容性（83ページを参照）を確認しながら案を絞り込んでいくステップです。

▶③マーケティング基本戦略

最終の新製品コンセプトを決定し、その骨格を基本戦略としてまとめるステップです。

◆戦術の領域

戦術の領域には、次のものが挙げられます。

▶④ブランド・シンボル開発

マーケティング基本戦略に沿って、新商品コンセプトを見える形にする最初の段階です。ネーミングやロゴデザイン、マークなど長期的に変えることのないシンボル群を策定するステップになります。

▶ ⑤ **マーケティング・ミックス**

製品、価格、流通チャネル、プロモーションなどの詳細を決定するステップです。一般的に４Ｐ（121ページを参照）と呼ばれる段階になります。

▶ ⑥ **市場導入計画**

発売前から発売開始、発売後という時間軸に沿って、「市場に新商品をどのように浸透させていくか」というマーケティング活動を整理し、一覧にするステップです。

◆ **戦略と戦術とは？**

戦略と戦術には関係性があります。そのため、扱うテーマの範囲が変われば関係も変わります。

たとえば、企業経営という範囲で経営戦略を考えると、新商品開発は経営戦術になります。つまり、より大きな砂時計が存在しているのです。

また一方、営業所も営業戦略を持ちます。どの顧客を集中的に獲得するかという絞り込みがあって、戦術としての営業パーソンのアクション・プランが存在します。

そして、アクション・プランを基に動いている１人の営業マンも、営業戦略として、「この得意先の誰にどうやってアプローチをするか」を考え、日時や説明内容を戦術として決めていきます。

2-3 企画書の提出のタイミング・場面・構成

場面によって提出する企画書の種類を変え、円滑に開発を進める

◆新商品開発を企画書で円滑に行なう

　新商品開発の担当者は企画書という形で経営陣から承認を得る必要があります。その際には、「新商品開発企画書」で企画の意図を見せていくことになります。新商品開発では「商品がない状態」から作業をスタートさせなければならないので、とくに企画書が重要になります。どんな新商品アイデアも、社内組織を巻き込めなければ「最初から存在しなかった」のと同じになってしまいます。

　前項で紹介した業務ステップごとに経営責任者、または事業責任者への説明と承認が必要になります。それぞれに企画書が必要になりますが、前段階の企画書に次の段階の内容が追加されていくので、量的に増えていくというよりは、具体性が深まっていく手順になります。

　逆の考え方をすると、もし承認を得られなくても、承認されなかった段階のみを修正すればいいことになります。たとえば、提案する新商品シンボル開発でのネーミング案の承認をもらえなくても、マーケティング基本戦略が承認されていれば、再度、新商品シンボル開発の段階から提案する内容を再考すればいいことになります。

　ステップごとの作業を怠り、承認されない場合には、最悪なことに最初からやり直しになることもあり、業務リスクが大きくなる恐れが発生します。そのため、企画書では書く要素の順序が重要になります。

◆企画書を活用できる場面

　企画書を活用できる場面には、次のようなものが挙げられます。

▶①新商品開発の業務立上げそのものの提案、説明、承認

　どういう領域で新商品開発をすべきか、また、新商品を開発することの魅力度などを提案し、新商品開発プロジェクトそのものを承認してもらうための場面です。参入する領域の市場性（市場の規模と成長性。市場につ

いては89ページを参照）を一般データや類推によってスコア化します。この段階を経て、プロジェクトに必要な人員・費用・期間などを承認してもらうことになるのです。

▶②新商品コンセプト段階での提案・説明・承認

　市場導入したいと考える新商品を書面の段階でまとめた複数の新商品コンセプト案のうち、どの方向に絞り込むべきかを提案し、承認してもらう場面です。消費者調査で大よその受容性（83ページ参照）のスコア化をし、比較検討します。この段階で、新商品の開発の方向性が確定します。

▶③新商品マーケティング基本戦略構築段階での説明・承認

　絞り込まれた新商品コンセプトのターゲットやポジショニングといった基本戦略までを提案し、承認してもらうための場面です。この段階が戦略構築の最終ステップなので、①から③までがワンセットになっているのが一般的であり、一貫性が求められます。

▶④新商品ブランド・シンボル開発段階での説明と承認

　ネーミングやロゴデザインなどのシンボルについて、マーケティングの基本戦略から見て、よりふさわしいものを開発し、提案と承認の手続きを経る場面です。通常は経営責任者、または、事業責任者へのプレゼンテーションをすることになります。また、とくに消費財ではブランドが重視されます。

▶⑤新商品マーケティング・ミックス構築段階での説明と承認

　新商品の具体的な内容を個別（４Ｐ：製品、価格、流通チャネル、プロモーション）に組み立て、個別に関連する部門の責任者に提案と承認の手続きを経る場面です。そのため、生産部門や販売部門などといった部門長、および、キーメンバーへの確認が必要となります。

▶⑥新商品市場導入計画段階での説明と承認

　最終段階です。すでに新商品の詳細が固まり、予算も含めた実行計画がタイム・テーブルに沿って説明されます。ここでの承認が完了すれば、市場導入タイミング（発売日）から逆算された形で、具体的な準備が各部門

で同時並行に進められるのです。新商品開発時の企画業務はここで完了します。

◆**企画書は場面で変える**

　企画書には一枚企画書のようなフォーマット化された書式で書かれるものから、パワーポイントによる企画の項目ごとに枚数を割く複数枚のものまであります。一般的には、短時間で説明を行なう場面には「一枚企画書」を用いて、大勢へのプレゼンテーションをともない、多様な部門の人々への説明を行なう場面には「複数枚企画書」を用います。

❖**新商品市場導入のための１枚企画書の構成例**❖

【背景および分析】	【新商品概要】	【市場導入計画】
■**新商品開発背景** ・ビジョンからの意味 ・ビジネス上の役割 ■**環境分析**（3C分析、SWOT分析など） ・生活者ー消費者の動向 ・競合他社の動向 ・自社の状況 ・生かすべき自社コア・コンピタンス ・狙うべき市場	■**新商品案** ・商品概要：ネーミング、機能、おもなスペック、デザイン価格など ■**マーケティング基本戦略** ・セグメンテーション ・ターゲティング ・ポジショニング	■**市場導入計画** ・製品計画 ・価格計画 ・流通チャネル計画 ・プロモーション計画 ■**導入スケジュール** ・時系列でのマーケティング活動案内、発売タイミングなど ■**導入マーケティング目標** 導入後の知名率、トライアル率、リピート率など
■**市場性のスコア** ・商品企画で狙う市場がどのくらいの規模があるのか？	■**受容性のスコア** ・新商品はどのくらいの受け入れがあるのか？	■**収益性のスコア**（P/L） ・ビジネスとして、どのくらいの売上利益がこれから見込めるのか？

　新商品開発においては、まだこの世に存在しない、見えない新商品の代わりを企画書が果たすと説明をしましたが、逆に考えると、読み手の能力によって見え方が変わることになります。

　たとえば、マーケティング部門の取締役のように新商品開発のステップをよく知っている人に説明するのであれば、一枚企画書でも十分に意味が伝わります。また、全体が俯瞰（ふかん）できるほうがポイントを把握しやすく、承

認のスピードも速まります。
　しかし、営業部門の現場で販売活動に従事している人のように新商品開発のステップにくわしくない人に説明するのであれば、順を追って説明する複数枚企画書が望ましいことになります。なぜならば、発売後はそれぞれの営業マンが得意先にわかりやすく説明する必要があるからです。

❖複数枚企画書の構成例❖

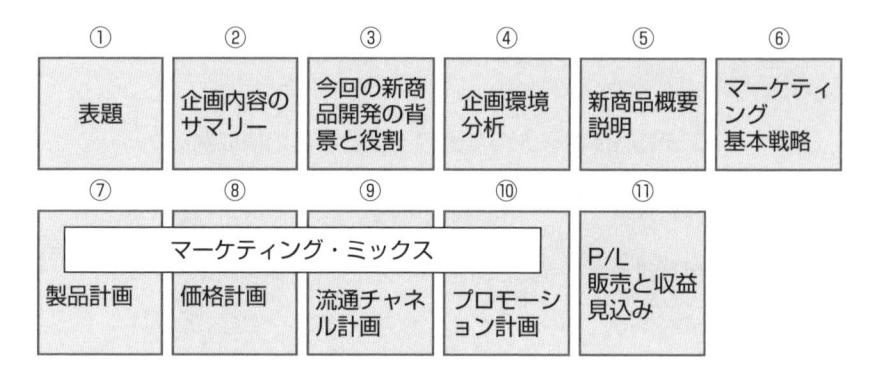

①	②	③	④	⑤	⑥
表題	企画内容のサマリー	今回の新商品開発の背景と役割	企画環境分析	新商品概要説明	マーケティング基本戦略

⑦	⑧	⑨	⑩	⑪
マーケティング・ミックス				P/L 販売と収益見込み
製品計画	価格計画	流通チャネル計画	プロモーション計画	

　つまり、聞き手が新商品開発のコンテクスト（文脈）にくわしいかどうかで、提出する企画書の種類は異なるのです。

2-4 ブランドは消費者の頭の中にあるすべての物事の取っ手

強いブランドを確立できれば、商品の利益率を高められる

◆ブランドは「顧客との約束」を意味する

　ブランドは単なるネーミングとは異なり、「顧客との約束」といわれています。ブランドは消費者の頭の中に存在するものです。たとえば、ルイ・ヴィトンの購入を検討している消費者にとって、ルイ・ヴィトンはAやBといった単なる名前ではありません。入手しようとするのがバッグだとしても、バッグを「購入する」「所有する」「使用する」といった、すべての場面で得られる満足に対する代名詞となっています。バッグとしての機能は「荷物を入れて心地よく運ぶこと」ですが、そこに施された独自のデザインや由来、ゴージャスな売り場で得られるステイタス感など、商標としてのルイ・ヴィトンは、消費者の頭の中にある、こういった「すべての物事の引き出しの取っ手の役割」を果たすのです。

　強いブランドとは、この「顧客との約束」がしっかりと消費者の頭の中にある「これを買うときはこのブランド」という状態を意味します。よって、「つながりの数が多い（＝人数が多い）×つながりが太い（＝記憶が強い）」という式でブランドの強さを示すことができます。

❖ブランドと消費者との関係❖

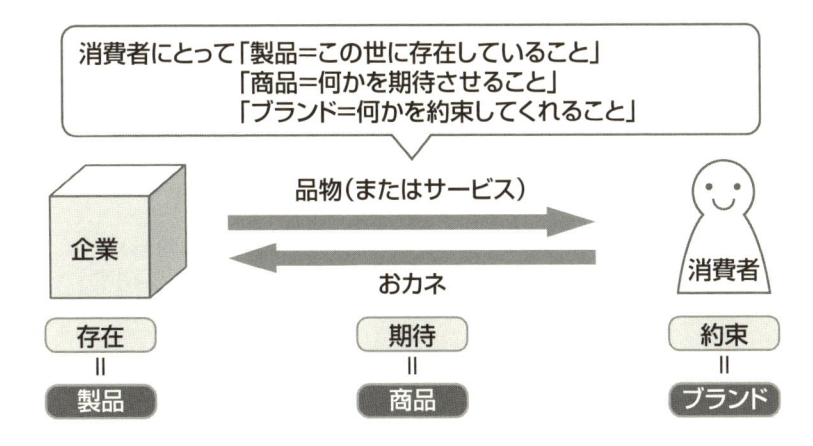

消費者にとって「製品＝この世に存在していること」
「商品＝何かを期待させること」
「ブランド＝何かを約束してくれること」

企業 →品物（またはサービス）→ 消費者
　　　←おカネ←

存在＝製品　　期待＝商品　　約束＝ブランド

新商品がいきなりブランドになることはなく、徐々に消費者の頭の中に入っていく結果、ブランドとなっていきます。そのため、新商品開発ではブランド開発の視点が必要となってきます。「どういう状態で消費者の頭の中に納まってほしいか」を逆算するプロセスなため、ブランド作りは商品開発の延長線上にあるものといえます。

◆ブランド階層

自分が商品を買う場面を想像すればわかると思いますが、ブランドには「商品ブランド」と「企業ブランド」があります。また、個々の商品の違いを分ける名称も存在し、次のように分解できます。

▶コーポレートブランド

企業そのものがブランドの単位となるものです。正式名称と略称がありますが、消費者の頭の中に入るものが企業ブランドになります。また、消費者だけではなく、従業員、協力先、株主などステークホルダー（利害関係者）の頭の中にどのように入っているのかも扱う対象になります。

▶事業ブランド

企業がいくつかの事業を展開しているとき、その事業がブランドの単位となるものです。企業名と同一の場合もありますが、M&Aによって新たに加わった企業が事業ブランドとして扱われる場合もあります。

▶商品ファミリーブランド

商品群を括る商標が存在するとき、その商標がブランドの単位となるものです。商品個別（単体）から出発して、商品ラインが増えた結果として商品ファミリーブランドになることが多いことも特徴となります。

▶商品個別ブランド

「商品単体＝商標」という関係なので、新商品開発の最初の単位となります。しかし、実際には「企業ブランド＋商品ブランド」と見られることがほとんどです。

▶バラエティーネーム

　商品個別ブランドのなかで、バリエーションとしての名前が存在します。飲料のフレーバー違いや、携帯電話でのカラーリング違いもこれにあたります。

▶バラエティーフォーム

　商品個別ブランドのなかで、スペックの違いで同一ブランドや別商品として存在する場合もあります。食品でのサイズ違いや、自動車でのドア枚数違いなどが挙げられます。

❖「トヨタ」のブランド知名階層❖

ブランドには知名階層が存在するが、企業によってその構成は異なる

コーポレートブランド	トヨタ			
事業ブランド	レクサス	トヨタ		トヨタホーム
商品ファミリーブランド	・レクサス	・カローラ		・シンセ ・エスパシオ
商品個別ブランド	・LS ・GS	・アクシオ ・フィールダー	・プリウス	・ハコ ・ソレト
バラエティネーム (フレーバーやグレードなどの中身違い)	・ハイブリッドなど	・ハイブリッドなど	・PHV	
バラエティフォーム (外観や量などの外見違い)	・セダン ・SUVなど	・セダン ・ワゴンなど	・α	・メゾネット ・重層タイプなど

❖「森永乳業　冷凍事業」のブランド知名階層❖

コーポレートブランド	森永乳業	
事業ブランド	森永乳業	サンキスト
商品ファミリーブランド	・パルム	
商品個別ブランド	・ピノ ・モウ	・フルーツ パルム	
バラエティネーム	・各種フレーバーなど	・ミニフルーツ
バラエティフォーム	・マルチパック ・シングルパックなど	・バータイプ

◆企業ブランドと商品ブランドとの関係

　企業ブランドと商品ブランドは、最初は1つです。しかし、企業の成長とともに商品ブランド数が増えていくので、ブランド間の関係から企業ブランドの位置も変わります。

　花王がソフィーナという化粧品の商品ブランドを出せば、大勢の消費者の頭の中にあった「従来の花王＝トイレタリー」というものから企業ブランドのイメージが変化します。また、ヘルシアという健康飲料の商品ブランドを出せば、同様に「従来の花王＝化粧品やトイレタリー」からまた新たな企業ブランドのイメージに変化していきます。

◆ブランド価値によるビジネス上のメリット

　強い商品ブランドは高い価値を持っています。商品ブランド価値は、「具体的な効果や効用を提供する基本価値（商品提供価値）」「商品が持っているメッセージや美学が提供する情報価値（コンテンツ提供価値）」「商品との接触場面がはじまってから終わるまでの体験が提供するプロセス価値（リレーション提供価値）」の3つに分解できます。これらが1つになって、ブランド価値の高さが決まります。

❖ブランド価値が企業にもたらす利益❖

1回の購入での利益貢献度

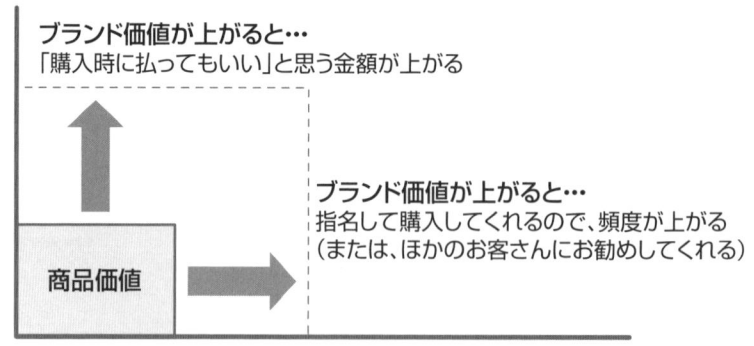

　ブランド価値が上がると…
　「購入時に払ってもいい」と思う金額が上がる

　ブランド価値が上がると…
　指名して購入してくれるので、頻度が上がる
　（または、ほかのお客さんにお勧めしてくれる）

　商品価値

継続購入での利益貢献度

　ブランド価値が上がると、ビジネスに2つの方向で効いてきます。1つは「より高く購入してもらえる可能性が高くなる」こと、もう1つは「継続して購入してもらえる可能性が高くなる」ことです。

たとえば、ある人がミネラル・ウォーターを買う場面を考えてみましょう。「何か1本、ミネラル・ウォーターを買いたい」と思っている場合ならば、店頭に行って、「どれにしようかな？」と商品を選ぶはずです。もし、エビアンを選んだとすると、エビアンが1本売れたことになります。
　しかし、違う状況もあります。「エビアンを買いたい」と思っている人が店頭でエビアンを見つけて、買うという場合です。これも販売上は1本売れたことなので、POSデータ上では前者の場合と同じ1本ですが、ブランドとしては強いことになります。
　後者の人にとって、エビアンはブランドとしての価値が強いので、他の商品が安かったり、景品がついていたとしても、エビアンを買う確率は高くなります。値引きや景品でのコストをかけずに購入してもらえれば、それだけ利益率が高いことになるので、提供する企業にもメリットがあるのです。
　また、身近な人がいつもエビアンを飲んでいるのを見かけたならば、そこにはブランドの意味が発生します。「なぜ、あの人はいつもエビアンなのかな？　いいのかな？」といった推奨のメッセージになっていきます。

2-5 新商品開発プロジェクトの起点

トップダウンとボトムアップのバランスがとれて、初めてプロジェクトは機能する

◆ トップダウンとボトムアップのバランスをとる

　新商品開発は自動的に行なわれるわけではありません。新商品は「ビジネス上必要」という判断のもとに開発されます。しかし、それだけでは新商品開発は成り立ちません。なぜならば、新商品を市場に導入するには多大なエネルギーが必要であり、それを支えるのが商品開発担当者の強い意志だからです。

　新商品開発では、「トップダウン」と「ボトムアップ」という2方向からの力が働きます。この両方がバランスをとることで、初めて新商品開発のプロジェクトが機能します。

◆ トップダウンの力＝"必要"としての新商品開発

　企業経営において、中期経営計画が存在します。通常は3年から5年先の会社運営についての計画です。中長期計画を実現するためには新商品開発が必要となってきます。

　どのタイミング、どの領域、どのくらいの投資規模、どのくらいの売上・収益規模の商品開発が必要とされるかが決まっており、それを個々に実現に移すのが新商品開発プロジェクトのミッションとなります。

　このことが新商品開発がスタートする背景であり、社内で開発作業にヒト・モノ・カネを使うことが公式に認められることになります。

◆ ボトムアップの力＝"意志"としての新商品開発

　新商品開発を担当する部門は企業によってマチマチです。開発部が存在していたり、マーケティング部門が担ったり、独立した特別なプロジェクトができたりします。

　しかし、共通しているのはこういう新商品を世に出したい（サービス財であれば新サービス・メニュー）という強い意志です。新商品が新しければ新しいものほど世の中へのインパクトは大きいわけですが、その前に社

内での抵抗感も大きいのです。また、既存業務から離れて社内の英知を集めるので、強いリーダーシップが求められることになります。

新商品開発プロジェクトは、トップダウンとボトムアップという２つの要素をバランスよく兼ね備えて、初めて機能します。

❖２方面からの力のバランスをとることが重要❖

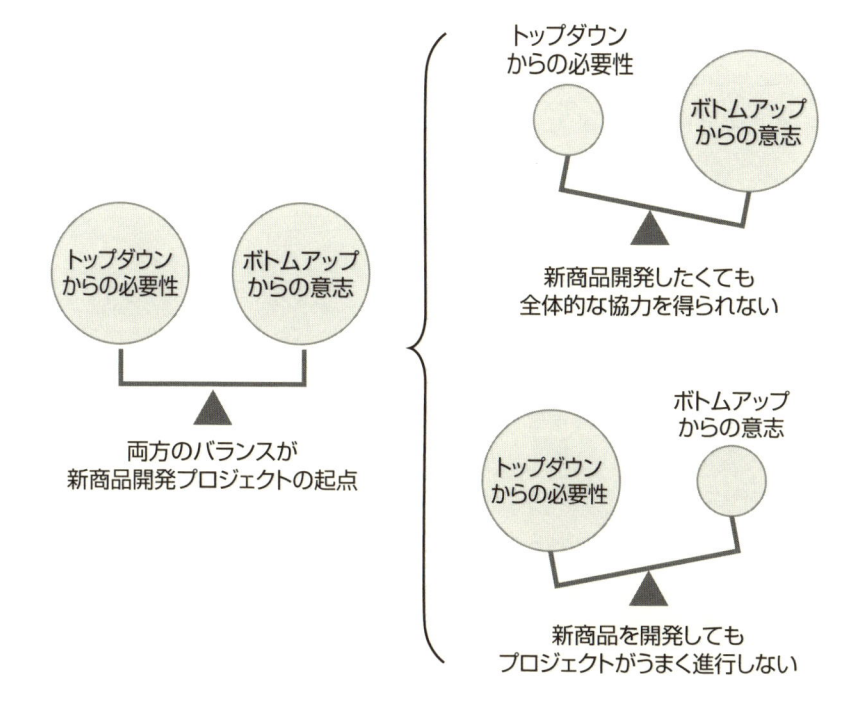

トップダウンからの必要性
ボトムアップからの意志
両方のバランスが新商品開発プロジェクトの起点

トップダウンからの必要性
ボトムアップからの意志
新商品開発したくても全体的な協力を得られない

ボトムアップからの意志
トップダウンからの必要性
新商品を開発してもプロジェクトがうまく進行しない

2-6 企業環境分析①
企業環境分析の役割と概要を知る

具体的な作業をする前に、新商品開発の方向性を明らかにする

◆3C分析で企業環境を分析する

　新商品開発を行なうときの最初のステップが企業環境分析です。まだ商品がない状況から、いきなり商品アイデアのような具体的な作業を行なうことは、あまり好ましくありません。

　なぜならば、「どの領域で、どういうアプローチ方法で開発を行なうか」という前提が重要であり、この前提を明確にすることが成功する確率を高めてくれるからです。

　企業環境分析は3つの視点で構成され、「3C分析」と呼ばれます。3Cは、「Customer、Competitor、Company」の頭文字をとったものであり、それぞれ「消費者の分析、競合の分析、自社自身」を分析します。市場を舞台とすると、どんな演目もこの3役が配役の基本になります。

　新商品開発での3C分析の目的は、「どの場所で何に留意しながら開発すべきかを客観化する」ことです。そのため、同じ3C分析でも以下のような着眼点で分析を行ないます。

❖3Cの意味❖

競合の分析 Competitor
競合他社が得意な範囲
自社が得意な範囲
自社自身の分析 Company
消費者の分析 Customer
消費者が求めている範囲
★=自社の競合優位なフィールド

図の★印のある「消費者が求めている範囲」×「競合他社が入りにくい範囲」×「自社が得意な範囲」はどこかを探り、そこを背景にした商品開発を考えることが重要になります。

　3C分析によって、消費者が求めている範囲に早く反応でき、競争相手がマネするのに時間がかかるためにブランドになりやすく、自社自身が得意なところなので常に改善ができるような、有利な新商品が生まれやすくなります。

　また、3Cそれぞれに各分野の分析を深められる概念やツールが存在します。おもな概念やツールの詳細については、個々の項目で紹介します。

❖企業環境分析を深められる概念やツール❖

① 「消費者の領域を分析する」ための概念やツール類
　マクロ視点、ミクロ視点、トレンド分析

② 「競合の領域を分析する」ための概念やツール類
　直接競合や間接競合の強みと弱み

③ 「自社の領域を分析する」ための概念やツール類
　価値連鎖という概念、企業ビジョン

③ 3Cを1つにまとめて整理するツール類
　SWOT分析

◆新商品開発における環境分析の2大ポイント

　新商品開発における環境分析では、「どのフィールドで商品開発をするのが魅力的か？＝新商品開発の対象範囲」「どういった自社資産を活用するのが望ましいか？＝新商品開発の組み立ての枠組み」という、2つのポイントを明確にします。

　家を建てることにたとえて考えてみましょう。まずは、土地を選定して、その地盤にあった土台を確認してから家の設計を考えますよね。この一連の作業を新商品開発に結びつけると、「土地＝開発の対象となるフィールド」「土台＝そこでの競争優位となりそうな自社資産」となります。3C分析の各要素から、この2大ポイントを抽出していくことになります。

❖3Cの各要素がカバーするポイント❖

	消費者分析がおもにカバーするポイント	競合分析がおもにカバーするポイント	自社分析がおもにカバーするポイント
どのフィールドで商品開発をするのが魅力的か？	◎	○	
どういった自社資産を活用するのが望ましいか？		○	◎

◆3Cを応用するケース

　3Cを基盤にして応用するケースがあります。

　たとえば、製菓会社のガムを考えてみましょう。ガムの売り場は、コンビニエンス・ストアや駅の売店となります。開発の前提として、置き場が限られている場合などには、消費者に手渡す前に売り場への流通を確保しなければならないために、流通チャネルについても環境分析をします。

　また、アパレル会社がアウトソーシングを前提に新商品開発をする場合には、生産を請け負ってくれる工場群の環境分析も見る必要があります。なぜならば、品質や価格などの影響を読み込んでおかなければならないからです。

2-7 企業環境分析②
PEST分析やGCS分析による消費者分析

マクロとミクロからの視点で分析することが重要

◆階層別に消費者を分析をする

　消費者分析は、外で何が起こっているか、または何が起ころうとしているのかを整理し、客観化するものです。ここのステップでの目的は、新商品開発そのものではなく、新商品開発する領域を特定するためのものです。そのため、外部環境を大きくとらえていくことがポイントとなります。

　消費者といっても重層的です。消費者という言葉に正確さを持たせるため、本書では大きい枠から順に、「生活者」「消費者」「顧客」という区分けをします。

❖「生活者」「消費者」「顧客」の区分け❖

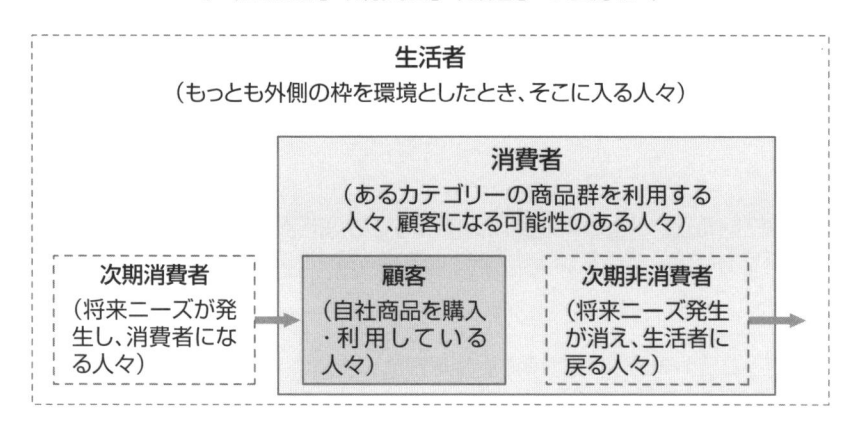

生活者
（もっとも外側の枠を環境としたとき、そこに入る人々）

消費者
（あるカテゴリーの商品群を利用する人々、顧客になる可能性のある人々）

次期消費者
（将来ニーズが発生し、消費者になる人々）

顧客
（自社商品を購入・利用している人々）

次期非消費者
（将来ニーズ発生が消え、生活者に戻る人々）

　顧客は「すでに自社商品Xを利用している人」です。新商品開発時には存在しないので、分析の対象とはなりません。第4章で説明する既存品育成と比較すると、重視する分析のポイントが異なることがわかります。

❖分析の対象❖

	新商品開発	既存品育成
顧客分析	－	◎
消費者分析	○	○
生活者分析	◎	－

▶①生活者視点のマクロ分析（PEST分析）

　生活者は「企業が活動している地域全般に住む人」です。もし、企業活動が日本全国を想定していたら、「日本人」ということになります。生活環境の変化に着目するので、生活環境がどういう方向に変化していくかを読むことができれば、変化に沿った方向で商品開発をしていきます。追い風のなかでの新商品市場投入は早く成長してくれるため、ビジネスとして投資効率がよいだけではなく、消費者の関心の高い市場になるために頭の中に入っていきやすく、結果として、ブランドになりやすいという魅力もあります。

　マクロ的な視点であるPEST分析では、政治（Politics）、経済（Economics）、社会（Society）、技術（Technology）という生活者への影響が強い大きな環境要素について分析します。

❖PEST分析❖

- ●P（政治・規制）から見る生活者に影響をおよぼす環境変化
  新たな法律（規制・税制）、生活に影響をおよぼす政府・関連団体に動きなど

- ●E（経済）から見る生活者に影響をおよぼす環境変化
  景気・物価変動（インフレ・デフレ）、賃金・貯蓄率の変動など

- ●S（社会・文化）から見る生活者に影響をおよぼす環境変化
  新たな価値観、倫理観・道徳規範、生活に影響のある世論や流行、新たなライフスタイルの登場など

- ●T（技術）から見る生活者に影響をおよぼす環境変化
  生活に関する技術革新、生活での技術的なインフラ整備など

｝マクロ視点＝生活者の環境変化

▶②消費者視点のミクロ分析（GCS分析）

消費者視点とは、ミクロ的な視点です。GCS分析では、「ジャンル」「カテゴリー」「セグメント」という、消費者が商品を利用する階層を大きいところから狭いところまで見ていくことで、魅力的な市場の特定や、同じジャンル内でも他のカテゴリーやセグメントで消費者からの評価の高い商品などから開発テーマを引き出したりします。

❖GCS分析❖

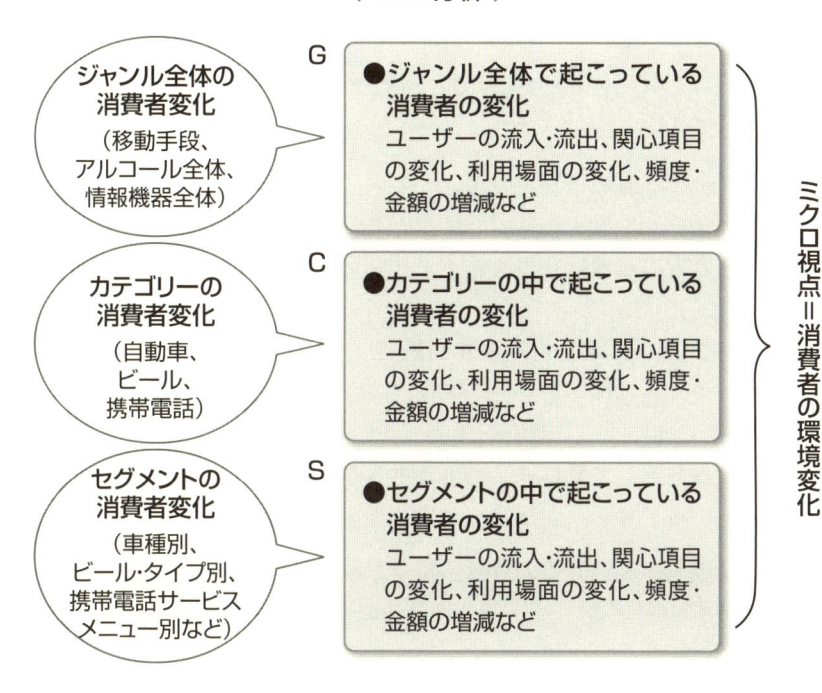

G ジャンル全体の消費者変化
（移動手段、アルコール全体、情報機器全体）
● ジャンル全体で起こっている消費者の変化
ユーザーの流入・流出、関心項目の変化、利用場面の変化、頻度・金額の増減など

C カテゴリーの消費者変化
（自動車、ビール、携帯電話）
● カテゴリーの中で起こっている消費者の変化
ユーザーの流入・流出、関心項目の変化、利用場面の変化、頻度・金額の増減など

S セグメントの消費者変化
（車種別、ビール・タイプ別、携帯電話サービスメニュー別など）
● セグメントの中で起こっている消費者の変化
ユーザーの流入・流出、関心項目の変化、利用場面の変化、頻度・金額の増減など

ミクロ視点＝消費者の環境変化

▶③マクロ視点とミクロ視点からのトレンド発見

マクロ変化が生活者に影響をおよぼし、生活者としての消費者がミクロ変化を生み出します。そのため、マクロ視点が外側からの分析だとすれば、ミクロ視点は内側からの分析といえます。なぜ、このような見方をするのかといえば、大きな流れを発見したいからです。

「これから起こる変化が大きい変化か（マクロ視点）」「その大きな変化に具体的な兆候はあるか（ミクロ視点）」という視点が重なる領域で新商品開発をすれば、商品の受け入れが早いために、早く成長できる可能性があります。

❖2つの視点で新商品を開発する❖

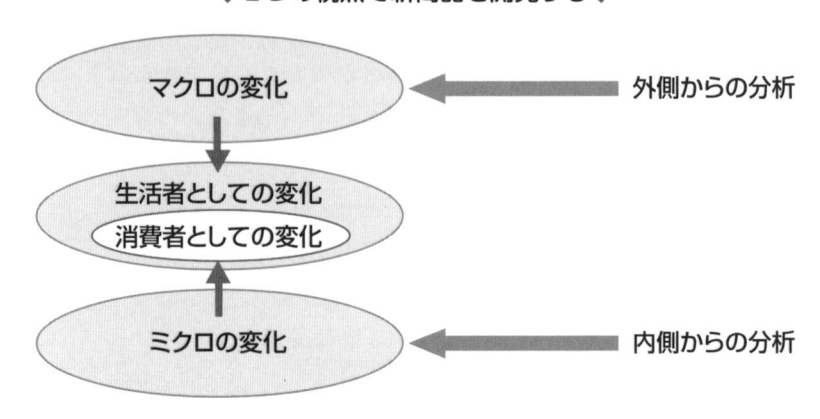

```
マクロの変化  ← 外側からの分析
    ↓
生活者としての変化
消費者としての変化
    ↑
ミクロの変化  ← 内側からの分析
```

◆新商品開発の領域を定めるステップ

　分析結果が単なる事実の羅列では、そこから意味を読み取れません。変化の読み取り方の基本は2つあります。

▶①波が自分たちに来る可能性から読む

　1つは、マクロ（生活者）とミクロ（消費者）の変化に着眼する方法です。「①マクロとミクロの変化に着目→②区分けをまたぐような複数の変化を1つの物語として見る→③変化の物語ごとに市場としての魅力度を評価する」という3ステップが基本となります。

❖電動自転車市場での新商品開発で領域を定める場合の例❖

> 【マクロ分析】
> 　P「メタボ対策の法令化」
> 　E「ガソリン価格の高騰」
> 　S「高齢化」
> 　T「電気エネルギー活用手法の多様化」
>
> 【ミクロ分析】
> 　G「移動手段→都市部の人々の自家用車離れ」
> 　C「二輪車→自家用車に比べて相対的にコストがかからない代替手段」
> 　S「電動自転車―ダサいイメージから機能的で合理的なイメージへの変化」
>
> 魅力的な想定市場：40歳以上の都市周辺部に住む男性向け。通勤でも使えるオシャレな電動自転車市場の伸びが期待できる

▶②突出した要素が起こす波紋を受ける

　全体のなかで突出した変化は、世界の先行した動きの可能性があります。この手法は、まったく関係のないほかのジャンルでも超えていける可能性もあるので、完全に新しい市場ができやすくなります。突出した要素の波紋を起点に、複数の解釈を重ねながら領域を考えます。

❖大衆薬品で新商品開発の領域を定める場合❖

【マクロ分析】
　突出した動き：「団塊の世代大量リタイアで余暇が増える」

【ミクロ分析】
　突出した動き：「高齢者でのデジカメの普及率の高さ」

　方向A：「高齢者×デジカメ」＋「外での細かい目の動きの増加」
　　→アウトドアでの微細な目の動きに関する商品市場

　方向B：「高齢者×デジカメ」＋「シャッターを押すタイミングへの気遣い」
　　→指関節の動きに関する商品市場

2-8 企業環境分析③ 「狙う」「避ける」べき領域を探る競合分析

新商品発売後の競合の出現に備えて、あらかじめ準備しておく

◆直接競合と間接競合を分析する

　競合分析では、狙うべき領域と避けるべき領域を探ることになります。また、競合企業を評価することで、自社自身の「強み」「弱み」発見の評価基準にもなります。

　競合他社を分析するのは、新商品が発売後に売れたとしても、必ず競合他社のカウンターを受けるので、これに備えるためです。対抗や追従として競合商品が出れば出るほど、消費者にとっては条件次第での自社商品選択となり、最終的には収益に影響します。そのため、開発段階から競合にカウンターを受ける状況を織り込んでおくのです。競合は直接競合と間接競合に分かれます。

　直接競合は、想定されるフィールド内の商品を扱っている企業や、そのフィールドを得意とする企業を指します。市販品のチョコレートであれば、直接競合はすでに発売されているチョコレート商品を販売している会社です。

　また間接競合は、結果的に消費者の選択の範囲にカウントされてしまうような商品を扱っている会社になります。たとえば、チョコレートを製造しているメーカーの間接競合は、チョコレート系デザートを扱っているファーストフード・チェーンだったりします。

❖直接競合と間接競合の例❖

自社事業	・基礎化粧品事業	・自転車事業	・ブライダル事業
フィールド	・アンチエイジング市場	・電動アシスト自転車市場	・結婚式場市場
直接競合	・化粧品会社	・自転車メーカー ・電動アシスト自転車メーカー	・結婚式場
間接競合	・エステサロン ・サプリメントメーカー	・バイクメーカー ・軽自動車メーカー	・ホテル ・結婚式プロデュース会社

◆強み、弱みの視点

　主要な競合他社の強みと弱みはどの辺りかを考えます。競合他社と自社の関係は次のような形になります。

❖競合他社と自社の関係❖

> 競合他社の強み→できれば避けたい
>
> 競合他社の弱み→できれば活かしたい

　表面的には魅力的な市場だとしても、このまま新商品開発を行なってしまうと、競合他社が強みを活用した新商品を対抗として出してしまった場合に、ビジネス的にはすぐにむずかしい局面に追いやられます。

　反対に、競合他社の弱みを活かした自社の新商品開発に成功すれば、新たな企業の参入を防げます。または、参入に躊躇するために時間がかかれば、自社商品の顧客が定着することで、ブランドとしての強さを持つことができる可能性があります。

　ブランド定着の例として、アスクルが挙げられます。同業最大手のコクヨにはなかった、ネット通販におけるオフィス用品販売事業を創設したアスクルですが、最大手のコクヨはネット通販でのオフィス用品販売には躊躇せざるを得ません。

　なぜならば、最大手の強みである文房具店など、既存の流通チャネルからの反発が予想されるからです。時間を稼ぐことで、「ネット通販のオフィス用品はアスクル」というブランド定着が早まりました。

2-9 企業環境分析④ バリューチェーンを用いて自社分析をする

自社分析では、活用できそうな企業資源を見つける

◆企業活動の価値連鎖（バリューチェーン）を分析する

　自社分析では、活用できそうな企業資産を探ります。競合と比較して、競争優位（強み）な部分があれば、新商品開発でも強みを活用する前提で考えるほうが有利です。

　新商品開発では、「自社の成功＝競合の模倣のスタート」です。企業資産を活用できるということは土台がしっかりしているので、競合参入などの地震や台風に耐える力が強い状況といえるのです。自社分析において、価値連鎖（バリューチェーン）という考え方があります。

❖価値連鎖（バリューチェーン）❖

●自社を価値連鎖で分解して、「強み」を考える
　リソースに関する「強み」を発見する支援活動の部分と、オペレーションに関する「強み」を発見する現場活動の部分に大きく区分けできる

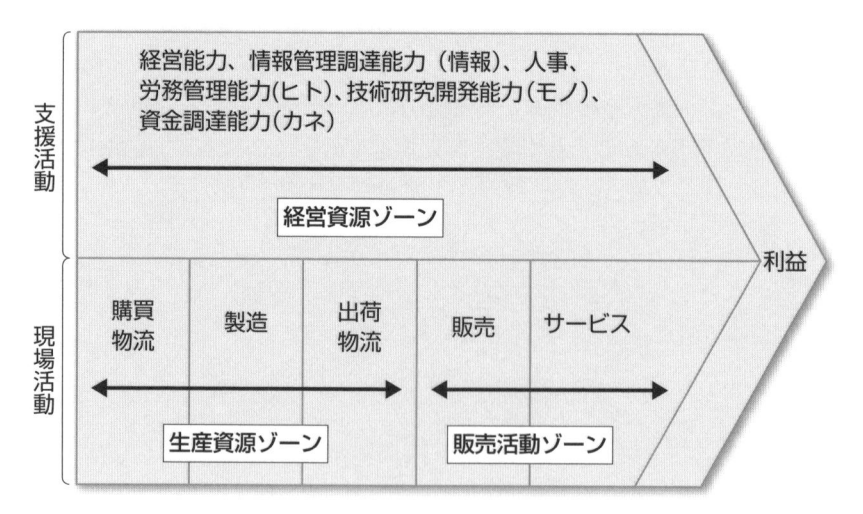

支援活動：経営能力、情報管理調達能力（情報）、人事、労務管理能力（ヒト）、技術研究開発能力（モノ）、資金調達能力（カネ）
　　　　　→経営資源ゾーン

現場活動：購買物流／製造／出荷物流／販売／サービス
　　　　　購買物流〜出荷物流：生産資源ゾーン
　　　　　販売〜サービス：販売活動ゾーン
　　　　　→利益

出所：『競争優位の戦略』（マイケル・E・ポーター著、ダイヤモンド社）をもとに著者作成

分析で導き出した自社の強みは、「新商品で活用したい」企業資産といえます。バリューチェーンによってリソースに関する支援活動の部分、オペレーションに関する現場活動の部分で分析していきます。
　サービス財であれば、生産や販売ではなく、準備などの「バックステージ」と接客などの「フロント・ステージ」に区分けされます。もし、新商品で起業を検討している場合には、起業家そのものの能力を資産としてカウントすることもできます。

◆企業ビジョンで自社の未来も考慮する

　バリューチェーンは、あくまでも現時点での自己分析にしか使えません。企業には将来のゴールを見据えた経営ビジョンがあります。現時点で活用できる「強み」がなくても、将来に向けて「強み」を作っていくという意思も新商品開発の方向を決めるときに考慮します。
　「過去から現在に至る」自社と、「将来から逆算した」自社の両方から「強み」を考えていきます。

❖企業ビジョンに必要な視点❖

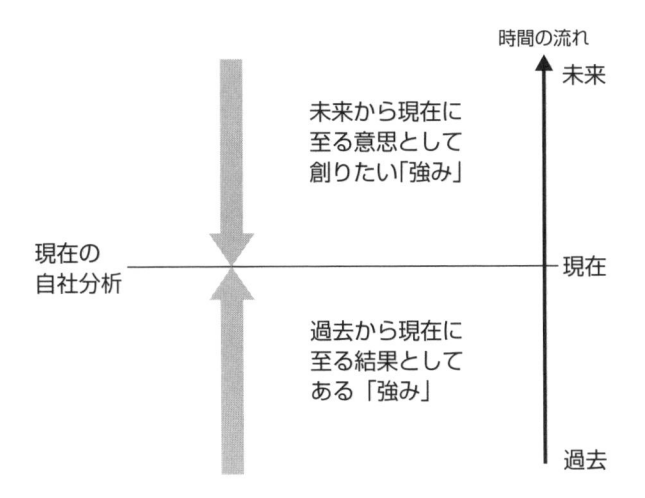

```
                                      時間の流れ
                                        ↑未来
                   未来から現在に
                   至る意思として
                   創りたい「強み」
     現在の
     自社分析   ─────────────────────  現在
                   過去から現在に
                   至る結果として
                   ある「強み」
                                        過去
```

　カゴメの例で考えてみましょう。「野菜と健康」が企業ビジョンの中核にあります。これを前提に考えるのであれば、意思として「野菜と健康」をテーマに、新商品開発を通じて新たな「強み」を作っていくことは正しい判断となります。

2-10 企業環境分析⑤ 競合優位で魅力的なフィールドを見つける

自社の環境を整理するだけではなく、順位づけして組み合わせることが重要

◆フィールドと強みを整理して、新製品開発テーマを絞り込む

3C分析では、これから作業がはじまる新商品開発をどこでするのか（土地＝フィールド）、どういった自社資産を活用するのが望ましいか（土台＝強み）を「消費者が求めている範囲」×「競合が入りにくい領域」×「自社が得意な範囲」と組み立てて整理することになります。

企業のフィールドと強みを整理するプロセスを、「あなたが家を建てる場合」を再び想定して考えてみましょう。

家を造るとき、すぐに家のデザインを考える人はいません。まずは土地を探します。この土地が新商品開発のフィールドであり、導入しようとする市場になります。

大きな市場であっても、将来的に宅地開発があって、土地の値段が上がりそうな物件が好ましいのはいうまでもありません。その土地に建てる家の土台が自社の活用できそうな「強み」となります。

土地のタイプによって、水はけのよい土台や風通しのよい土台など、向き不向きがあります。また、土台が用意できないこともありますが、そのときはしっかりとした柱を持った家を設計することになります。次のステップである家のデザインを考えることは、新商品コンセプトにあたります。

そのため、この企業環境分析は思い込みや直感に理性的な光を当てる作業といえ、発見というよりも、納得という工程でもあります。

しかし、土地が脆弱（ぜいじゃく）であれば住みたい家にはならず、土台が弱ければ、外からの嵐に負けてしまう可能性が高まります。つまり、商品開発をはじめる前から勝負がはじまっているのです。

また、フィールドが複数ある場合には、競争優位が望める魅力的なフィールドの順に優先順位をつけます。

❖企業分析を家に例えると…❖

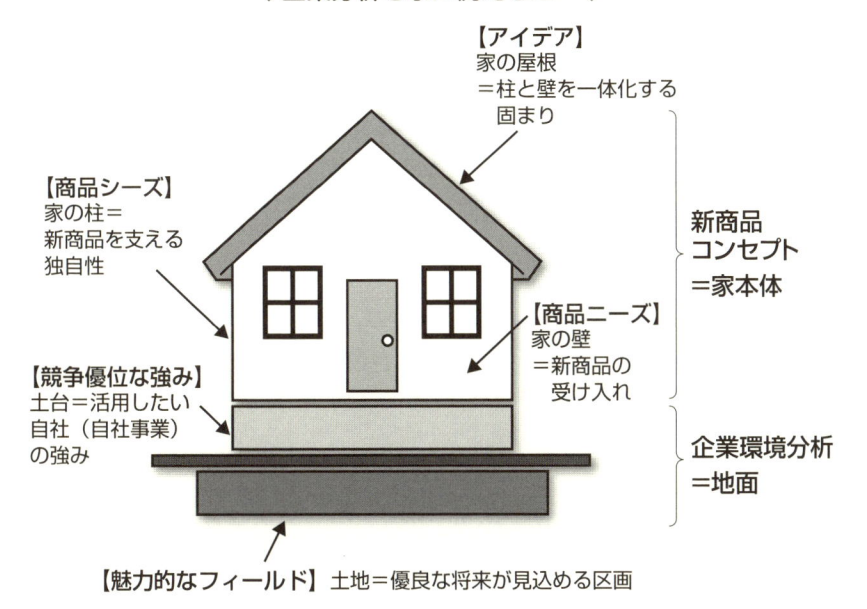

【アイデア】
家の屋根
＝柱と壁を一体化する固まり

【商品シーズ】
家の柱＝
新商品を支える
独自性

【商品ニーズ】
家の壁
＝新商品の
受け入れ

新商品コンセプト
＝家本体

【競争優位な強み】
土台＝活用したい
自社（自社事業）
の強み

企業環境分析
＝地面

【魅力的なフィールド】土地＝優良な将来が見込める区画

❖新製品開発テーマの選定方法❖

> より成功確率の高い新商品開発のフィールドを明確にする

新製品を市場導入すべき魅力的なフィールド

	ア	イ	ウ	エ	オ
A		●			
B		１つひとつが新商品開発のフィールド		●	
C	●			●	
D		●			
E			●		

自社資産の活用可能性

第2章 新商品開発の仕事【戦略】〜企業環境分析、新商品コンセプト、基本戦略立案

◆「強み」がなければほかでカバーする

　実際には、それほどの「強み」がないことは多々あります。このことは、「土地は魅力的でも、土台が弱い」という状況になります。しかし、土地さえしっかり優良と見込めれば、土台は弱くても次の新商品コンセプト開発へ進められます。

　土台が弱い分、柱を強いものにすればいいわけです。つまり、「土台が弱いという前提の確認」そのものも有効な情報なのです。

◆新商品開発でSWOTを活用する

　環境分析した結果を整理し、そこから目的に合った要素を抽出する場合にはSWOT分析でまとめられます。3Cと原理は同じですが、「どこの土地で新商品という家を建てるか？」「どういう土台が使えそうか？」という点の整理になります。

　また、現在の主要競合企業のSWOT分析から、相手企業の脅威となるフィールドと弱みの組み合わせを自社新商品開発のテーマにすることも有効です。

❖SWOT分析の活用❖

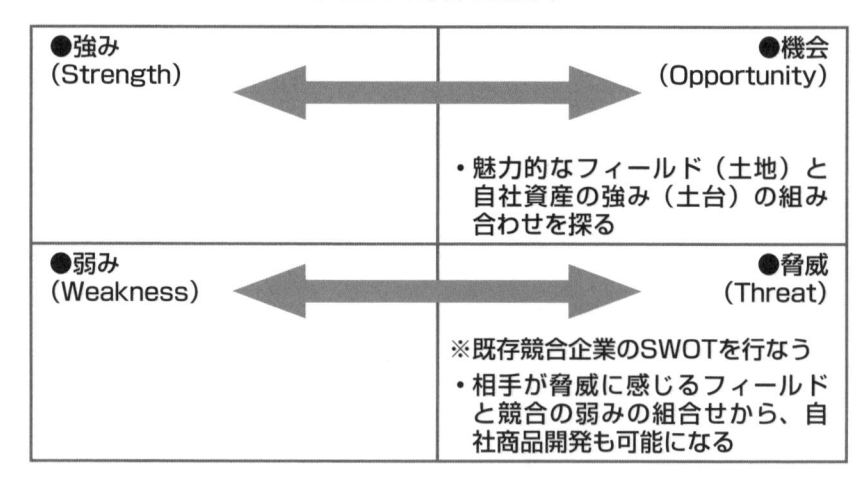

●強み (Strength)	●機会 (Opportunity)
← →	・魅力的なフィールド（土地）と自社資産の強み（土台）の組み合わせを探る
●弱み (Weakness)	●脅威 (Threat)
← →	※既存競合企業のSWOTを行なう ・相手が脅威に感じるフィールドと競合の弱みの組合せから、自社商品開発も可能になる

2-11 商品コンセプト①
ニーズとシーズをアイデアで結ぶ

企業環境分析をしたあとは、商品の概念化へ進む

◆商品コンセプトは商品を概念的に表現したもの

前項までで説明した環境分析から、商品開発をするフィールドが決まりました。つまり、商品開発の作業をするための土地と土台が決まったのです。そして、ここから具体的に「どんな新商品を作るべきか」を考えていくことになります。

商品コンセプトは「ある商品を概念的に表現したもの」です。そのため、言葉で表現するものになります。なぜ、このような段階を経るかというと、いきなり試作品を作っていくのは、時間と費用を考えるとリスクが大きいからです。いくつもの商品コンセプト案を作り、それらを元に想定される顧客へのヒアリングを通じて、最終的に成功率の高い1つの商品コンセプト案に行きつくことをめざします。

商品コンセプトは顧客の欲求である「ニーズ」と、自社の独自のノウハウである「シーズ」をアイデアで1つに結びつけた商品価値の仮説です。

❖ニーズとシーズをアイデアで結びつける❖

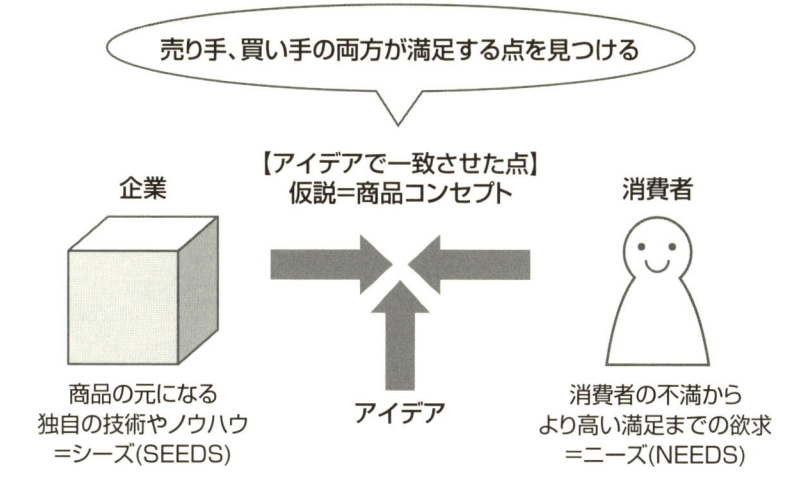

売り手、買い手の両方が満足する点を見つける

【アイデアで一致させた点】
仮説＝商品コンセプト

企業
商品の元になる
独自の技術やノウハウ
＝シーズ(SEEDS)

アイデア

消費者
消費者の不満から
より高い満足までの欲求
＝ニーズ(NEEDS)

◆コンセプト・シートでイメージを導く

　前項のように、住宅の比喩（ひゆ）で説明してみましょう。商品コンセプトを住宅でいえば、柱となるシーズと壁となるニーズを、屋根となるアイデアでまとめたものといえます。

　土地と土台が決まったからといって、すぐに住宅を造ることはありません。まずは複数のパース絵や模型でどのような家がいいか、大まかなイメージを決めていくのが一般的です。また、商品開発も同様です。

　いくつものイメージ候補を想定される顧客に見せながら、もっとも理想的な家を造っていくことになります。商品コンセプト・シートは、そのためのものです。

　想定している消費者に商品コンセプト・シートを見てもらうことで、反応がとれます。もちろん、すぐにNGになってしまうものもありますが、反応がとれれば改善できるのです。

　また、意外なアイデアが消費者側から出てくることもありますが、これらは新商品コンセプト・シートなどによる刺激から導き出されるものといえます。

❖新商品コンセプト・シートの構成例❖

ケータイで中身が見える冷蔵庫

ニーズについて説明
- 冷蔵庫の中にある特殊カメラで、外出先からもケータイで何が入っているかを確認できます ← **商品アイデアについて説明**
- 食材の有効利用や、買いそびれを防ぐことができます

- 冷蔵庫の環境でも機能する特殊カメラです
- 広角レンズ搭載なので全体が見渡せます
- 3ドア、約400ℓの大型冷蔵庫　← **商品シーズについて説明**
- 価格は　　　　です　← **他に必要な情報**

※いくらぐらいか質問してから、こちらの想定価格を伝え、購入意向を探る

冷蔵庫の内側に広角カメラが複数ある

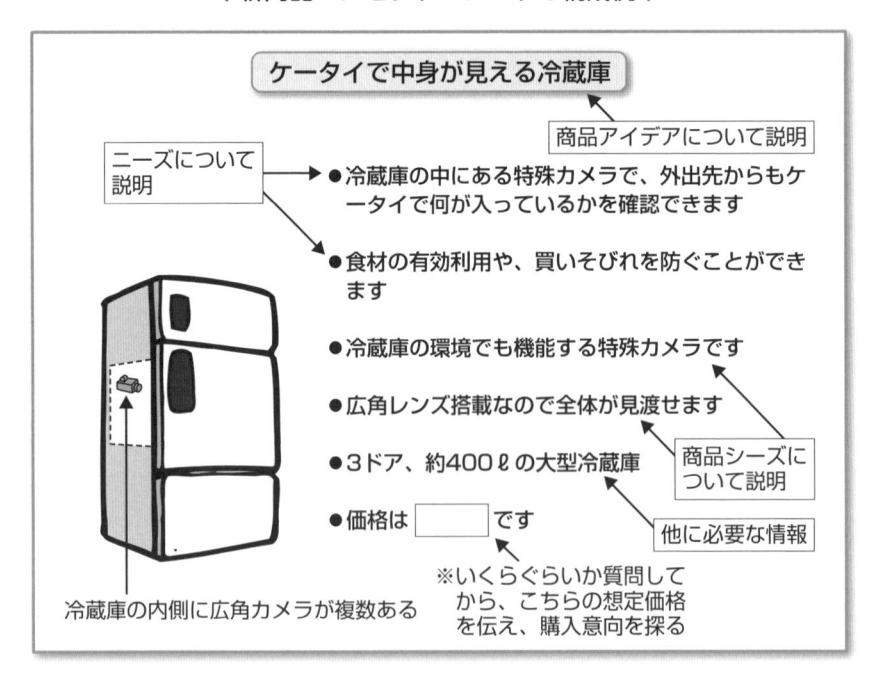

2-12 商品コンセプト②
マズローの欲求五段階説から見る「ニーズ」

ニーズをつかむためには、人間の欲求の流れを理解することが重要

◆マズローの欲求段階

ニーズをもう少し深く見てみましょう。ニーズの根源にあるのは人間の欲求です。しかし、欲求には求める順序があります。それを表現したのがマズローの欲求五段階説です。

❖マズローの欲求五段階説

```
5
自己実現欲求
＝自己超越

4：自己尊重欲求
＝成功、評判、地位に合った衣食住

3：社会的欲求
＝コミュニティへの関わり、社交性のための衣食住

2：安全欲求
＝教育、貯金、生活充足のための衣食住

1：生理的欲求
＝空気、飲料水、生命維持のための衣食住
```

「1から5の順に欲求は向かう」ことが基本原則となります。

❖コーラで見る欲求五段階説❖

- ●生理的欲求　：汗をかき、のどが渇いてコーラを飲む
- ●安全欲求　　：何かおいしい飲み物を求めてコーラを飲む
- ●社会的欲求　：ホームサイズのコーラを冷蔵庫に常備して、訪ねてきた友人に飲んでもらう
- ●自己尊重欲求：コーラを入れるグラスがベニスで買ってきた有名なブランドであることを友人に説明する

※5の自己実現欲求はマーケティングの範囲を超える

◆顕在化しているニーズと潜在化しているニーズがある

ニーズには「消費者が自分で言葉にできるもの」と、「消費者自身が気づいていないために言葉にできないもの」があります。

顕在化しているニーズは、消費者クレームやアンケートで明らかになるような「消費者が自分で気がついている欲求」を意味します。

一方、潜在化しているニーズは、消費者みずから気がついていないので、「企業側が提示した新商品の提案によって、初めて明らかになるような欲求」を意味します。また、「潜在的ニーズ→ニーズ」「顕在的ニーズ→ウォンツ」と、言葉を使い分けることもあります。

◆ニーズの潮目を探る

「困っている状況→よりよい状況」の間にニーズの潮目があります。この潮目には、消費者個人が持っている欲求水準値のようなものがあり、そこから低い状況だと不満や不安を感じ、その水準に達していれば、「よりよくしたい」という感覚に移っていきます。「困っていることから脱却する」ほうがニーズは顕在化しやすく、「よりよい状況への向上」のほうが潜在的なので、ニーズの発見はむずかしくなります。

❖ニーズの潮目❖

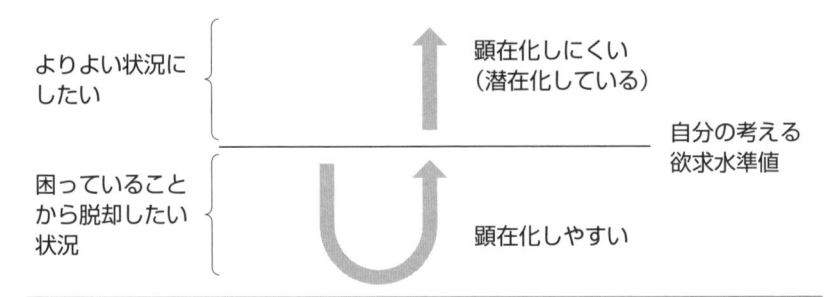

- よりよい状況にしたい … 顕在化しにくい（潜在化している）
- 自分の考える欲求水準値
- 困っていることから脱却したい状況 … 顕在化しやすい

たとえば…

●困っている状況からの脱却
「最近太り気味」→「体重を減らしたい」＝顕在化しやすいニーズ

●よりよい状況への改善
「体調は万全」→「もっと美肌？」「もっとスリム？」
＝そのままでは顕在化しにくいニーズ

2-13 商品コンセプト③ 商品コンセプト開発の手順を知る

商品コンセプトの起点によって、3つのルートを使い分ける

◆商品コンセプトを作る手順

商品コンセプトを作る手順には、「①ニーズ・ルート」「②シーズ・ルート」「③アイデア・ルート」という3つの方法があります。

各ルートには必ず3つの要素が必要であり、同時にそろうことはありません。どれかが起点になって新商品のコンセプトになっていくのが一般的です。

❖商品コンセプトを開発する3つのルート❖

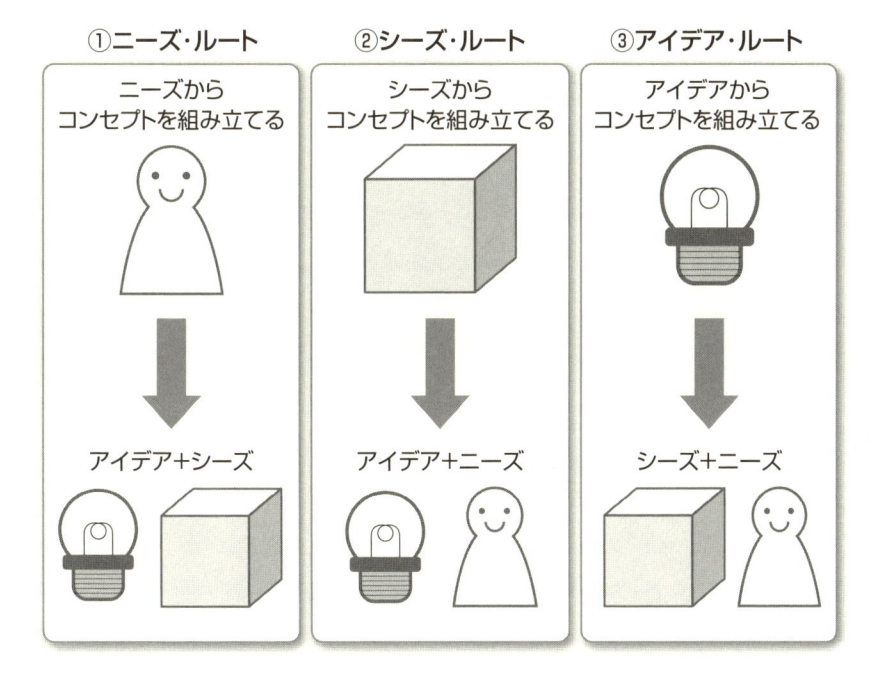

①ニーズ・ルート	②シーズ・ルート	③アイデア・ルート
ニーズから コンセプトを組み立てる	シーズから コンセプトを組み立てる	アイデアから コンセプトを組み立てる
↓	↓	↓
アイデア+シーズ	アイデア+ニーズ	シーズ+ニーズ

▶①ニーズ・ルート

消費者のニーズが起点となって商品コンセプトを組み立てていく手順です。顕在化しているニーズをどうやって自社の独自のノウハウで満たすか

を考えていきます。

　たとえば、松下電工のアラウーノの場合には、「トイレの掃除が大変（ニーズ）→それでは、掃除の回数が減るようなトイレを開発し（アイデア）→そのために必要な特殊な素材を準備しよう（シーズ）」となります。

▶②シーズ・ルート

　企業側の持っているシーズが起点となって商品コンセプトを組み立てていく手順です。自社の独自の技術やノウハウをどのようにすれば消費者のニーズを満たす商品になるかを考えていきます。

　たとえば、３Mのポストイットの場合には、「何度も貼って剥がせる粘着剤がある（シーズ）→それでは、くっつく付箋として（アイデア）→会議のための新しい利用習慣を提案しよう（ニーズ）」となります。

▶③アイデア・ルート

　先に商品アイデアがあって、「商品が消費者ニーズを喚起するためにはどのようにすればよいか」「独自の技術やノウハウはどのように商品に組み込めばよいか」を考えていきます。

　たとえば、手のひらサイズのリモコン・ヘリコプターであるハニービーの場合には、「室内で模型のヘリコプターを自由に飛ばせたら面白いだろう（アイデア）→それでは、その受容性はどのような人にありそうかを確認し（ニーズ）→どうすれば自社独自の方法で実現できるか考えよう（シーズ）」となります。

◆企業ごとに得手と不得手のルートがある

　自社の商品コンセプト開発を３ルートで見てみると、得意・不得意があることがわかります。

　一般的に、トイレタリーや保険サービス業では消費者のニーズを顕在化させやすいのでニーズ・ルートが得意です。電気や機械、ネット技術を応用するような企業ではシーズ・ルートが得手です。また、お菓子や嗜好品メーカー、エンターテイメント・サービス業といった企業はアイデア・ルートに重きが置かれます。意図的に不得手なルートを取り組むことで、従来にはなかった商品コンセプトを生みだすきっかけにもなります。

2-14 新商品コンセプト④ コンシューマー・インサイトを用いてニーズを発見する

消費者に近づいてニーズを読み取ることが重要

◆**コンシューマー・インサイトでニーズを汲み取る**

ニーズは多岐にわたります。消費者のクレームや簡単なアンケートで取れるような顕在化しているニーズは、ニーズ全体のほんの一部です。聞けばすぐ見つかるようなニーズは、競合他社もすでに気づいているニーズであることがほとんどといえます。

そのため、可能な限り消費者心理の奥にあるニーズを引き出すことが大切になります。消費者の深層心理を探求することを「コンシューマー・インサイト」といいます。

❖**コンシューマー・インサイト**❖

	1WAY的アプローチ	2WAY的アプローチ	非言語的アプローチ
・顕在意識 消費者みずから言葉にできる	アンケートで出現する範囲	ダイアローグ（対話）による引き出し	行動観察
・潜在意識 気づいていないが、気づけば言葉にできる			
・無意識 気づくことができない 言葉にできない			

右にいくほど消費者の近くにいかないとわからない →

顕在化されたニーズは、消費者が「自分の言葉」にできるものなので、アンケートのような1WAY（一方向）のアプローチでも十分に引き出すことができます。しかし、潜在化されたニーズは消費者自身も気づいていないので、言葉にすることができません。

いい換えると、潜在意識を顕在化させるということは、「誰かが言葉に

置き換えてあげる」ということです。置き換えることが可能なのは、消費者本人か、商品を提供する企業側の人間しかいないのです。

そのため、対話や刺激物（商品コンセプト・シートなど）を使って気づきを与えたりして、リサーチする側が読み取る必要があります。

言葉に置き換えることが非常にむずかしい意識が「無意識」です。消費者自身が気づくことがないので、普段の生活や関連する商品の使い方などを直接観察することで、意識に上がってこないニーズを拾うことも重要です。

たとえば、エコバッグのニーズは「エコロジーに貢献したい」という顕在的な欲求ですが、「エコバッグを持っている自分は、社会性の高い人間に見えるのではないか」という期待を潜在的に持っている人々もいるのです。

また、実際にエコバッグを使っている場面を観察すると、通常のバッグだけでは対応できない、荷物を入れきれない場面で使われたりしていて、無意識のうちにセカンド・バッグとしての持ち運びのよさを気に入っているといったこともあります。

ただし、本音まで行き着けるかどうかがポイントになるため、より深いニーズを見つけるために、より消費者に近づくことが大切です。

2-15 新商品コンセプト⑤ シーズの特性をつかむ

シーズは2つに分けられ、ニーズと組み合わせることになる

◆シーズの種類は2つに大別される

シーズも多岐にわたります。通常は「独自の技術」といったものがシーズとみなされますが、それ以外にも「独自のノウハウ」といったソフト面も該当します。製品を作るメーカーからサービスを扱う企業まで、シーズの種類はさまざまです

シーズは、「価値をアップし、差別化の競争戦略に貢献するもの」と「コストダウンを導き、コストリーダーシップの競争戦略に貢献するもの」に大きく分けられます。前者は「付加価値実現」として、後者は「低価格実現」という形を通じて、消費者ベネフィット（利益）になっていきます。

また、製品そのものに関する技術だけでなく、デザインに関するものや全体のプロセスなどもシーズとしてカウントできます。

❖ 2種類×3系列のシーズ区分（洗濯機の例）❖

	価値アップに貢献	コストダウンに貢献
製品系シーズ	新しい機能の技術 例：洋服にしわが寄らない機能など	効率を高める技術 例：コストの安い素材の自社開発など
デザイン系シーズ	魅力を感じるデザイン 例：丸みを帯びたかわいい外装デザインなど	効率を高めるデザイン 例：加工の工程数が少ないデザインなど
プロセス系シーズ	価値を高めるプロセス 例：インターネットでカラーを選べる仕組みなど	効率を高めるプロセス 例：アフターサービス外注化の仕組みなど

◆シーズの源泉とニーズとを組み合わせる

自社が持つ独自の技術やノウハウには幅があります。実際には、業界を変革させるほどの独自技術から、ちょっとしたベネフィットを提供でき、かつ、マネしにくいノウハウなど多岐にわたります。

❖ シーズの種類 ❖

①競合他社がマネできないシーズ
　特許、商標、意匠登録などの法的なもの、ブラック・ボックスになっているノウハウ的なもの、市場導入に多大なコストがかかるリソース的なものなどがある

②競合もマネできるであろうシーズ
　市場にはまだ出ていないが、競合他社も活用できるようなシーズもある。ここで重要なのは、最初に導入することと、時間が稼げるように小さなシーズを複数組み込むこと。よくいわれる「日本で1番高い山は富士山とすぐ出るが、2番目は出にくい」ことと同様の原理。マネるのに時間が稼げれば、それだけ有利になる

③自社にシーズが見当たらない（ここで諦める必要はない）
　自社シーズが弱い場合や見当たらない場合は、外部から持ってくる（コラボレーション）。技術的提携、有名デザイナー起用、独自流通を持っている異業種との協働などで対応できる

　また、自社、競合会社を含めた業界にとって普通のことでも、消費者の視点からみると経験したことのないものもあります。ヒット商品を見ても、すべてのシーズを競合他社がマネできないものとはいえません。

❖ シーズの種類とニーズの組み合わせ例 ❖

シーズ ＼ ニーズ	ネガティブ ←　消費者の欲求　→ ポジティブ		
	・不満、不安のニーズ ・我慢、困っている	・満足、安心アップのニーズ ・より便利、楽になる	・楽しい、驚きのニーズ ・楽しく、気分高揚になる
自社のリソースで実現可能、競合は不可能なシーズ	ヘルシア	ハーゲンダッツ	ディズニーランド
自社のリソースで実現可能、競合も可能なシーズ	ウォシュレット	アスクル	バウリンガル
自社のリソースで実現不可能なシーズ	脳トレ （コラボレーション）	スターバックス・チルドカップタイプ （ブランドレンタル）	ラーメン博物館 （出店誘致）

2-16 新商品コンセプト⑥ アイデアを抽出する4つの手法

発想法を用いることで、アイデアを抽出することが容易になる

◆アイデア発想法の種類は？

アイデアはなかなか理性的にコントロールして抽出することがむずかしい領域ですが、アイデア発想法などを活用することで、新商品アイデアをある程度までは意識的に出すことができます。

世間にはたくさんのアイデア発想法があるので、おもなものを4区分して説明します。とくに、次に紹介するSCAMPERと呼ばれる7つの手法の頭文字で整理された発想法が有名です。

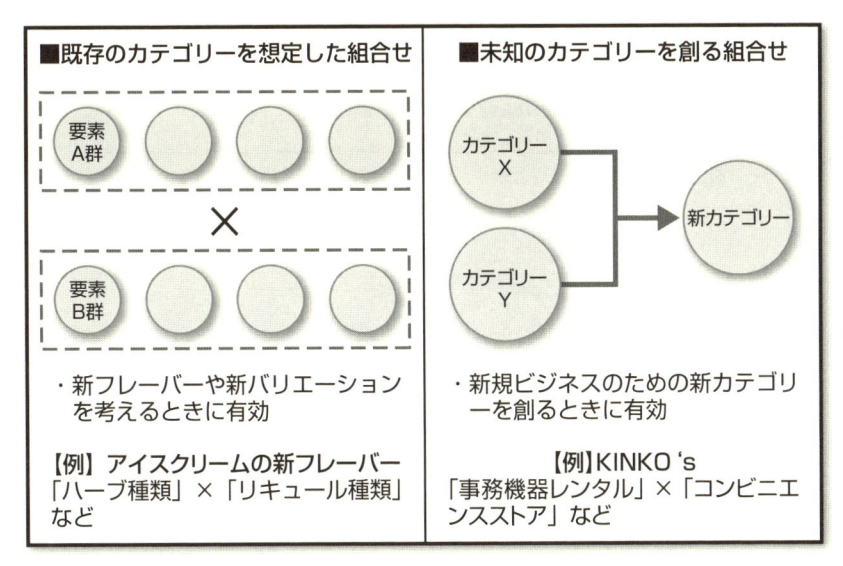

▶①組み合わせ型アイデア発想法

Combine＜結びつける＞、Rearrange＜並べ替える＞などが代表的なものです。

❖組合せアイデア発想法❖

■既存のカテゴリーを想定した組合せ

要素A群 × 要素B群

・新フレーバーや新バリエーションを考えるときに有効

【例】アイスクリームの新フレーバー「ハーブ種類」×「リキュール種類」など

■未知のカテゴリーを創る組合せ

カテゴリーX、カテゴリーY → 新カテゴリー

・新規ビジネスのための新カテゴリーを創るときに有効

【例】KINKO's「事務機器レンタル」×「コンビニエンスストア」など

▶②増減型アイデア発想法

Adapt＜付け加える＞、Eliminate＜除く＞、Modify＜修正する＞があります。

❖増減型アイデア発想法❖

■現状の標準商品のある要素を減らす	■現状の標準商品のある要素を増やす
●新フレーバーや新バリエーションを考えるときに有効	●新フレーバーや新バリエーションを考えるときに有効
【例】微炭酸飲料←炭酸量を減らす	【例】チョコレート効果←カカオ量を増やす

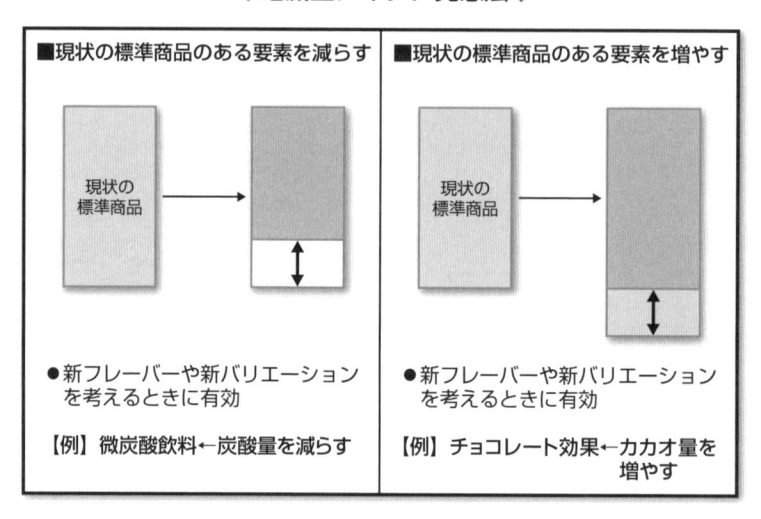

▶③移転型アイデア発想法

Substitute＜換える＞、Put to other purposes＜別の用途、目的に使う＞があります。

❖移転型アイデア発想法❖

■ほかのカテゴリー商品を別カテゴリーに移転	■ほかのエリア商品を別エリアに移転
●新フレーバーや新バリエーションを考えるときに有効	●新規ビジネスのための新カテゴリーを創るときに有効
【例】黒酢ドリンク←黒酢の飲料分野への移転	【例】メンズ・エステ←女性から男性へ移転

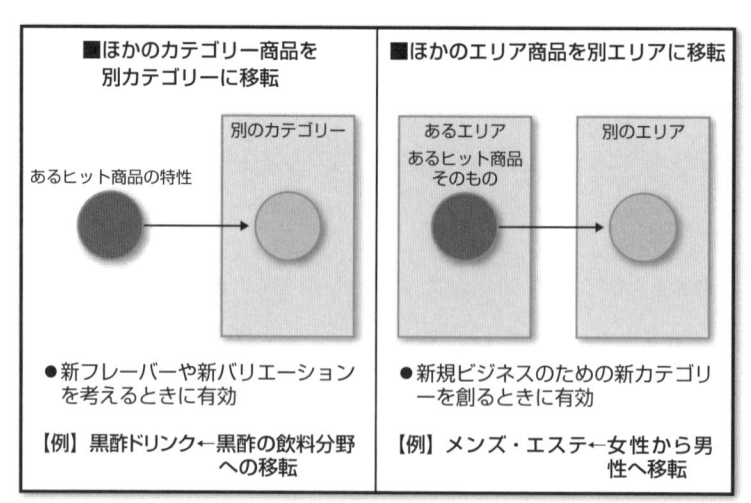

▶④現状否定型アイデア発想法(①〜③を応用した方法)

ラテラル・マーケティング、ブルーオーシャン戦略、アナロジー発想法など、バリエーションは異なりますが、①〜③を組み合わせる発想法があります。共通しているのは、成熟した市場での新商品コンセプト開発に向いており、既存市場の常識を否定していくタイプという点です。

アナロジー発想法を用いて説明してみます。成熟化市場では、ほとんどの消費者が市場のことをよく知っています。たとえば、「コーンフレークといえば、あんな感じ、こんな感じ」とほぼ常識化しているのです。アナロジー発想法は常識化している状況を打破するために、それを否定しながら、アイデアを出していこうという手法といえます。

❖否定からのアイデア開発フォーマットと記入例(コーンフレークの例)❖

現状の常識	常識否定	否定時の阻害要因	コンセプト・アイデア
色が茶色	色が白	コーンじゃない感じ	オカラで作ったソイ・フレーク 豆乳で食べる新しいごはんの提案
ユーザーが当然と思っていることを具体的に書き出す	まったく常識外と思われることで具体的に否定してみる	否定に対し、ユーザーがネガティブに感じると思われることを具体的に書き出す	ネガティブな感じを肯定的にとらえてもらうための工夫(アイデア)を出す 同時に、それを実現させるためのシーズと想定されるニーズを書き出す

出典:『商品企画の七つ道具』(神田範明 編著、飯塚悦功 監修、長沢伸也、丸山一彦、大藤正、岡本眞一、今野勤 著、日科技連出版社)をもとに著者作成

ブルーオーシャン戦略の手法も組み合わせです。「取り除く(否定)、つけ加える(組み合わせ)、増やす、減らす」という4点を同時に行なうことが基本原理です。

❖ブルーオーシャン戦略の４つのアクションを利用して商品コンセプトを作る❖

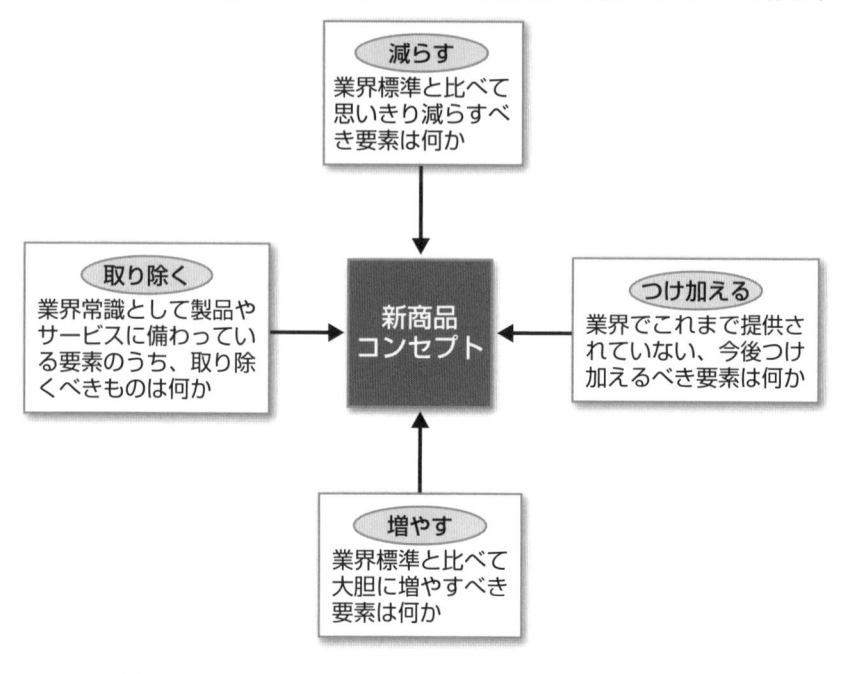

減らす
業界標準と比べて思いきり減らすべき要素は何か

取り除く
業界常識として製品やサービスに備わっている要素のうち、取り除くべきものは何か

新商品コンセプト

つけ加える
業界でこれまで提供されていない、今後つけ加えるべき要素は何か

増やす
業界標準と比べて大胆に増やすべき要素は何か

出所：『ブルー・オーシャン戦略』（W・チャン・キム、レネ・モボルニュ 著、東洋経済新報社）をもとに著者作成

◆アイデアを抽出するときのルール

　新商品コンセプトにとって、アイデア抽出は非常に重要です。個人の才能で出すだけではなく、紹介したような発想法を使って、グループワークなどを行なうことは有効になります。

　ただし、アイデアはとてもデリケートなものなので、発言に対しては「いいね」といった前向きな反応が重要です。また、アイデア抽出には、とにかくたくさんのアイデアを出す前半の拡散期と、たくさん出たアイデアを絞り込む広範作業となる収束期があるので、その時間を全員が共有していくことが大切です。

2-17 新商品コンセプト⑦ 商品コンセプト段階での定性的、定量的調査

商品コンセプト調査は2段階に分けられ、2つの視点から調査をする

◆商品コンセプト調査とは？

　商品コンセプト調査というと、むずかしい印象を受けますが、実際には非常にシンプルです。本来、メーカーだったら製品を何種類も作り、サービス業ならばサービス・メニューを実際に受けられるようにしたいものです。しかし、それではお金も時間もかかります。

　そのため、「商品コンセプト＝概念」の段階でチェックしておくのです。ですから、商品コンセプト調査では、購入場面をシミュレーションすることが基本になります。

◆商品コンセプト調査のステップは2段階に分かれる

　商品コンセプト調査は、複数案から最終案へ絞り込んでいく消費者調査の「一次段階」と、最終案を決めて、支持してくれる理想の顧客像や消費者視点での魅力のポイントを抽出する「二次段階」の2段階に大きく分けられます。

❖2段階の商品コンセプト調査❖

一次段階の
商品コンセプト調査
＝複数の候補から
　最終案にしていく

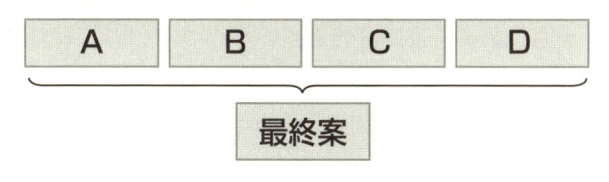

　　A　　B　　C　　D
　　　　　↓
　　　　最終案

二次段階の
商品コンセプト調査
＝最終案の受容性を
　チェックする

　　　　最終案
　　　　　↓
・どんな人？
・どのくらいの人数？
・どこが魅力？
・売上げはどのくらい？　など

▶一次段階の商品コンセプト調査：複数案絞り込み

　一次段階の商品コンセプト調査では、「（複数あるコンセプト案へ）受容性を見る→改善するヒントを探る→複数案を1つに絞り込む」という流れをふみます。ここでの受容性とは、商品コンセプト案に対する「利用したい欲求」の度合いのことです。
　よく使われる調査手法として、「グループインタビュー（フォーカス・インタビューとも呼ばれる）」という定性的な方法が挙げられます。

▶二次段階の商品コンセプト調査：受容性とマーケティング戦略のための情報抽出

　二次段階の商品コンセプト調査では、「どのくらい売れそうなのか？」という定量予測が重要になります。そのため、類推するための商品サンプル数で最終コンセプト案への反応を見ます。
　また同時に、「どういった人が優良顧客になりそうなのか」ということも反応がよい人たちのプロファイルから読み解き、反応がよい理由から商品の魅力を説明するための言葉を抽出していきます。
　ここでの作業で売上見込みや顧客像などを肉づけし、本格的な新商品開発を進めることができます。

◆商品コンセプト調査に必要なもの

　商品コンセプトは紙や試作品程度で実施されます。しかし、先に説明したように、購入時点で消費者が判断に必要な情報をすべて押さえなければいけません。これはカテゴリーによって異なります。
　化粧品のような嗜好性が高いものでは、ネーミングやパッケージデザインなどによって購入意向が変わるので、とくに二次段階の調査においては、デザイン案を用意する必要があります。
　このように、商品カテゴリーによって用意する物が異なるということは、戦術的なアイデアが固まってから、二次段階の商品コンセプト調査が実施される場合があることを意味しています。
　たとえば、ラグジュアリー・グッズの新商品開発では、商品コンセプト・シートにブランド・ネーミング案やストーリー案、パッケージ・デザイン案といったシンボルやプロダクトの一部が入ってきます。戦略上重要と思われる要素は、この段階で一度、消費者調査にかけておくことが望ましいといえます。

❖カテゴリー別の追加要素❖

	新商品コンセプト調査に必要な追加要素		
	ブランドネーム＆シンボル	パッケージデザイン	ブランドストーリー
・ラグジュアリーグッズ ・高級嗜好品	◯	◯	◯
・コモディティな菓子 ・コモディティな食品	◯	◯	
・健康食品 ・医薬品	◯		
・コモディティなサービス ・トイレタリー			

◆ **おもな定性的な商品コンセプト調査**

おもな定性的なコンセプト調査には次のものがあります。

▶ **グループインタビュー（フォーカス・インタビュー）**

一次段階でもっともよく利用されます。想定される消費者を会場に集めて、複数の消費者に複数の新商品コンセプト案を見せ、そこから反応と意見を引き出しながら行ないます。

このステップでは、「想定される消費者をいくつかの消費タイプに分けること」と「幅広く反応を取っていくこと」という2点に留意します。消費タイプ分けとは、アイスクリームであれば、「アイスクリーム購入頻度の多い人／少ない人」といった商品カテゴリーへの関与の違いですし、住宅であれば、「最近住宅購入者／住宅購入検討者」という区切りになります。

また、幅とは「20代―30代―40代―50代」という年齢や年収の幅です。ここでは、可能な限り多くの視点で新商品コンセプトという原石から宝石を見つけようという作業になります。

すべての新商品コンセプト案が期待以下であれば、再度、商品コンセプトから作成し直します。この段階ではコンセプト案が否定されることは大歓迎です。なぜなら、「どこがダメですか？」「どうしたら利用したくなりますか？」などの質問によって、新たな商品コンセプト強化のヒントが出

てくるからです。

❖ 清酒の新商品コンセプト案調査対象の設定 ❖

	\multicolumn{5}{c}{家庭内清酒飲用者：週1回以上}
	20代	30代	40代	50代	60代
男				想定ターゲット	
女	新商品コンセプト段階では、広めにとって反応を見る				

　グループインタビューでの案の選択は多数決ではなく、非常に強い支持と理由の有無によります。「参加者全員がよい」という案も悪くはないのですが、ありきたりのものもたくさんあります。「賛否両論案は大化けする可能性がある」ので、少数でも強い支持や納得が見えた場合、反対者がいても案として残していくことがお勧めです。

▶オフィス・テスト（OT）

　新商品コンセプト案が大量にある場合、消費者調査を大量に行なうのは費用的・時間的にムリがあります。そこで、身内である社内や関係者（機密が漏れない人）に試してもらい、大まかでも評価・選択をしてもらいます。

　テストで絞り込むことで効率が上がりますし、テスト対象者が商品群にくわしいことが多いので、指摘がわかりやすいという長所もあります。しかし、テスト対象者が商品をわかりすぎている分、新しいものに関して否定的になりやすいという欠点もあるので気をつける必要があります。

◆おもな定量的な商品コンセプト調査

　おもな定量的な商品コンセプト調査には次のものがあります。

▶会場調査

　とくに、二次段階の調査で利用されます。事前に対象者に連絡をして調

査会場に来てもらい、絞り込んだ案を中心に受容性（対象商品への購入欲求の強さを表わす指標）をチェックします。「受容性＝利用意向×購入価格」が基本形です。

そのため、「新商品コンセプトに対する利用意向が強いか、購入価格が高いか」どうかを、試作品（プロト品）などで利用体験をしてもらいます。「再購入意向が強いか／推奨意向が強いか（とくに耐久消費財）」といった点が確認のポイントとなります。

会場調査では2点留意します。1つ目は、「調査対象の結果から日本全国（または販売想定エリア）に置き換えることを考慮しておく」という点です。2つ目は、「価格は提示しないでまずは対象者から想定してもらい、そののち提示して、再度、利用意向を聞く」という点になります。後者は価格設定ともかかわるので、132ページ以降の「プライス」の項目で触れます。

機密性が高いので、インターネット調査のような形式がむずかしいためにこの会場調査がよく使われます。同時に、どんな人が高い受容性を示したかによって、ターゲット像が明確になっていきます。

▶自宅利用調査

二次段階の商品コンセプト調査を会場ではなく、対象者の自宅で試作品を使ってもらいながら受容性をチェックします。原理は会場調査と同じですが、日用品（トイレタリー）などの生活環境によって判断が変わるものや、加工食品などの長く使うと評価が変わるようなものを調査するケースで使います。

2-18 マーケティング基本戦略①
STPで戦略にかかわる3要素を規定する

社内で商品コンセプトがブレないように、共通の設計図を作る

◆マーケティング基本戦略は実務上、どのような役割をするのか？

　商品コンセプトが決まったら、マーケティング基本戦略を策定します。具体的には、STPと呼ばれる、「セグメンテーション（Segmentation）」「ターゲティング（Targeting）」「ポジショニング（Positioning）」を規定する作業をします。

　ここでも家を建てる場面で想定してみましょう。商品コンセプトはパース画や模型でした。最終案が決まったら、次は家の設計図面を起こします。つまり、マーケティング基本戦略は設計図のようなものです。

　なぜ設計図が必要かというと、次のマーケティング・ミックスのステップでは多くの関連部門の専門知識を集める必要があるからです。

　建築でいえば、配管工や電気工などの専門家が実際にどのような部品をそろえればいいか、理解してもらう必要があります。そのためには、分業しても商品コンセプトがブレないための共通の図面が必要なのです。

❖マーケティング基本戦略の位置づけ❖

ステップ	おもな内容	家を建てることにたとえると…	目的
企業環境分析	新商品開発の対象市場と活用したい自社の強みを抽出する	土地を選定し、その土地に有効な土台を考える	新商品開発のめざす方向に全社的な納得を与えるため
商品コンセプト	複数案から最終案に絞り込む	いくつもある建てたい家をパース画や模型にすること	想定される消費者にヒアリングするため
マーケティング基本戦略	最終案をSTPにまとめる	決めた家を設計図面に起こすこと	自社の社員が1つの方向性に向かって動くため

◆STPで必要な要素

　マーケティング基本戦略のステップにおいて、「どのくらいくわしく規

定するか」については、企業によって異なります。通常は、社内フォーマットなどにまとめていきます。まとめることによって、新商品開発担当者によって規定する内容にバラツキが出ないようにするためです。ここでは、とくに外せない6つの要素（「S×2要素」＋「T×2要素」＋「P×2要素」＝計6要素）を紹介します。

❖STPが規定するもの❖

項目	意味
ⓢ 「基盤となる市場は何か？」 ＝セグメンテーション	・商品が存在する市場を規定する。既存のもの、細分化したもの、新たに創出するものがある ・想定市場を決めることで、想定競合がわかる
ⓣ 「狙うべき消費者は誰か？」 ＝ターゲティング	・商品の見込み客を規定する。年齢、性別（デモグラフィック）なものだけでなく、商品の情報の入手方法、商品の使い方、購入時の思考、なども表わす ・ターゲットの人物像とオケージョンを想定する
ⓟ 「購入動機は何か？」 ＝ポジショニング	・商品を購入する理由を規定する。「狙うべき消費者は誰か」の項目から引き出されるべきものとなる ・ユーザーベネフィット、競合比較で差別化ポイントを明確にする

▶①S：セグメンテーションの規定

　セグメンテーションは、対象となる市場を明確にし、その結果、どこが競合関係になるかを明文化します。新商品コンセプトのヒアリング時に、消費者がどのような商品と比べているかに留意することで整理することができます。

> ・想定市場：市場の特徴、市場の規模、市場での競合関係など
> 　　　　　　→「どこ」の規定
>
> ・想定競合：もっとも比較される競合商品、競合との対峙関係など
> 　　　　　　→「どれ」の規定

▶②T：ターゲティングの規定

　ターゲティングは、新商品コンセプトを受容してくれて、かつ、自社にとって望ましい顧客像を明文化します。ヒアリングして深掘りすることで

整理していきます。

> - ターゲット　　：核となる想定顧客のデモグラフィック特性、心理特性、行動特性など
>   → 「だれ？」の規定
> - オケージョン　：コア・ターゲットの商品情報入手、購入、利用、保管、廃棄場面など
>   → 「いつ？」の規定

▶③P：ポジショニングの規定

　ポジショニングは、新商品がターゲットにとってどのような価値を提供でき、その価値の裏づけを明文化します。

> - ユーザーベネフィット：ユーザーにとっての機能的メリット、情緒的メリットなど
>   → 「なに？」の規定
> - 差別化ポイント　　　：想定競合品との違い、メリットを提供できる理由など
>   → 「なぜ？」の規定

◆STPは消費者と自社の価値とおカネの理想的な交換像

　STPはむずかしい用語ですが、結局は、「消費者と自社が価値とおカネの交換をするときの理想像」を描いているものです。この理想像に矛盾がないかを確認するプロセスが重要なので、基本戦略で利用されます。

❖マーケティング基本戦略は交換の設計図❖

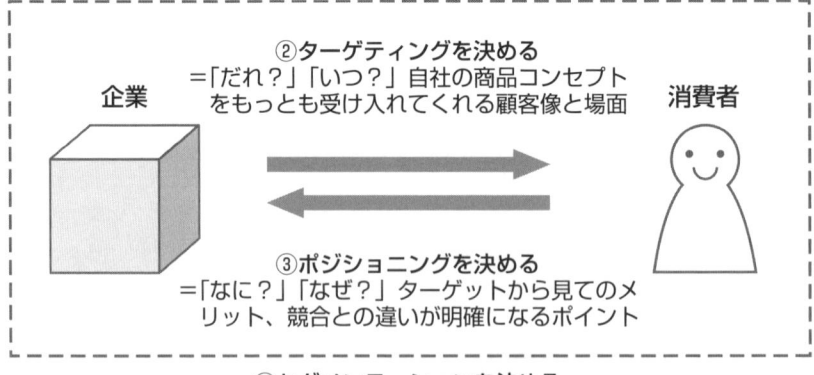

②ターゲティングを決める
＝「だれ？」「いつ？」自社の商品コンセプトをもっとも受け入れてくれる顧客像と場面

企業　　　　　消費者

③ポジショニングを決める
＝「なに？」「なぜ？」ターゲットから見てのメリット、競合との違いが明確になるポイント

①セグメンテーションを決める
＝「どこ？」「どれ？」市場の範囲、顧客から比較される競合の範囲

マーケティングの原点は、「双方が満足いく交換」です。自社と消費者がいると仮定して、「この交換が双方の満足いくものである」状況を説明しているのがマーケティング基本戦略（STP）になります。

　設計図は「マーケティング基本戦略に沿って、具体的なプランニングをしていけば、自動的に理想の交換関係ができるはず」というものになります。設計図には必要最小限の線しか引かれていませんが、詳細について問われた場合には、答えられるようにしなければなりません。

　なぜならば、社内全員だけではなく、社外の協力先などにも説明する場面がやってくるからです。社内用フォーマットなどに記入する内容は抜粋であっても、そこに行きついている背景をこの段階で整理しておくことが新商品開発の仕事を楽にします。

◆設計図としての構造

　STPの6つの要素は、下図の関係で成立しています。

❖STPの6つの要素の関係❖

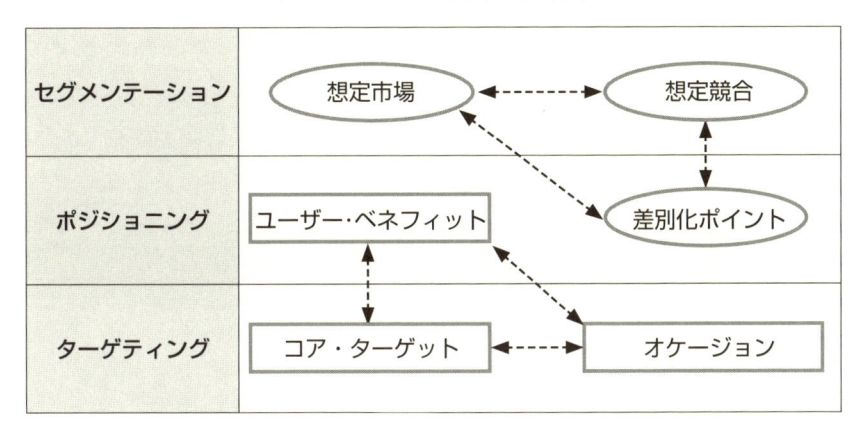

セグメンテーション	想定市場 ⇔	想定競合
ポジショニング	ユーザー・ベネフィット	差別化ポイント
ターゲティング	コア・ターゲット ⇔	オケージョン

　この6要素には、2つの関係が隠れています。それは、「想定市場、想定競合、差別化ポイントの関係」「コア・ターゲット、オケージョン、ユーザーベネフィットの関係」という2つです。

　これらの要素には一貫性が必要であり、「この市場でこの競合とはここが独自の違いといえる」「この消費者がこの場面でこういうベネフィットを感じる」といったように見ていくと、個々の要素にきちんとした整合性があることをチェックできます。また、違和感があれば、再度明文化します。

◆商品ステイトメントとしてまとめる

　STPを全社的に使いやすくするために、バラバラな要素を文書化し、フレーズ化することがあります。このフレーズ化を「ステイトメント」といい、「ポジショニング・ステイトメント」「ブランド・ステイントメント」といった名称でマーケティング部門などで活用されています。

　要素は企業によってさまざまですが、本書では6要素で組み立てた商品ステイトメントを紹介します。ミント・タブレットのフリスクで考えてみましょう。

❖フリスクでの商品ステイトメント例❖

> 「フリスク（商品名または新商品X）」は「ミント・タブレット市場（想定市場）」で、「ほかのミント・タブレットすべて（想定競合）」に比べて「強いミントの刺激と持続する清涼感」という独自性を持っている商品です（※フリスクはマーケットリーダーなので、競合は「ほかのミント・タブレットすべて」となります）。
> 　そのため、「積極的に気分転換を求める人（ターゲット）」の「勉強や仕事の合間（オケージョン）」に「究極の刺激と爽快感（ユーザーベネフィット）」を提供することができるのです。

　この商品ステイトメントは、マーケティング基本戦略を圧縮したものです。次項よりSTPの各6要素について説明しますが、各詳細を準備したうえで、人々の理解促進のために商品ステイトメントを利用してまとめることが原則となります。

2-19 マーケティング基本戦略②
セグメンテーション（S）対象市場について

「構造」と「動向」という2点が対象市場を規定する際のポイント

◆市場の規定に必要な二大要素

　セグメンテーションとは、市場全体をどうとらえ、どの部分を新商品がカバーするのかを明確にさせる考え方です。同時に、対象市場が決まるとどの商品と競合関係になるのかも規定されます。

　セグメンテーション規定段階の二大基本要素は、「①対象市場」「②競争関係」です。まずは対象市場の規定について説明します。

　市場の規定で重要な視点は、「構造：外側の視点・内側の視点」×「動向：過去の動き・未来の動き」です。

❖市場の規定で重要な視点❖

構造＼動向	過去	未来
外側を見る	市場全体の事実	市場全体の予測
内側を見る	市場を分解した事実	市場を分解した予測

◆マーケット・セグメント・ツリー

　既存市場が比較的はっきりしているものであれば、カテゴリー全体をツリーにして説明できます。「外側の視点」と「内側の視点」を1つの図にするためのツールです。セグメントがカテゴリー全体とどのような関係になっているかを一覧にしたものとなります。

　マーケティングにおいて、セグメント・ツリーは消費者視点で構成されることが望ましい作り方です。機能的な違い、形状的な違い、価格帯の違いなど、消費者が区分けする要素が分岐点になります。各要素を分ける特性を「属性」といったりします。

❖キャットフードでのセグメント・ツリー事例❖

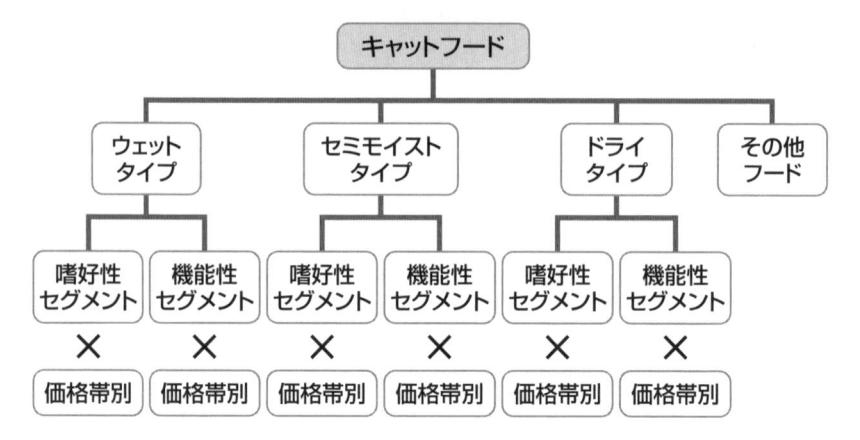

```
                    キャットフード
    ┌──────────┬──────────┬──────────┐
 ウェット    セミモイスト    ドライ      その他
 タイプ       タイプ        タイプ      フード
  ┌─┴─┐     ┌─┴─┐      ┌─┴─┐
嗜好性 機能性  嗜好性 機能性   嗜好性 機能性
セグメント セグメント セグメント セグメント セグメント セグメント
  ×   ×    ×   ×     ×   ×
価格帯別 価格帯別 価格帯別 価格帯別 価格帯別 価格帯別
```

　セグメント・ツリーを作成したら、それぞれの下部に存在するセグメントごとの市場性をスコアとして押さえます。また同時に、この市場が過去にどのような変化（＝事実）をしてきており、これからどのような変化（＝予測）が見込めるかもスコア化します。

　市場性に関する情報にはいくつかのものがあります。

---

①**金額規模**＝対象市場全体における１年間に販売された金額
②**数量規模**＝対象市場全体における１年間に販売された重さや台数などの数
③**人数規模**＝対象市場全体で年間１回は利用する人数
　※世帯に置き換える場合もある
④**エリア構成費**＝対象市場を構成している消費者の割合
⑤**消費者特性構成比**＝対象市場を構成している消費者の割合
　※消費者特性は扱いやすいデモグラフィックな特性で見ていくのが一般的。
　　男女比、年齢構成比がある
⑥**既存商品シェア構成比**＝対象市場ですでに販売されている商品ごとのシェア

◆一次データと二次データを入手する

　セグメンテーションの際には、実際にデータを入手しなければいけません。これらの情報入手には、２種類の方法があります。

　１つ目は世の中でオープンになっているデータを入手する方法です。調

査会社や業界団体が定期的に実施しているような調査データは「一次データ」と呼ばれ、最初にあたっていくデータ類です。しかし、市場によってはそういったものがないために自社で調査する必要があります。こういった調査データを「二次データ」といい、二次データを入手するのが2つ目の方法です。

◆フェルミ推定

では、データ類がまったく入手できない場面ではどうしたらよいでしょうか。たとえば、新市場を創造する新商品開発の場合には、既存市場の数字では市場を把握できません。一次データもありませんし、この世にない新商品コンセプトであれば現時点での受容性しかチェックできず、将来どこまで大きくなるのか不明です。よって、市場を推定する必要があります。そのための考え方として、フェルミ推定が挙げられます。

フェルミ推定は、入手しやすいデータを組み合わせることで規模などのスコアを予測する考え方です。もちろん、精度には問題がありますが、規模感をつかむという点では有効です。

❖ヘッドフォン型HDDステレオの市場規模推定の例❖

前提：
　ヘッドフォンにHDD（ハードディスクドライブ）、電源内蔵でコードレスになっている商品。簡単にいうと、iPodがヘッドフォンになったもの。この商品で新市場を創るとして、3年後はどのくらいの市場規模がありそうかを類推する

考え方：
　既存市場の消費者データから、積み上げていく。iPod利用が置き換わるものとして考える。携帯型ステレオにおけるヘッドフォン利用の比率をヘッドフォン愛好率として仮定して、その指数を掛け合わせる

「iPod初期導入年から3年目の年間販売台数」×「ヘッドフォンの年間販売数」÷「すべての携帯型ステレオ年間販売台数」＝3年後の新市場規模

◆リフレーミング

新商品がユニークで新市場を創る場合において、実質的には新商品発売時のみ新市場にネーミングできます。ここは非常に有効な機会で、大きく市場の見方を変えることもできます。このときに使われる手順がリフレー

ミングであり、消費者の頭の中にあるフレーム（枠組み）をリフレーム（再枠組み）するという意味です。

❖リフレーミングの例❖

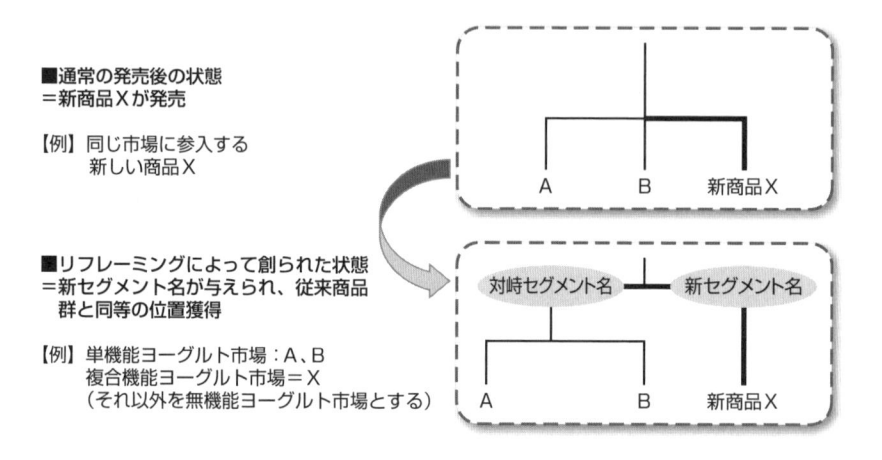

■通常の発売後の状態
＝新商品Xが発売

【例】同じ市場に参入する
　　　新しい商品X

■リフレーミングによって創られた状態
＝新セグメント名が与えられ、従来商品群と同等の位置獲得

【例】単機能ヨーグルト市場：A、B
　　　複合機能ヨーグルト市場＝X
　　　（それ以外を無機能ヨーグルト市場とする）

　新しい機能性ヨーグルトを発売するとして、単に「機能性ヨーグルトの商品X」です、というのではなく、新たなフレームに変更することで消費者の頭の中での優先順位を上げます。

　機能性ヨーグルトもあまた出ていますので、自社の新商品が2種類以上の機能性を持っていることが独自性としたら、「複合機能ヨーグルトの商品X」とします。そして、従来の競合品を含めて「単機能ヨーグルト」、機能のないもの（おいしさ訴求）を「無機能ヨーグルト」とします。これによって、従来のヨーグルト市場のリフレーム（再枠組み）ができます。

　つまり、ヨーグルトには「無機能ヨーグルト」「単機能ヨーグルト」「複合機能ヨーグルト」の3セグメントがあることがニュースになります。新セグメント名の訴求も、市場導入時の重要な話題作りのきっかけとなります。つまり、重要なのは自社商品のセグメント名だけではなく、競合も含めたすべての区分けにネーミングし、新しい枠組みにすることです。

　ただし、実体がないのにリフレーミングだけすると、消費者から単なるプロモーション活動ととらえられ、逆効果になります。あくまでも商品コンセプトで新市場創出の可能性がある場合のみに有効となる方法です。

2-20 マーケティング基本戦略③
セグメンテーション（S）競合関係について

競合商品が明確になれば、競合関係も明確になる

◆メイン競合商品を規定する

新商品がエントリーするセグメントが設定されれば、そこで競合関係も同時に明確になります。

競争関係とは、消費者からの選択において、比較対象にされる商品となります。比較される場面が多ければ多いほど、競合関係が強いといえます。そのため、競争戦略をここで組み立てることができます。

競合であるかどうかは、見込み客であるターゲットの人たちが何と比べているかによって決まります。つまり、消費者視点での判断が重要であり、「消費者が新商品の購入を検討する段階で、何と比較して購入に至るか」を意味しています。

実際には競合商品は複数あり得ますが、そのなかでももっとも代表的なものを選択します。つまり、新商品コンセプト調査で「利用したい」と思っている人に「何に置き換わりますか？」という質問を投げ、そこでもっとも多く回答された商品となります。

◆競合関係の決定

続いて、競合商品との競争をどのように行なうのかを規定します。まずは、「マーケット・リーダー」「チャレンジャー」「フォロワー」「ニッチャー」という競合商品との位置関係を明確にします。

❖競争のスタイル❖

●リーダー
ある市場におけるリーダーであり、新商品開発では新市場を創造する場合にめざす位置となるシェア100％の状態。商品単体というよりも、代替マーケットが競合対象となるので、既存市場vs.新規市場の関係になる
例：犬猫レンタル・サービス（＝ペット・レンタルビジネス）⇔犬猫購入ショップ市場、犬猫DVDレンタル市場

- ●チャレンジャー
  ある既存市場において、リーダー商品と対抗し、シェア拡大をめざす位置。既存市場への参入時といえ、新商品開発ではトップシェア商品が想定される競合品となるのが一般的。リーダー商品の作った価値や価格帯に挑戦する
  例：サントリー　プレミアム・モルツ⇔エビス・ビール

- ●フォロワー
  ある既存市場において、リーダー商品に追従し、効率よく利益を上げていくことをめざす位置。自社の企業基盤に強みを前提に、リーダー商品に類似したものを考えていく場合を指す
  例：流通小売業のPB（プライベート・ブランド）カップ・ラーメン⇔日清カップヌードル

- ●ニッチャー
  ある既存市場において、リーダー商品などからもっとも遠い商品でありながら一部の消費者からの強い支持の獲得をめざす位置
  例：auのデザイン携帯電話　インフォバー⇔ドコモの標準的な携帯電話シリーズ

- ●バリュー・イノベーター
  新規市場を創造する商品。非常に強いニッチャーが１つの市場として確立されていくことがほとんど
  例：無印良品→スーパーのPB（プライベートブランド）として開発されながら、まったく新しい市場を創出

　競合関係が決定すると、商品開発のプランニングに影響が出ます。競合で比較することで、マーケティング戦略部分の内容がわかりやすくなります。

　新商品がチャレンジャーであれば、リーダーを競合商品とし、マーケティング基本戦略以降の企画作業であるシンボル開発や、マーケティング・ミックスでどのようにリーダー商品を超えていくかという組立ての基準に競合関係を利用します。

　フォロワーの商品であれば、リーダー商品を可能な限りベンチマークし、かつ、コスト効率を最大限にするマーケティング・アクション・プランをとります。また、ニッチャー商品ならば、「どうすればリーダー商品などの競合を避けるところでマーケティング活動ができるか」という発想をうながし、プランニングに一貫性を持たせることができるのです。

❖競合商品との競争関係❖

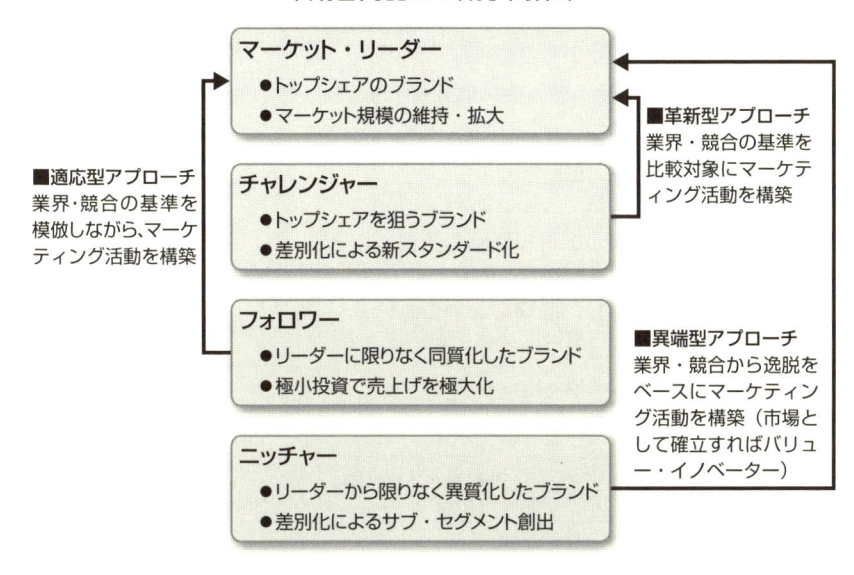

```
                   ┌─────────────────────┐
                   │  マーケット・リーダー   │
                   │  ●トップシェアのブランド │
                   │  ●マーケット規模の維持・拡大 │
                   └─────────────────────┘
■適応型アプローチ
業界・競合の基準を         ■革新型アプローチ
模倣しながら、マーケ        業界・競合の基準を
ティング活動を構築         比較対象にマーケティング活動を構築
                   ┌─────────────────────┐
                   │  チャレンジャー        │
                   │  ●トップシェアを狙うブランド │
                   │  ●差別化による新スタンダード化 │
                   └─────────────────────┘

                   ┌─────────────────────┐
                   │  フォロワー           │
                   │  ●リーダーに限りなく同質化したブランド │
                   │  ●極小投資で売上げを極大化 │
                   └─────────────────────┘
                                      ■異端型アプローチ
                                      業界・競合から逸脱を
                                      ベースにマーケティング活動を構築（市場として確立すればバリュー・イノベーター）
                   ┌─────────────────────┐
                   │  ニッチャー           │
                   │  ●リーダーから限りなく異質化したブランド │
                   │  ●差別化によるサブ・セグメント創出 │
                   └─────────────────────┘
```

◆ビジネス競争戦略で見る将来の競争関係

また、競争関係は今後のビジネス競争戦略を決めることにもなります。ビジネス競争戦略は、「差別化戦略」「コスト・リーダーシップ戦略」「集中化戦略」に大きく3区分されます。

❖3つのビジネス競争戦略❖

●**差別化戦略**
独自性による付加価値提供を通じて、顧客数よりも利益率でビジネスを成立させようという考え方

●**コスト・リーダーシップ戦略**
コスト低減による低価格実現を通じて、価格競争でも利益が出る構造でビジネスを成立させようという考え方

●**集中化戦略**
特定の領域に絞り込むことで、自社に有利な競争関係を作ってビジネスを成立させようという考え方

3つのビジネス競争戦略での競争関係を説明すると、次ページの図のようになります。「○」は新商品が将来向かう方向を示しています。

❖ 3つのビジネス競争戦略で見る将来の方向性 ❖

	新商品導入後の戦略の方向性	差別化戦略	コスト・リーダーシップ戦略	集中化戦略
リーダー	●新市場を育成する ●新規参入をむずかしくする	○	○	
チャレンジャー （差別化中心）	●新しい付加価値を消費者にとっての標準にする	○		
チャレンジャー （コスト・リーダーシップ中心）	●新しい価格帯を消費者にとっての標準にする		○	
フォロワー	●コスト削減の可能性を探り、実現させていく		○	○
ニッチャー	●セグメントを明確にし、そこでのリーダーをめざす	○		○
バリュー・イノベーター	●リーダーと同じ	○	○	

◆直接競合と間接競合について

　新市場創造であれば、リーダー商品をめざすので競争関係はないように見えますが、完全に競争関係がないということはありません。

　もし、バリュー・イノベーターとなって新しい市場が創造できたとしても、いくつかの競合関係にさらされます。たとえば、まったく新しい健康ドリンクを作って、それが１つの市場となっても、同様の機能を持つ健康食品、同様の効果を持つ健康器具なども消費者の選択時には比較対象となります。こういった比較対象商品を間接競合といいます。反対に明らかな比較対象商品を直接競合といいます。

　とくに新市場創造の場合には、こういった別の市場から顧客獲得を想定するので、直接競合がいなくても、間接競合を意識して設計していきます。

2-21 マーケティング基本戦略④
ターゲティング（T）ターゲット

顧客像が見えれば、マーケティング活動の精度が上がる

◆ターゲットの種類は３つある

想定している見込み客を「ターゲット」といい、マーケティング基本戦略ではとくに重要です。「迷ったらターゲットに戻れ！」というのは、マーケティング・コンサルタントとして先輩から教わった格言であり、マーケティング活動の中心ともいえます。なぜならば、顧客像が見えれば、顧客像のニーズや顧客から見た競合もわかるはずだからです。

ターゲット設定に際し、複数の役割が重なっている点に留意し、「意思決定者」「利用者」「購入者」に大きく分けます。

❖ターゲットの種類❖

- ●意思決定者：商品を選択する意思決定をする人
- ●利用者　　：商品を利用し、ベネフィットを享受する人
- ●購入者　　：商品の購入時に支払いを行なう人

カテゴリーによっては、自社の商品やサービスを購入する場面には複数の人々が関与していますので、利用者と購入者のどちらが意思決定権を持つかということを見ていきます。必要であれば、両方を規定していきます。

❖意思決定者を見極める❖

購入者と使用者が存在するので、「意思決定者が誰か」が大切になる

	一般消費財での場合（B to C）
購入者＝使用者	・ターゲットは同一人物・個人使用商品（PC、洋服など）
使用者が意思決定者	・ターゲットは使用者にウエイトを置く・家庭内使用商品（調味料、家電など）
購入者が意思決定者	・ターゲットは購入者にウェイトを置く・保護者使用商品（ペット用品、幼児用品）

◆ **ターゲットの構造を明らかにする**

ターゲットではコア・ターゲットを明確にします。まずは顧客像を絞り込みます。絞り込むことが実際の販売における顧客を狭めることにはならないので、できれば、1人の人物を想定するぐらいが望ましいです。

トータルのターゲットは広くても構いません。コア・ターゲットはマーケティング活動の核となる人々を意味し、理想の顧客を意味します。つまり、「自社商品のロイヤルユーザー（お得意様）になるためにはどのようなマーケティング活動をすべきか」という発想をするための設定なのです。

❖ コア・ターゲットとトータル・ターゲットの関係 ❖

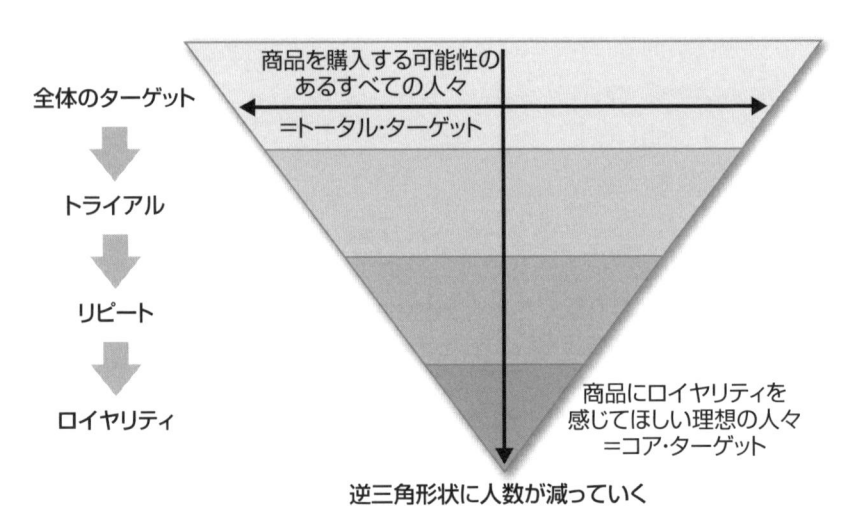

全体のターゲット
↓
トライアル
↓
リピート
↓
ロイヤリティ

商品を購入する可能性のあるすべての人々
＝トータル・ターゲット

商品にロイヤリティを感じてほしい理想の人々
＝コア・ターゲット

逆三角形状に人数が減っていく

コア・ターゲット以外は、サブ・ターゲットということになります。必要に応じて、サブ・ターゲットもいくつかのターゲット像に分けることもあります。

「トータル・ターゲット＝コア・ターゲット＋複数のサブ・ターゲット」という区分を明確にすることがポイントとなります。

たとえば、フリスクの場合には、トータル・ターゲットが「積極的に気分転換を求める人」でした。そして、コア・ターゲットを「20歳代後半から30歳代前半の社会人男性、都市部の企業に勤めていて、ストレスが多いが、比較的収入も高い職業、仕事ごとに自分のペースを変えることが大切と思っている。また、常にミント系ガムやタブレットを職場に常備してい

る」とすれば、サブ・ターゲットはそのほかの年齢、性別、職業、住居の人々であり、かつ、積極的な気分転換を求める人々になります。

続いて、このコア・ターゲットがどうしたら常にフリスクしか利用しないロイヤル・ユーザーになるかを戦術段階で外さないように組み立てます。中心ができたら、トータル・ターゲットをどうカバーするかを考えていくという手順となります。

◆ターゲット像を組み立てる3つの視点

新商品開発において、「ターゲット像を規定する」ということは、消費者に関する情報で肉づけしていくことです。まだ世に出てない商品なので、コンセプト調査で反応のよい見込み顧客からどういった人物なのかを明文化しなければいけません。

このとき、どういった情報を集める必要があるかというと、「①デモグラフィックに関する情報」「②消費心理に関する情報」「③消費行動に関する情報」の3点がポイントになります。

▶①デモグラフィック特性

一般的に人口統計に関する情報を意味します。家族構成、性別、年齢、職業、居住地域などが該当します。比較的調べやすいのですが、複雑化する消費者をこれだけで規定するのはむずかしくなっています。

▶②消費心理特性

当該カテゴリーに対してどのような点を重視して利用・購入するのか、また、既存競合商品に対してはどのようなイメージを抱いているのかなど、気持ちの部分が該当します。新商品開発においてもっとも重要なポイントになりますが、ヒアリングしていかないと言語化できないものです。

▶③消費行動特性

当該カテゴリーに関して、どのような購買行動、利用行動をとるのか、また、既存商品をどのくらい購入しているのかなど、財布の動きが該当します。新商品開発では、売上見込みを組み立てるときに役立ちます。

❖ターゲット像を組み立てる3つの要素❖

構成要素	記載される内容	要素の特徴
①デモグラフィックの特性	・年齢、性別、家族構成、所得など、ターゲット像の外郭を示す	・長所：誰もがわかりやすい ・短所：複雑化する消費者を説明しきれない
②消費者心理特性	・当該カテゴリーに対し、どのような意識や態度を持っているかを示す	・長所：訴求すべき点がわかる ・短所：情報を取りにくい
③消費者行動特性	・当該カテゴリーに対し、どのくらいの費用を使っているかという行動を示す	・長所：金額などビジネスに直結している ・短所：これだけでは意味がわからない

◆ライフスタイルとライフステージ

　ターゲットを規定していくうえで、生活者としての価値観が重要になる場合があります。商品が対象とする消費者は生活者であり、生活を充実させるための一環として商品を利用するわけですから、「どのような生活態度の人なのか」といった視点も大切になります。とくに金額が高かったり、嗜好度が高い商品で利用されます。生き方や生活信条をいくつかのグループに分け、それぞれを「ライフスタイル」の違いと表現することもあります。

　生活地域や所得、職業などが影響します。とくに嗜好品や関与度の高いカテゴリー（アパレルや自動車など）では、人々の「ライフスタイル（たとえば、ロハスな生活志向、アウトドアな生活志向など）」にあった商品開発なども行なわれます。

　また、年齢とともに共通のイベントが発生し、これらを総称して「ライフステージ」ということもあります。「結婚→出産→子供の入学→子供が社会人→定年退職」といった大きな人生の節目に着目して、商品開発を行なう場合です。とくに、住宅や家電製品（リフォームや大型白物家電など）はライフステージごとに購入が検討されることがしばしばあります。また、調味料などのコモディティな商品でも、調理しはじめる時期を「キッチン・デビュー」と位置づけて、最初の商品接触地点として重要視します。

2-22 マーケティング基本戦略⑤ ターゲティング（T）オケージョン

オケージョンによって、商品に関する場面を整理できる

◆オケージョンとは？

オケージョンは、「場面や機会」という意味です。そして、マーケティングでのオケージョンは、「ターゲットと商品との係り合いに関する情報」になります。

商品との係り合いにはたくさんのものがあります。そのなかでも中心となるものが、コア・ターゲットの「利用オケージョン＝商品を利用する場面」というオケージョンです。

そのほかにも、「購入オケージョン＝商品を購入する場面」「情報収集オケージョン＝商品情報を収集する場面」といった意味もあります。つまり、オケージョンとは、「商品との係り合いを時系列でまとめること」を意味するのです。

❖コア・ターゲットからのオケージョン調査❖

そういう商品カテゴリーの商品を知る可能性がもっとも高い場面	そういう商品カテゴリーの商品を買う可能性がもっとも高い場面	そういう商品カテゴリーの商品を使う可能性がもっとも高い場面	そういう商品カテゴリーの商品を保管する可能性がもっともある場面
●いつ知るのか？ ●どこで知るのか？	●いつ買うのか？ ●どこで買うのか？	●いつ使うのか？ ●どこで使うのか？	●いつ保管するのか？ ●どこで保管するのか？
↓	↓	↓	↓
なぜ、その場面で知るのか？	なぜ、その場面で買うのか？	なぜ、その場面で使うのか？	なぜ、その場面で保管するのか？

→ 時間の流れ

さて、このオケージョンはどのように役立つのでしょうか。たとえば、コア・ターゲットが新商品の情報を入手するパターンがわかれば、マーケティング・ミックスでのプロモーションはそこを外さないようにできます。また、購入パターンがわかれば、流通チャネルはそこを外さないようにできますし、利用のしかたがわかれば、プロダクトの形態もそこを意識した設計にできます。

　つまり、オケージョンによって、マーケティング基本戦略と戦術部分の中心であるマーケティング・ミックスの一貫性が高まるのです。

2-23 マーケティング基本戦略⑥ ポジショニング（P）ユーザーベネフィット

ユーザーベネフィットは絞り込んだり、順序立てる必要がある

◆ユーザーベネフィットの種類を知る

　顧客はニーズを満たすために商品を利用します。性能が優れている、格好がよいという商品サイドの話ではなく、消費者にもたらされるメリットを規定します。商品のテーマともいえるところです。たとえば、掃除機を購入する消費者は高性能の吸引機能が欲しいのではなく、部屋を清潔にしたいのです。これをユーザーベネフィットといいます。

　個人は商品の「消費者」でありながら、その商品を利用して生活を向上させようとする「生活者」でもあるので、「消費者としてのメリット＝機能的ベネフィット」「生活者としてのメリット＝情緒的ベネフィット」として区分されます。

　高性能の掃除機であれば、「部屋を確実に清潔にしたい（機能的ベネフィット：吸引力が強く、小回りが利く掃除機＝消費者視点）」「いつ人が来ても、きちんとした人と思われたい（情緒的ベネフィット：デザイン性に優れた収納時にはオブジェのような掃除機＝生活者視点）」という関係になります。

❖機能的ベネフィットと情緒的ベネフィットの関係❖

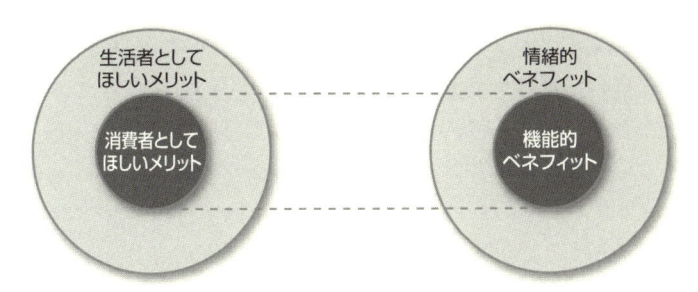

（図：生活者としてほしいメリット／消費者としてほしいメリット　と　情緒的ベネフィット／機能的ベネフィット）

　消費者視点からの機能的ベネフィットを規定してから、情緒的ベネフィットを規定するのが一般的な手順です。いずれにせよ、コア・ターゲットからのヒアリングから、顧客視点での言葉でユーザーベネフィットを規定

103

します。

❖ユーザーベネフィットの構造 ❖

	自動車 プリウス	アパレル ユニクロ	家電 iPod	
情緒的 ベネフィット	エコロジーな生活をしている人と思われる	合理的な買い物をしているという満足	最先端でおしゃれな感じがする	←生活者視線
機能的 ベネフィット	燃費がよく静か	価格の割に品質がよい	大量の音楽をコンパクトに持ち歩けて楽しめる	←消費者視点

◆ ユーザーベネフィットが複数ある場合のポイント

　ユーザーベネフィットを1つに絞り込んだり、明確にポジショニングできれば、消費者の「これを使えばいい」という納得感が高まります。しかし、1つの商品が複数のユーザーベネフィットを持っていることは多々あります。

　風邪薬が咳に効く、のどの痛みに効く、鼻水に効くなど、ユーザーベネフィットが複数あるとき、原則的には1つに絞り込むことが有効です。しかし、実際には1つの商品でカバーするニーズを広げたいことも事実です。このときには、「伝える順序」を決めておきます。「メインとなるベネフィットが伝わってから次のベネフィット」という構造を持たせることで、ポジショニングが明確になるからです。機能的ベネフィットと情緒的ベネフィットの関係も同様になります。

◆ ユーザーベネフィットが潜在的な場合には、ニーズを喚起する

　消費者が聞いただけでわかるベネフィットは、"顕在化している"ベネフィットです。しかし、聞いてすぐにわかるとは限りません。"潜在的な"ユーザーベネフィットの場合には、いまの生活に慣れてしまい必要を感じてないケースです。そのため、この場合には、ユーザーベネフィットを明確にするためにニーズ喚起が必要です。よって、ユーザーベネフィットと一体化させて基本戦略に組み込んでおくことがお勧めです。

　たとえば、クリーニング・チェーン店が衣料品の預かりサービスをはじめるときに、「捨てられない洋服でクローゼットが一杯になっていないか？」というニーズを喚起するという設定をすることが挙げられます。

2-24 マーケティング基本戦略⑦ ポジショニング（P）差別化のポイント

ユーザーベネフィットがあって、初めてメイン商品との差別化を図れる

◆差別化ポイントで競合との違いを説明する

どのような新商品も競合関係を持ちます。競合との違いを説明し、利用意向を高めるためのポイントとなるのが差別化ポイントです。差別化ポイントは、メイン競合商品との違いを明らかにするためのものですが、ユーザーベネフィットがあって、初めて消費者が競合との違いを聞いてくれるという順序になります。

ユーザーベネフィットとの関係はちょうど三角測量のようなもので、消費者から見て「自分にとってのメリット＋比較商品との区別」によって、距離感がはっきりするのです。つまり、消費者の頭の中にポジションができるわけです。

❖ポジショニング構造❖

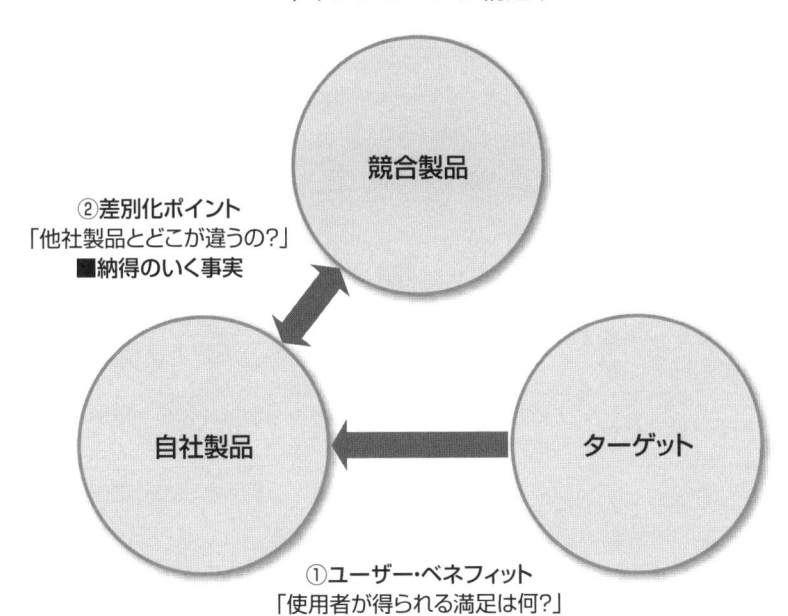

競合製品

②差別化ポイント
「他社製品とどこが違うの?」
■納得のいく事実

自社製品　　　　ターゲット

①ユーザー・ベネフィット
「使用者が得られる満足は何?」
■機能的ベネフィット＝消費者視点　　■情緒的ベネフィット＝生活者視点

◆認知的不協和の除去と差別化ポイント

　消費者の購買行動には、なんらかの不安がつきまといます。購入前の迷いである「これを買っていいのか」というものだけでなく、購入後の「これを買ってよかったのか」というものにまで至ります。そして、消費者はこういう不安感を取り除こうとするのです。これを「認知的不協和の除去」といいます。

　あなたがマンションを買ったとします。買う前に、たくさんの情報誌やモデルハウス、友人・知人・専門家からの話を聞くでしょう。なぜならば、購入に失敗したくない高価格な買い物だからです。さて、晴れて購入したとしましょう。普通に考えれば、当分の間、マンションを新たに購入することはないのでもうマンション情報は必要ありません。しかし、あなたは入居した翌日からも、新聞のマンションの折り込みチラシなどをつぶさに見てしまいます。

　これは「自分の購買行動が正しかったかどうか」を確認したいという欲求です。差別化ポイントは、こういった認知的不協和除去に役立ち、消耗消費財であればリピート、耐久消費財であれば購入後の推奨などに結びつきます。差別化ポイントは、消費者が納得する事実が求められます。つまり、価値の裏づけなのです。

　単価の安い商品でも実は認知的不協和は起きていますが、「まあ、失敗してもそれほど問題はない」という気持ちでカバーされているだけです。そのため、100円のお菓子でも、パッケージ裏面で「なぜこの商品はよいのか」を伝えることで、自己の購買行動の肯定に貢献することを意図しています。

❖認知的不協和除去の例❖

購入後に発生が予想される認知的不協和	認知的不協和をやわらげるための情報
高級ブランドバッグ	人々が感心するような、ブランドの歴史におけるバッグにまつわるエピソードを伝える
マンション	建築工法の優位性の高さなど、見えない部分に価値があることを購入者に伝える
フルーツ・ジュース	原料のフルーツにグレードがあり、上位のグレードのみ使用していることをパッケージ裏面に記載して伝える

◆**新商品開発におけるポジショニング・マップの注意点**

ポジショニングを2軸の平面でマップ化したものを「ポジショニング・マップ」といい、よく利用されます。新商品開発でのポジショニング・マップでは、「中心にターゲットがいるかどうか」が重要です。

消費者調査で競合との微妙な差異を追求すれば、まるで異なった商品のように見えますが、実態は「どうでもいいぐらいの差」である可能性もあります。

❖**新商品開発のためのポジショニング・マップ**❖

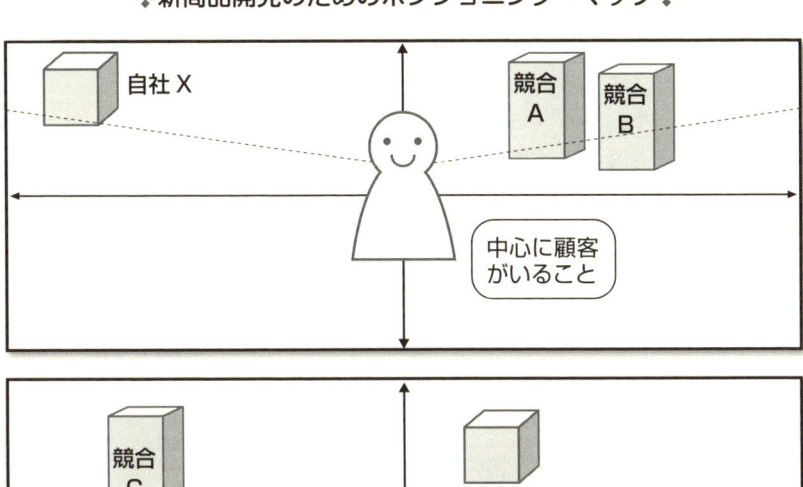

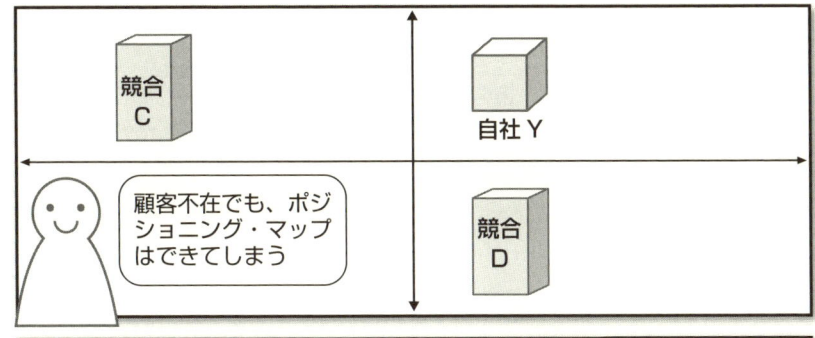

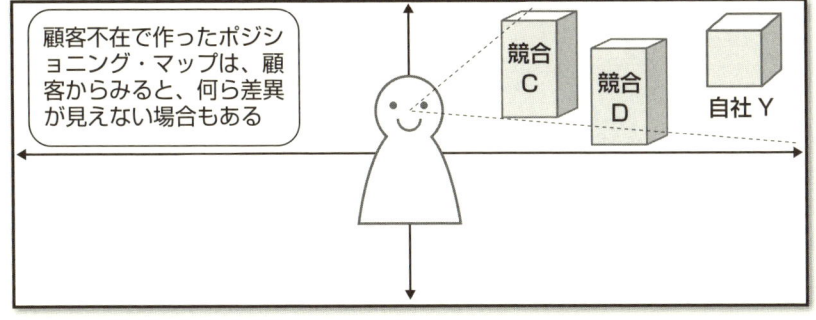

（自社X／競合A／競合B、中心に顧客がいること）

（競合C／自社Y／競合D、顧客不在でも、ポジショニング・マップはできてしまう）

（顧客不在で作ったポジショニング・マップは、顧客からみると、何ら差異が見えない場合もある／競合C／競合D／自社Y）

COLUMN

●●マーケティング業務マニュアルの必要性と課題●●

　マーケティング部門を運営するにあたって、配属されたメンバーに早期の業務スキルや、最低限のマーケティング知識を伝える教科書としての役割をマーケティング業務マニュアルは果たします。

　マニュアルは、そのまま単体では機能せず、いつしか埃(ほこり)をかぶってしまう存在です。また、マニュアルどおりにすることが画一的な結果を生むように見られるのも、マニュアル単体だけの存在になってしまった場合の大きな課題です。

　マニュアルはそれを利用するであろう人々の意識の上にあって、初めて有効性を持ちます。

マニュアルが機能する仕組み

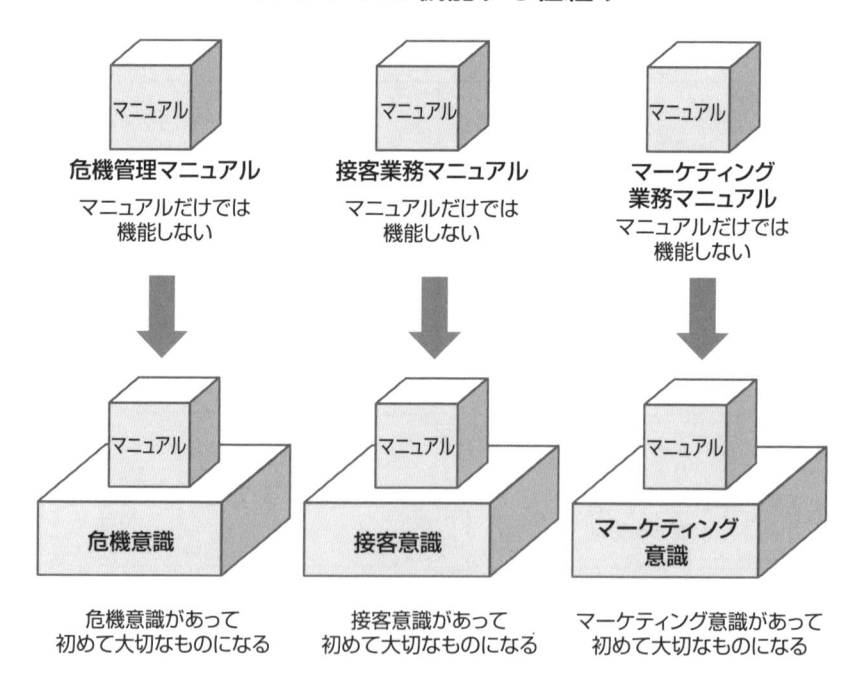

危機管理マニュアル
マニュアルだけでは機能しない
↓
マニュアル／危機意識
危機意識があって初めて大切なものになる

接客業務マニュアル
マニュアルだけでは機能しない
↓
マニュアル／接客意識
接客意識があって初めて大切なものになる

マーケティング業務マニュアル
マニュアルだけでは機能しない
↓
マニュアル／マーケティング意識
マーケティング意識があって初めて大切なものになる

第3章

新商品開発の仕事【戦術】
～ブランド・シンボル開発、マーケティング・ミックス立案

3-1 ブランド・シンボル開発①
ブランド・シンボルを設計する

ブランド・シンボルは顧客のイメージとなり、長期間変えないものとなる

◆戦術は肉づけしていくステップとなる

「企業環境分析」から「マーケティング基本戦略」までが、新商品開発における戦略的領域です。家を建てる例でいうと、「土地と土台の選定→家の案の複数の模型→最終案の決定→設計図面まで」が戦略にあてはまり、情報を絞り込んでいく作業でした。ここからは戦術的領域であり、設計図に沿って具体化させ、肉づけしていくステップとなります。

❖戦略決定後は戦術に落とし込む❖

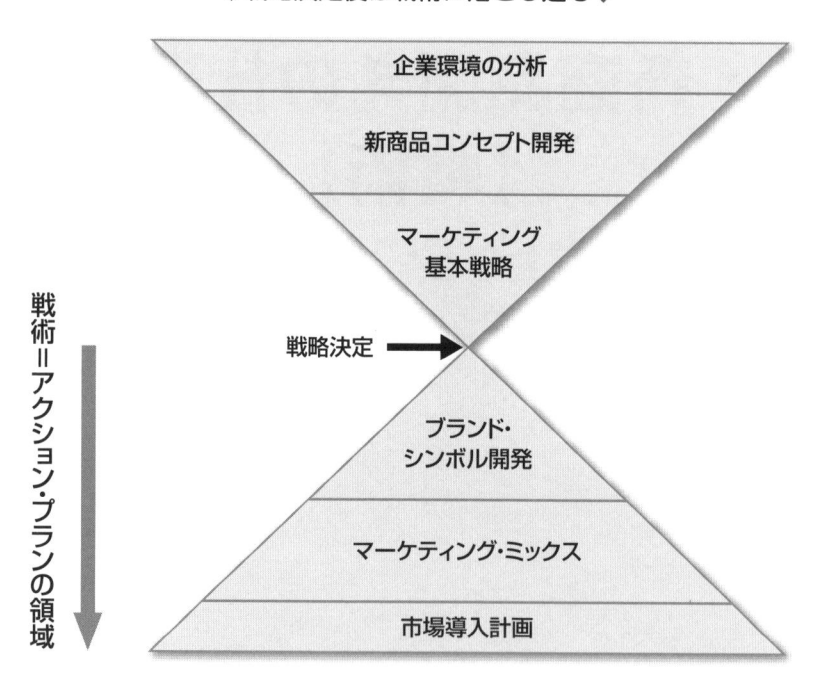

```
          企業環境の分析
        新商品コンセプト開発
         マーケティング
           基本戦略
戦略決定 →
          ブランド・
          シンボル開発
       マーケティング・ミックス
          市場導入計画
```

戦術=アクション・プランの領域

◆ブランド・シンボルの設計が最初のステップとなる

戦術構築の最初の作業が「ブランド・シンボル開発」です。新商品の具体的な部分でも、発売後から長期的に変えないであろう部分が存在しま

す。それがブランド・シンボルに関するものです。

　ブランド・シンボルの設計とは、「将来、顧客の頭の中にどのような目印で入っていくか」を組み立てることです。商品を思い出す、商品購入時に探すときなど、ちょうど引き出しの取っ手の役割をします。

　ブランド・シンボルには、おもに「ネーミング」「ロゴ・デザイン」「マーク」「キーカラー」「ブランド・スローガン」「キャラクター」があります。これらは消費者が顧客になっていく過程で"象徴"として記憶されるものなので、あまり頻繁には変更しません。なぜならば、優良顧客ほどブランドとしての約束が成立しているはずなので、途中での変更は混乱を生む恐れがあるからです。

　ブランド・シンボルのうち、「ネーミング」「ロゴ・デザイン」「ブランド・スローガン」は、必須要素としてこの段階で組み立てます。なぜならば、このあとのマーケティング・ミックスを計画するにあたって外せない項目だからです。

　「マーク」「キーカラー」「キャラクター」などは、必要に応じて用意すればいいものです。シンボルが多くなれば管理も煩雑になるので、たくさ

❖各ブランド・シンボルのおもな要素❖

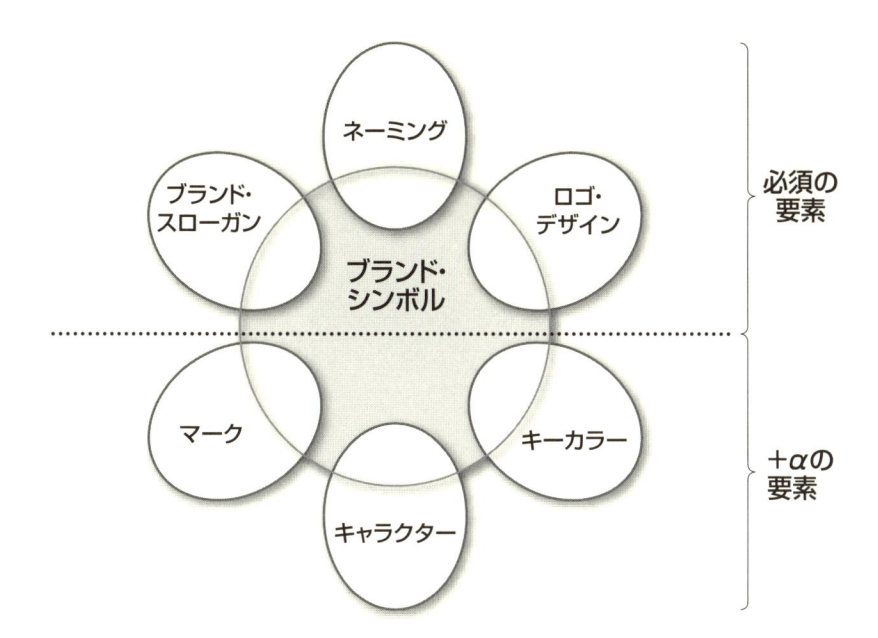

- 必須の要素：ネーミング、ロゴ・デザイン、ブランド・スローガン
- ＋αの要素：マーク、キーカラー、キャラクター

んの要素があればよいというわけではありません。また、これらの要素をいったん決定したら、長期的に変えないことが重要です。ロングセラーと呼ばれる商品は、時代の変化に対応して微修正をしながらも、こういったことを守っています。

◆「シンボル・テーマ」複数の新商品を同時発売するときのルール作り

また、新商品開発において、同時に複数の商品を発売していく場合は、それらの商品群を括るためにシンボル・テーマ（ブランド・パーソナリティともいう）を設定しておくことで、個々の商品にブランド・シンボルを施す際に統一感が出ます。

化粧品や飲料などシリーズ化を前提にしているものによく使われます。ただし、シンボル・テーマは消費者に直接見えないので、あくまでも提供者側のルールとしての扱いです。

❖シンボル・テーマの例❖

複数の商品群を持つブランド	シンボル・テーマ	具体的なシンボル設計での統一ルール
ラッシュ（化粧品）	ヨーロッパの市場の活気	・ロゴ：手書きの表記
無印良品（雑貨）	飾らない自然	・カラー：素材色
フリスク（お菓子）	あなたを研ぎ澄ます	・カラー：白＋シルバー

3-2 ブランド・シンボル開発②
ネーミングのポイント

ネーミングではブランド階層を意識しながら開発する

◆ブランド階層とネーミングの関係を知る

　ブランド・シンボル開発の中核となるのが「ネーミング」です。商品のネーミングに入る前に、どのようにブランドとして消費者の頭の中に入っていくのかを設計するのも商品開発時に行なっておくべき作業です。

　43ページでも説明しましたが、ブランドには階層があるので、それに従ってネーミングを考えます。

❖ブランドの階層❖

- **企業ブランド**
  企業名、または、それがニックネーム化したもの
  例：トヨタ、パナソニック、キリンなど

- **事業ブランド**
  １つの事業にネーミングを持つもの。高級ブランドとして既存ブランドと一線を引こうとしたり、事業単位の企業買収によって発生するものなど
  例：レクサス、エスキモー、メルシャンなど

- **商品ファミリーブランド**
  すでに複数の形体の商品を同一ブランド名でラインアップしているもの
  例：カローラ、バスクリン、アルビオンなど

- **商品個別ブランド**
  新商品開発で最初に施された名前を持つもの。時間が経つにつれ、ファミリーブランド化していくことがほとんど
  例：ピノ、養命酒など

◆ブランド階層と消費者の記憶

　実際、消費者が商品を選択するときには企業名も気になり、その商品個別名も気になります。つまり、いくつかのネーミングの組み合わせに視点がいくのです。

有名な大企業であれば、「企業名＋商品個別名」を一体にすると有利になります。なぜならば、信頼度が高いからです。

しかし、キリンが売る化粧品や、トヨタが売る健康食品だったらどうでしょうか。ある領域に対する信頼は機能しますが、そこから逸脱するとあまり役に立ちません。そのため、あくまでも消費者の視点から、商品名に何を組み合わせるかを考える必要があります。

また、小さい会社やこれから起業する最初の商品であれば、企業名で勝負するのは不利です。そのため、商品ブランドを必ず設定して、ブランド・シンボルで固めます。

❖企業ブランドと商品ブランドとの組合せ❖

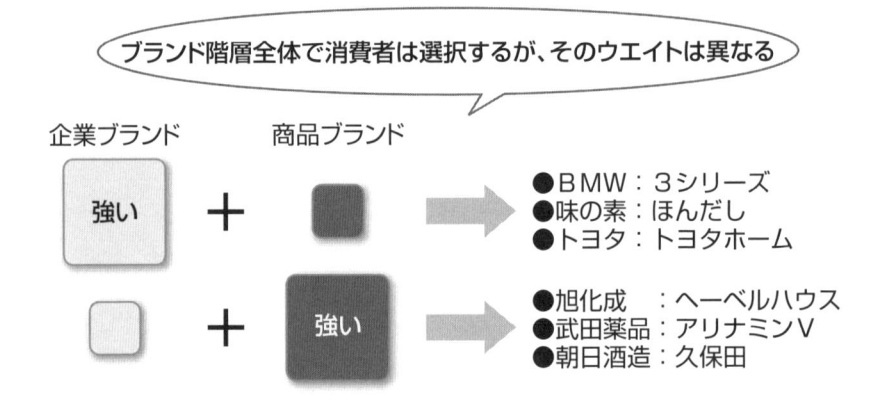

ブランド階層全体で消費者は選択するが、そのウエイトは異なる

企業ブランド　　商品ブランド

強い　＋　　　　→　●ＢＭＷ：３シリーズ
　　　　　　　　　　●味の素：ほんだし
　　　　　　　　　　●トヨタ：トヨタホーム

　＋　強い　　　→　●旭化成　：ヘーベルハウス
　　　　　　　　　　●武田薬品：アリナミンＶ
　　　　　　　　　　●朝日酒造：久保田

◆ネーミング開発のポイント

商品名を開発するときは、まずはカテゴリー全体の中のネーミング状況を把握します。ネーミングのどこに重心を置くかは、カテゴリーによって異なります。また、カテゴリー内でどのような競合商品が、どのようなネーミングをしているかもポイントになります。

◆ネーミング開発での３つの目的

ネーミング開発でとくに重視したいのが「目的」と「視点」です。目的とは、ネーミングでマーケティング活動が促進される部分の設定です。

「商品認知」が重要な商品カテゴリー、たとえば飲料市場などの大量の競合商品が存在するような場合では、ネーミングが商品認知に貢献してくれることは非常に有利です。消費者が「すぐに記憶できる」「すぐに忘れ

ない」といったゴール・イメージでネーミングを決定します。

「商品理解」が重要なカテゴリー、たとえばミネラル・ウォーター市場のような体感品質での差が少ない場合では、ネーミングに意味を持たせ、商品理解を促進してくれるほうが、理性的な選択を期待できます。

「商品イメージ」が重要なカテゴリー、たとえば高級価格帯の商品などのセグメントの商品には高級感が大切です。価格が高い理由を感情的にも訴えたいからです。

◆ネーミングを組み立てるときの視点

たとえば、「田中、中村、佐藤、ロバート、鈴木、吉田」と並べると、ロバートが印象に残るのはなぜでしょうか。ネーミングは相対的なものです。そのため、組み立てるときにもこの相対性を活用します。「表記の視点：文字の種類や長さから受ける感覚で独自性を際立たせる」「表音の視点：発音するときの感覚で独自性を際立たせる」「表意の視点：言葉の内容が示す意味に独自性を持たせる」「含意：言葉の連想や関連性で意味に独自性を持たせる」といった4つの視点に留意しながら作業すると、組立てに意図が反映できます。

❖目的①商品認知を促進するケース❖

		Qoo（飲料）	爽（アイスクリーム）
		差別化がむずかしいので商品名そのものが差別化の要素の場合	商品特性がはっきりしているのでトライアル獲得に貢献させたい場合
商品認知の促進にネーミングを貢献させる	表記の視点	めずらしいアルファベット組とひらがな	漢字1文字
	表音の視点	「クー」という、人の飲み後の発声に似た音	「そう」短い音

❖目的②商品理解を促進するケース❖

		南アルプスの天然水 (ミネラルウォーター)	トイレその後に (消臭スプレー)
商品理解の促進にネーミングを貢献させる		体感品質での差が少ないので、内容の違いを明確に伝えたい場合	商品の利用場面とその特性を店頭などにおいて、即効で伝えたい場合
	表意の視点	自然豊かな産地からの水	トイレ使用後に使うもの
	含意の視点	意図的な名前が多いなか、余計な単語がない分、純粋な水という連想	明確に意図がわかる力強さとメーカー側の自信

❖目的③商品イメージを促進するケース❖

		モンプチ (キャットフード)	マジョリカ・マジョルカ (化粧品)
商品イメージの促進にネーミングを貢献させる		プレミアム商品としての位置づけを伝えたい場合	嗜好品に相応しい魅力ある商品イメージを付与したい場合
	表音の視点	半濁音のある音感	類似単語の反復による面白さ
	含意の視点	フランスを連想させる高級感とおしゃれ感	暗に魔女を示唆するような不思議さ感

◆ネーミングの評価ポイント

　それぞれの重視点に沿って、社内アイデア会議や外部の専門家を活用して複数案作成しますが、最終的には一案に絞り込むための評価作業に入ります。しかし、シンボル策定では個人の好みが出やすく、かつ、どの案がよいかをお互いが討議することがむずかしい領域です。マーケティング業務を円滑に進めるためには、可能な限り評価軸をそろえておくことが大切です。

　評価ポイントは、マーケティング基本戦略で設定した「①コア・ターゲット（Customer）による競合商品群（Competitor）との比較」「②自社

（Company）におけるマーケティング評価による競合商品群との比較」です。

また、シンボル評価のために事前に評価軸を設定します。「独自性」「明瞭性」「意味性」「継続性」という、おもな4つの特性を使ったりします。

たとえば、下図の「2×4＝8つの評価マトリックス表」を作ることで、共通の討議場面を設けることもできます。

❖2×4＝8つのネーミング案の評価マトリックス表❖

	①コア・ターゲットによる 競合商品名との比較評価	②自社における マーケティング評価
独自性	印象に残る	商標が取れる
明瞭性	覚えやすい	自分らしさがある
意味性	連想する内容がよい	基本戦略に合っている
継続性	飽きがこない	時流に左右されにくい

3-3 ブランド・シンボル開発③
デザインやブランド・スローガンを作成する

文字的・絵画的シンボルを組み立てる

◆ロゴ・タイプ、シンボル・マーク、ロゴ・マークの開発

シンボルとしてネーミングが完成すると、ロゴを中心としたデザインが施されます。ネーミングのロゴ組みをデザインする「ロゴ・タイプ」と、それをマーク化した「ロゴ・マーク」、独立した「シンボル・マーク」という3つのデザインがあり、必要に応じてこの段階で作業していきます。

❖ロゴ・デザイン、ロゴ・マーク、シンボル・マークの幅と例❖

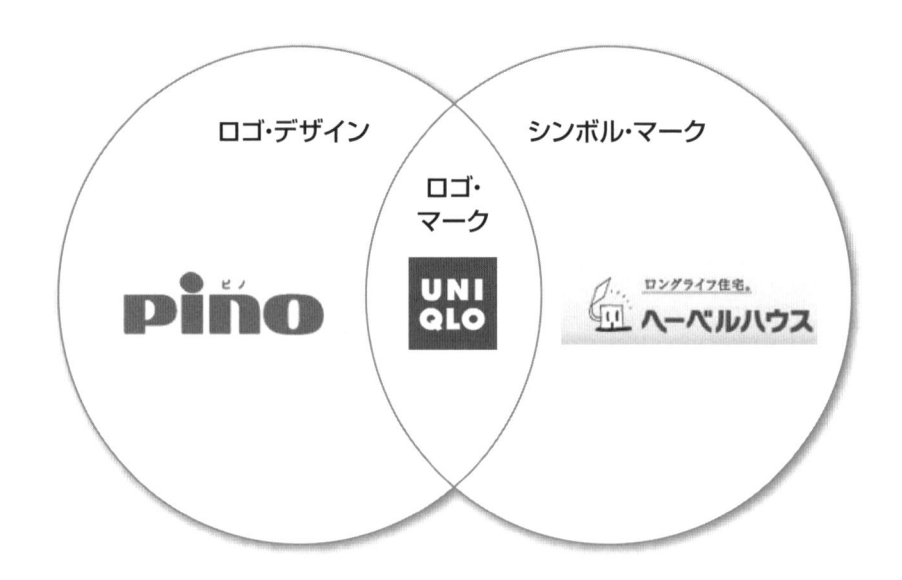

◆ブランド・スローガンを開発する

新商品のテーマをワン・フレーズにしたものが「ブランド・スローガン（タグラインともいう）」です。テーマなので、長期的に使うことが前提となります。そのため、広告キャンペーンで使うキャンペーン・スローガン（キャッチ・コピーともいう）とは異なります。

❖2種類のスローガンの違い❖

	役割	使う場所の特徴	使う時間の特徴
ブランド・スローガン（タグライン）	新商品にマーケティング基本戦略の断面を付与する	商品の近く（ロゴと組み合わせる、パッケージに記載されるなど）	できるだけ長く使う（商品コンセプトが変わり、基本戦略に変更があるまで）
キャンペーン・スローガン（キャッチ・コピー）	広告などのプロモーションにおける興味関心の喚起を行なう	想定ターゲットの近く（TV、Web、交通広告など）	短期間に集中して使う（キャンペーン自体の期間に合わせる）

　そのため、マーケティング基本戦略が整った次のステップであるシンボル開発時にブランド・スローガンを作成します。パッケージグッズなどの消耗消費財（食品やトイレタリーなど）では、通常は商品の近くにブランド・スローガンが入りますし、ブランド・スローガンとロゴ・タイプを一体化して使うこともあります。なお、ブランド・スローガンでは、マーケティング基本戦略が起点になって作られることに留意します。

❖ブランド・スローガンの例❖

- 「やめられない、とまらない」かっぱえびせん
  ➡　ユーザー・ベネフィットから
- 「駆け抜ける喜び」BMW
  ➡　ユーザー・ベネフィットから
- 「飲む果実」トロピカーナ　➡　セグメンテーションから
- 「アルカリイオン飲料」ポカリスエット
  ➡　セグメンテーションから
- 「主原料の100％が植物生まれ」植物物語　➡　差別化ポイントから

◆ブランドのキーカラーやキャラクターを開発する

　キーカラーはブランドのテーマ色、キャラクターはブランドを擬人化した象徴なので、マークと同様に視覚に訴える絵画的なシンボルです。これらは、どういった目的で存在するのでしょうか。

　それは、文字に比べ絵画のほうが早く認知が得られやすく、かつ、曖昧

な記憶でも機能してくれるところがあるからです。おもに、飲料や食品などでのリピート促進に機能します。

　たとえば、消費者がコンビニエンスストアでペットボトル入りのお茶を買う場面では、「このお茶をください」といった言葉に頼った店員との会話はありません。黙って冷蔵棚から選んで、黙ってレジまで持っていきます。この場面では視覚での記憶が中心なので、見てわかるためのシンボルたちは商品の選択を助けてくれます。

　また飲食チェーンでも、遠くから見て「あの色はあの店かな？」と、たぐり寄せるためのシンボルとなったりもします。たとえば、「吉野屋＝オレンジ」「マクドナルド＝赤」などが挙げられます。

3-4 マーケティング・ミックス①
マーケティング・ミックスと4Pとの関係を整理する

4Pはアクション・プランの中心

◆マーケティング・ミックスの位置づけ

マーケティング・ミックスを商品開発フローのチャートで見ると、戦術部分にあたります。

❖商品開発のフローチャート（再掲）❖

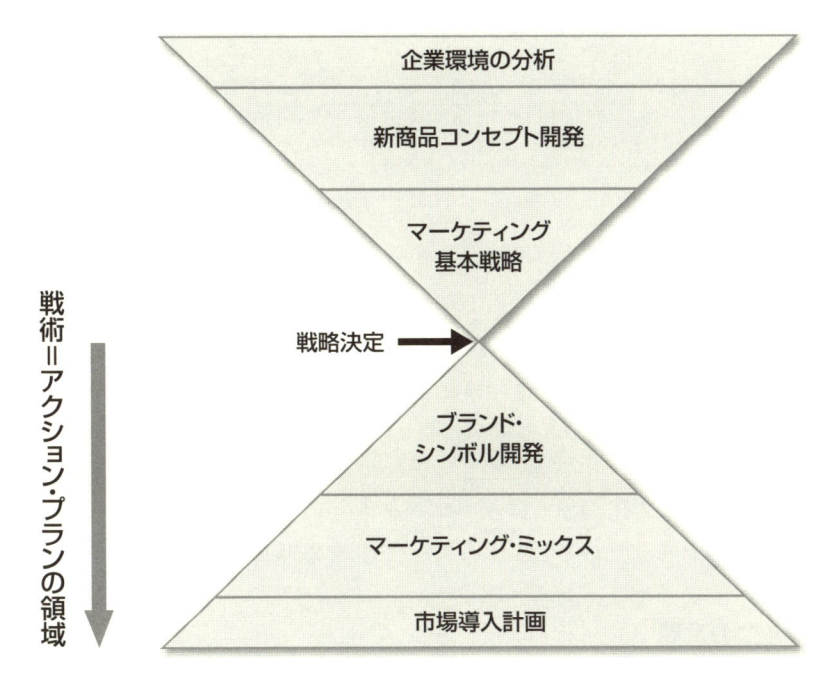

- 企業環境の分析
- 新商品コンセプト開発
- マーケティング基本戦略

← 戦略決定

- ブランド・シンボル開発
- マーケティング・ミックス
- 市場導入計画

戦術＝アクション・プランの領域

戦術は、マーケティング基本戦略に沿って組み立てられることが重要です。建築でいえば、「図面に沿って配管工や電気工の人達がそれぞれの専門領域でどのように作業をするか」といった指示書を作ることになります。全領域が同じ方向に向いていないと、それぞれが勝手に思い描いた家になってしまい、不完全なものになってしまうからです。

◆ 4Pのおもな内容

4Pとは、プロダクト（Product）、プライス（Price）、プレイス（Place）、プロモーション（Promotion）の4つのPを取ったものです。

❖ 4Pの概要 ❖

プロダクト	：製品の中身を特定し、外見を具体的にする
プライス	：販売価格を設定する。流通チャネルのマージンなどを組み込んだ価格体系なども具体化する
プレイス	：流通チャネルを決める。「どのようにして顧客に商品を手渡すか」という考え方なので、物流もふくめて具体化する
プロモーション	：消費者から顧客になってもらうための情報の伝達方法。PR・広告・販促などを具体化する

▶ ① 2P＋2P

新商品開発で4Pを計画化するときの特徴として、「プロダクトとプライスの2P」と「プレイスとプロモーションの2P」とに大きく分かれることが挙げられます。前者は新商品として決定すると発売時から変えることはあまりありません。一方、後者は新商品発売前のゼロからスタートするので、累積効果（販売窓口が増える、知名率が上がるなど）を意識した計画となります。

また、サービス財などでは、プロダクトという考え方がなじまないので、4Cや7Pなどで対応します（247ページを参照）が、原則は同じです。

▶ ② 4つの変数

それぞれのPを具体化する際に、内容によっては、ほかの3Pに影響をおよぼします。たとえば、流通チャネル（Place）が特定されると、そこに合った価格体系（Price）を設定することになります。

また、商品説明を商品本体にどこまで印刷できるか（Product）によって、店頭での使い方の説明をどこまですべきか（Promotion）といった内容にまで影響をおよぼすのです。

◆新商品開発におけるマーケティング・ミックス

マーケティング・ミックスでは、次の３つの点に従う必要があります。

❖マーケティング・ミックスで従う３つのこと❖

---

①マーケティング基本戦略に沿って考えること

②新商品の市場導入の視点で考えること

③上記①、②を守りながらコスト効率を極大化させること

　※①～③の優先順位は間違えないことが重要

---

①の戦略に従うのは当然ですが、いい意味で戦略は「枠組み」に近く、詳細を明示しません。ですから、このマーケティング・ミックスの段階で細部を具体的につめる必要があるのです。

②は、市場導入という「ゼロからのスタート」から考えるということです。発売日初日からいきなり売れていくことはないので、そこまでどのような道筋で進むのかというタイミングを考えていきます。

③は、「上記の①・②を実現させる前提で、費用をできるだけ効率よく使うように工夫する」という意味です。最終的に、「顧客に価値を提供し、自社に利益をもたらすこと」をマーケティングのゴールとする以上、可能な限りマーケティング・コストは有効性の高いものに投下すべきだからです。

❖マーケティング・ミックスの組立ての手順❖

マーケティング・ミックスの原案 → マーケティング基本戦略に沿っているか？ → 新商品の市場導入の視点になっているか？ → コスト効率を極大化できているか？ → マーケティング・ミックスの最終案

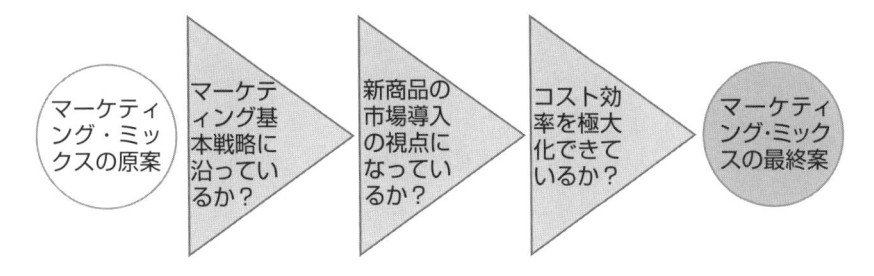

3-5 マーケティング・ミックス②
【プロダクト】製品スペックと製品ライン・アップ

市場に新製品を導入する際、必要であればライン・アップをそろえる

◆製品スペック設定においてのポイント

プロダクトを考えるうえで、まずは「製品の最終形までをどのようにするか」を決定します。新商品としてのポジショニングが決まっているので、ユーザーベネフィットを具現化させることが核となります。しかし、それ以外の項目をどのようにするかは、この段階で検討します。

製品スペックの設定は次３つに区分けされるので、「めざす顧客像であるコア・ターゲットにとって何が比較対象になり、何が不必要なのか」を明確にします。

▶①ターゲット視点から競争優位でなければいけない部分

マーケティングの基本戦略で決められたユーザーベネフィット（ニーズを満たす側）を極大化させるための差別化ポイント（シーズで満たす側）は新商品の中心テーマです。

そのため、ユーザーベネフィットに関する製品スペックは、ターゲットの人から見て、他の商品と比べて魅力的でなければいけません。よって、価値優先で製品スペックを組み立てる部分となります。

▶②ターゲット視点から競争同等でよい部分

ターゲットの人が新商品を選択しようとする際に「このカテゴリーの商品選択では最低限この部分は必要」と考える製品スペックです。選択枠に入るために重要ではないものの、不可欠な部分といえます。しかし、この部分にはコストをかけるわけではありません。よって、コスト優先で製品スペックを組み立てる部分となります。

▶③ターゲット視点から競争劣位でよい部分

ターゲットが新商品を選択しようとする際に気にしない部分です。新商品開発では、価値向上のためにオーバースペックになりやすいことがあり

ます。また、意図的にそぎ落とすことで、もっとも訴求したい新商品の特性が強調されることもあります。

◆製品スペック設定のためにコンジョイント分析をする

新商品開発のステップでの代表的なマーケティング・リサーチの手法に「コンジョイント分析」があります。実査はリサーチの専門家やリサーチ会社にて行ないますので、その存在と概要を知っておけば十分です。

商品カテゴリーによっては、検討すべき製品スペックの要素が多いものもあります。スペックの要素が多いケースでは、製品スペックの組合せが多様になるのです。複雑な組み立てを消費者調査によって、方向性を見出すこともできます。

たとえば、デザインを強調したデザイナーズ冷蔵庫の新商品を想定します。新商品開発にあたっては、「価格」「デザイン種類」「容量」「ドア数」をどうするのかといった具合に、各要素のさまざまな組合せが考えられます。

各要素の組合せを変更した場合において、コンジョイント分析を用いれば、商品への満足度がどの程度違ってくるのかをシミュレーションできます。アンケートで「価格」「デザイン種類」「容量」「ドア数」といった要素を個別に評価させるのは不自然です。なぜならば、実際の購買時には、その商品が好ましいか好ましくないかを商品全体から判断しているからです。

そのため、コンジョイント分析におけるアンケートでは、いくつかの商

❖デザイナーズ冷蔵庫のコンジョイント分析❖

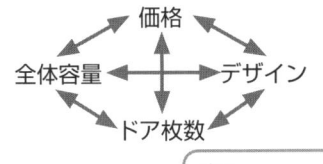

価格 ↔ デザイン
全体容量 ↔ ドア枚数

「価　格 ➡ 10万円・15万円・20万円」
「デザイン ➡ Aタイプ・Bタイプ・Cタイプ」
「全体容量 ➡ 400L・600L」
「ドア枚数 ➡ 2枚・3枚」

⬇

案1
価格：15万円
デザイン：A
全体容量：400L
ドア枚数：2枚

案2
価格：20万円
デザイン：B
全体容量：600L
ドア枚数：3枚

案3、案4…

⬇

価格（15万円）、デザインBタイプ、全体容量（400L）、ドア枚数（3枚）のスペックの組合せの製品の受容性が高い

品案を提示し、それに対して評価してもらうという、実際の商品購買時に近い状況を想定した内容となります。

◆製品ライン・アップ

新商品を発売するとき、1種類の製品のみで市場導入することはあまりなく、複数の製品を用意するのが一般的です。これは決してルールではなく、必要に迫られている理由があります。この理由が戦略的なものか、戦術的なものかによって重要度が分かれます。

▶戦略的な理由：STPから複数の製品が必要とされる場合

戦略的な理由による分類は次のものになります。

❖戦略的な理由による分類❖

①サブ・ターゲットが大きい場合
　通常はコア・ターゲットをベースにスペックは決定するが、サブ・ターゲットが大きく、そのためのスペック違いによって製品ラインが複数になる

【新型洗濯機の例】
　新商品の新機能へのニーズは同じでも、世帯人数によってほしい容量が異なる。「5kg－7kg－9kg」という容量違いでの製品ラインなど

②利用頻度が多い場合
　オケージョンにおいて、その利用頻度が大きい場合はリピート発生が早く見込まれる。そこに対応して、スペックも複数持つことになる

【中華レトルト食品の例】
　何回も同じ新商品を利用してもらうために、いくつかのフレーバーを出す。「四川風―広東風―上海風」などのテイストの違いによる製品ラインなど

▶戦術的な理由：4Pそれぞれの特性から複数の製品が必要とされる場合

戦術的な理由による分類は次のようになります。

❖戦術的な理由による分類❖

③登場感を高めたい場合
　プロモーション効果を期待して、スペック違いで複数品を同時に発売する

【携帯電話の例】
　マスコミで取り上げてもらえるように、変わったカラーリングのシリーズを

出す

④ **カテゴリー全体の慣習となっている場合**
プレイス(流通チャネル)での扱いがパターン化しているため、製品ライン を多数用意しなければならないこともある

【自動車の例】
排気量違いやエンジン・タイプの違いなどの製品ライン・アップ

◆製品としての提案情報

　プロダクトの具体化は、「顧客の製品の使い方の決定」でもあります。新商品としての製品が新しければ新しいほど、顧客はその正しい使い方を知らない状態からスタートしなければなりません。ここを丁寧に決めておかないと、製品が正しく使われない、価値が100％提供できないなど、トラブルによる不信を引き起こすことにもなりかねません。

　最終のゴールは「顧客にすべての情報が渡っている」状態ですが、そこに向かってどのような情報を具体的に用意し、どのように伝達していくかも決めておきます。そうすれば、プレイスやプロモーションにおいて、流通チャネル先の販売員の啓蒙や、販促時の使い方デモンストレーションなどの有無に自動的につながっていくのです。

❖使い方提案の例❖

新商品	製品としての新しい使い方	プロダクトとしての具体案	他のマーケティング・ミックスへの影響
【基礎化粧品】新しい乳液	乳液を使ったマッサージのしかた	製品説明DVD添付	プレイス:店頭での消費者向けの解説
【機能食品】新しいダイエット向け調味料	食べ方とそれを使ったレシピ	パッケージで一目でわかる使い方写真の挿入	プロモーション:ウェブサイトでの利用レシピの紹介
【AV機器】新しいスピーカー	設置のしかたとメンテナンスのしかた	自社のWebサイトに使い方Q&Aコーナーを設置	プレイス:設置のしかたの店頭ディスプレイ

3-6 マーケティング・ミックス③
【プロダクト】商品パッケージ・デザイン

商品デザインが貢献する3つの価値

◆**商品デザインが貢献する3つの価値**

　商品デザインは、商品自体の価値を極大化させる役割を担います。もちろん、消耗消費財のパッケージ・デザイン、耐久消費財のインダストリアル・デザインなど、商品カテゴリーによって商品デザインの位置づけは変わります。しかし、商品デザインが共通して貢献すべき3つの価値についての項目を本書では挙げてみます。

　3つの価値とは、「①商品自体の機能を発揮させることで得られる基本価値を極大化する」「②デザインそれ自体が持つ美的な情報価値を極大化する」「③購入した時点から廃棄するまでの利便性であるプロセス価値を極大化する」ことに区分けできます。

　「①基本価値への貢献」は利用時に使いやすい、機能が高まるといった部分です。消耗消費財の調味料であれば、キッチンでの使い勝手がよいデザイン、耐久消費財のオートバイであれば、空気抵抗が低く燃費がよくなるデザインなどが挙げられます。

　「②情報価値への貢献」はおしゃれ、見ていて楽しいといった部分です。消耗消費財のリップクリームであれば可愛い模様のパッケージ・デザイン、耐久消費財の掃除機であれば中身が見えて面白いデザインなどが挙げられます。

　「③プロセス価値への貢献」は利用時以外でのデザイン貢献です。消耗消費財のビールであれば、持ち運びしやすい6本入りカートンのデザイン、耐久消費財の加湿機であれば、誰でも水補給がしやすい設計などが挙げられます

　ただし、これらはバラバラにデザインされるものではなく、一元的に作られます。このとき、優先順位は「基本価値への貢献→情報価値への貢献→プロセス価値への貢献」になるので、商品デザインを施す際にも留意します。

❖商品デザインの3つの価値貢献❖

組み立てる順序 ↑

- プロセス価値への貢献
  ＝運ぶ、捨てるのが楽など
- 情報価値への貢献
  ＝おしゃれ、見ていて楽しいなど
- 基本価値への貢献
  ＝利用時に使いやすい、機能が高まるなど

◆商品パッケージ・デザインの役割

　メーカーであれば、製品は何らかのパッケージを持っています。パッケージのデザインのおもなものは「商品パッケージ・デザイン」です。しかし、それ以外にも、商品の中身である「プロダクト・デザイン（食品や化粧品では中身の固体や液体の形・色・粘度など）」「配送パッケージ・デザイン（配送・保管のための箱など）」もあります。

❖商品パッケージの範囲❖

	消費者が使用中に見る部分	消費者が見るが、一時点な部分	流通上で大切な部分
リップクリーム	・中身の色、糖度 ・スティック	・店頭用のブリスターパッケージ	・配送ケース
缶ビール	・中身の色 ・缶	・6本缶入りのカートン箱	・配送ケース

◆商品パッケージ・デザインのポイント

　商品パッケージ・デザイン部分に関しては、社内外を問わずデザイナーなどの専門家によって具体化が提案されます。そのため、どのような方向で商品パッケージ・デザインを行なってもらうかを明示する必要がありま

す。おもなチェック・ポイントは次の5点です。

▶①マーケティング基本戦略との一貫性

「めざすべきユーザーベネフィットがより実感できるような商品パッケージになっているかどうか？」を知るためには、コア・ターゲットからのデザインに対するヒアリングは欠かせません。

▶②シンボルとの連動によるデザイン・テーマの設定

嗜好品（化粧品とかアルコール飲料）では、決まっているシンボルと連動してデザインを決めることになる。アール・デコ調や大正ロマン風などの様式美だったり、実験室にある薬品のようなデザインの化粧品とか葉巻が入っているようなデザインのお菓子など、テーマ設定があることで方向性が明確になります。

▶③時系列での利用フロー

ターゲティングの項目で説明したように、オケージョンは購入と利用だけではありません。それ以外にも保管や廃棄などもあるので、消費者が商品と出会ってから別れるまでの期間に、パッケージ・デザインとしてできることがあります。

▶④全体と部分の調整

新商品の製品ラインが複数（食品や飲料）ある場合、全体での統一感も見ていく必要があります。

▶⑤コストと納期

どんなに価値が高まるデザインでも、投下できるコストには上限がある。また、発売開始までの時間も限られています。おカネと時間の制約という視点でチェックします。

◆プロモーションの役割を担うケースの機能をチェックする

パッケージ・デザインは、ターゲットとなっている人に使ってもらうことでチェックされます。

とくに消耗消費財である食品や日用品では、パッケージ・デザインがプ

ロモーション効果（151ページを参照）を担うことになります。洗剤や食用油などは消費者の関与度が低いカテゴリーであるということと、小売店の店頭で購入が決定されやすいこと、競合商品が多いことなどの理由があり、プロダクトとしての役割だけではなく、プロモーションの役割も期待されます。

　消耗消費財のパッケージでは、「印刷部分の店頭でのインパクト」「素材部分の最初に使うときの好感」という2点に重要なポイントがあります。前者は消費者の注意を店頭で喚起してトライアル購入に結びつける、後者はトライアル購入後の納得感によってリピート購入に結びつけることを意図しています。

❖消耗消費財でのパッケージ・デザインの役割❖

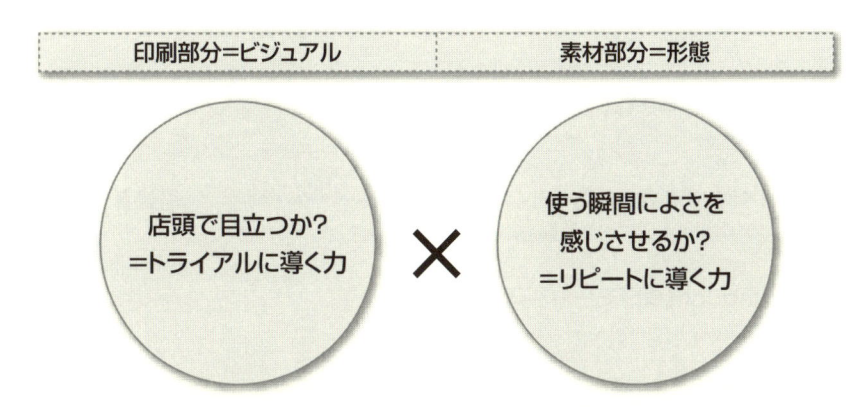

印刷部分＝ビジュアル	素材部分＝形態
店頭で目立つか？ ＝トライアルに導く力	使う瞬間によさを感じさせるか？ ＝リピートに導く力

（店頭で目立つか？＝トライアルに導く力）×（使う瞬間によさを感じさせるか？＝リピートに導く力）

3-7 マーケティング・ミックス④ 【プライス】価格設定

プライスでは4つの視点に留意する

◆4Pにおけるプライスの特異性

プライス（価格）では他の3Pと大きく異なる点があります。それは、Product、Place、Promotionが消費者への働きかけをおもに考える領域であるのに対して、Priceはほかの3Pの結果としての消費者の納得の有無を問うものだからです。

❖マーケティング・ミックス❖

```
Product（製品）  ─┐
Place（流通チャネル） ─┼─魅力→ (消費者)
Promotion（プロモーション） ─┘
Price（価格） ←─納得─
```

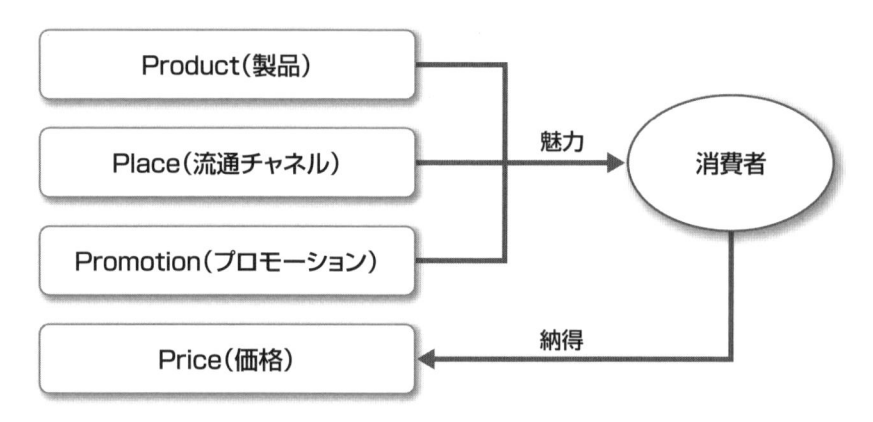

◆価格設定のための3（＋1）つの視点

価格設定のための視点は、「顧客視点」「競合視点」「自社視点」の3つであり、環境分析での3Cと同じ区分けです。それぞれの視点において、マーケティング基本戦略で規定したものに沿って考えていきます。

また、流通チャネルでの価格体系を意識した4番目のC（チャネル視点）を含むこともあります。

▶①顧客視点からの価格設定

受容性がベースになります。新商品が「いくらだと売れるか」は、「いくらだと買うか」と同義です。よって、想定される顧客、つまり、ターゲ

ットである「新商品コンセプトで重要性が高く、かつ、利用が多く見込める人々の受容性」がポイントになります。通常の新商品開発はここからスタートし、ほかの３視点で検討を加えていきます。

▶②競合視点からの価格設定

　競争戦略がベースになります。新商品が対象とする競合商品によって、価格設定は異なります。とくに、競合商品が特定できる場合には、比較的明確になることが一般的です。ここでの競争関係が、チャレンジャーであれば対象競合商品の価格と「同等」、ニッチャーであれば対象競合商品より「高め」の価格、フォロワー商品であれば対象競合商品に対して「安め」の価格を想定していきます。

▶③自社視点からの価格設定

　自社の販売している商品の利益率とコストがベースになります。大きな会社の場合はすでに複数商品を販売しているので、「平均の商品利益率」というのが存在し、平均の商品利益率を商品コストと組み合わせた価格設定が自社視点となります。

　新商品を発売するときには、いままでのビジネスよりもメリットがないと、何のための新商品かわからなくなります。また、起業する場合などには、業界平均の商品利益率を参照します。なぜならば、発売後に「他社に価格攻勢をかけられても耐えられるかどうか」の目安になるからです。

▶④チャネル視点からの価格設定

　流通チャネル側の販売意欲を高めるための流通マージンを設定します。①〜③での設定を基本としながらも、そこに至るためには商品を手渡すための流通チャネルが必要です。

　自社で流通チャネルを持っている場合は直販という形式なので、ここでの検討は不要です。自社で流通チャネルを持っておらず、間接販売という形式では、この流通チャネルそのものを販売してもらう役割も託すので、何らかの支払が必要になります（148ページを参照）。

❖４つの視点の関係図❖

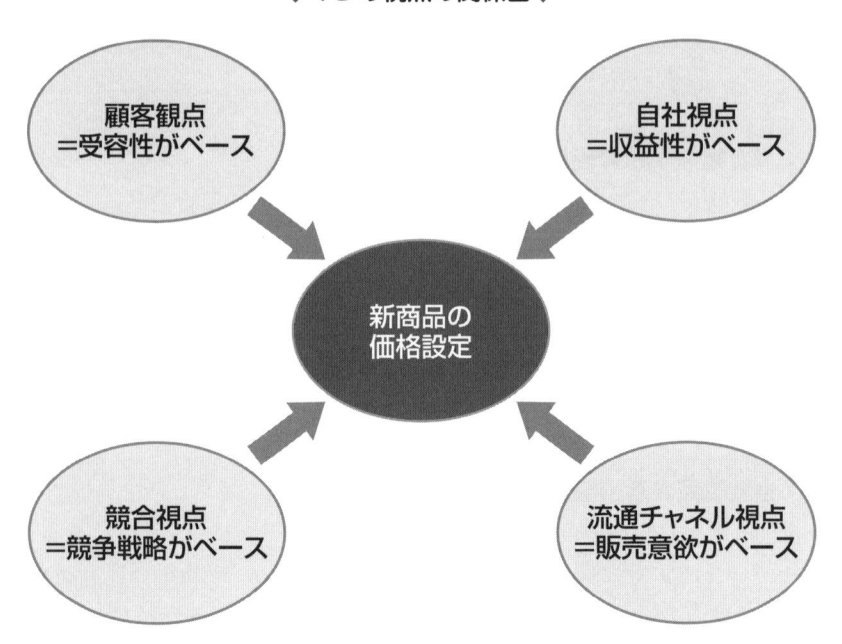

- 顧客観点
  ＝受容性がベース
- 自社視点
  ＝収益性がベース
- 競合視点
  ＝競争戦略がベース
- 流通チャネル視点
  ＝販売意欲がベース

→ 新商品の価格設定

　価格設定が４つの視点から見て一致したとき、最終価格設定となります。しかし、これがむずかしいと判断された場合には修正作業が必要です。

　修正とは、「商品価値＝品質÷価格」なので、製品に戻って品質を上げる可能性を探ったり、コストを下げる可能性を探ります。

◆顧客視点でのポイントは参照価格の存在

　参照価格とは、消費者が参考にする価格知識であり、「内的参照価格＝すでに消費者の頭の中にあるもの」「外的参照価格＝企業が提示する商品価格」の２つで構成されます。ここでは価格設定がテーマなので、単純化するために「参照価格＝内的参照価格の意味」で説明します。

　どんな市場でも参照価格が存在します。消費者はあるカテゴリーの新商品を検討するにあたり、基準値を探してから判断します。もちろん、ペットボトル入りのお茶であれば、すぐに「このぐらいの値段が相場」という参照価格を持っていますが、結婚式場の利用金額だとすぐには思いつきません。

このように利用頻度や提供される商品種類の多様さによって変わりますが、まずは、対象となるカテゴリーにおいて、「消費者の参照価格がいくらぐらいか」を見ていく必要があります。「値ごろ感」という言葉は、自分の持っている参照価格と新商品のベネフィットを比較して判断されます。

完全に新しい市場を創る商品であれば、参照価格は存在しません。この場合は、「値ごろ感」が明確になるための間接競合の既存商品の価格を目安にしたりもします。新しいアルコール飲料であれば、ほかのアルコール飲料（ビールやワイン）に消費者が抱く参照価格が参考になります。

◆ **競合視点でのポイントは価格帯の存在**

市場の中に多数の既存商品（自社・競合商品）がある場合、これらの価格分布にはある規則性があります。たとえば、アイスクリーム市場を見てみましょう。

❖ シングルタイプの市販のアイスクリーム市場の例 ❖

```
～100円未満        ：低価格帯
100円以上～130円未満：スタンダード価格帯
130円以上～200円未満：セミ・プレミアム価格帯
200円以上          ：プレミアム価格帯
```

これが参照価格となっていくと「スタンダード価格」「セミ・プレミアム価格」「プレミアム価格」は品質的な区分けと一致していきます。価格帯はある意味、「価格ゾーン単位の参照価格」といえます。

価格帯が参照価格として定着していれば、その価格帯のなかでの競争関係を見ていきます。エビスやプレミアム・モルツのような高級ビールも消費者は価格によって類推するので、値札でセグメンテーションできます。また、既存の価格帯を避けるということも検討できます。バッグのコーチは高級バッグ（ルイ・ヴィトンなど）よりも低めで展開することで独自の位置にいることを印象づけることができました。

◆自社視点でのポイントは平均商品利益率の存在

　すでにいくつかの事業でいくつも商品を世に出している企業の場合には、それぞれの商品利益率から算出した平均値があり、これを価格設定のための目安にすることができます。

　新商品の場合には、収益性の高いビジネスにするためにはこれを上回ることが重要になります。

◆流通チャネル視点でのポイントは価格体系の存在

　間接販売をしている場合には、流通チャネルでの販売活動を価格体系に見込むことが一般的です。「出荷価格→卸価格→小売価格」というように、「流通マージン」が乗っていきます。

　これらのマージンすべてを含んで、ほかの3視点（顧客、競合、自社）を組み立てることになります。原則は「売りたくなる」価格設定です。しかし、量的にたくさん販売しようと意図すると、たくさん販売した流通チャネルがより満足するようにしなくてはなりません。

　その場合には、「流通リベート」といって、販売奨励金のような形式で量に応じて一定金額が払われることもあります。よって、流通チャネル視点での価格設定はプロモーションの領域も兼ねているといえます。

3-8 マーケティング・ミックス⑤ 【プライス】価格に関する情報収集

顧客視点、競合視点、自社視点でのポイントを知る

◆顧客視点で情報を収集する

新商品開発の業務を進めるにあたって、価格設定のための情報が必要です。各視点において、おもな情報収集のための手法や組み立て方を紹介します。

顧客視点での情報収集で代表的なPSM（Price Sensitive Measurement）分析は、ある商品に対する消費者全般がもつ参照価格の分布をみるものであり、新商品の価格設定範囲が確定します。4つの質問で消費者にとっての価格意識を聞きます。

❖PSMの4つの質問❖

> 質問1：その商品がこれ以上高いと高すぎると感じる価格はいくらですか？
> 質問2：その商品を高いと感じる価格はいくらですか？
> 質問3：その商品を安いと感じる価格はいくらですか？
> 質問4：その商品がこれ以上安いと不安を感じる価格はいくらですか？

4つの質問を次ページの図にまとめることができます。ここでの上限値と下限値の交点の幅が商品の参照価格の範囲といえます。

新商品開発では、新商品コンセプトへの受容性が高い人である「新商品を利用したいと答えた人」の分布、受容性がやや高い人である「新商品をやや利用したいと答えた人」それぞれを分析することで、新商品をどの価格にすると何人（全体の何％）ぐらいの購入が見込めるかを類推していきます。

❖ **家庭用除湿器の新商品のケース** ❖

①高すぎるので購入する気にならない価格
②高いと思うが購入する気になる価格
③値頃だと思う価格
④安すぎるので購入する気にならない価格
↓
①②は低価格値より回答者数を累計
③④は高価格値より回答者数を累計
↓
①と③の交点が「価格設定上限値」
②と③の交点が「価格設定理想値」
①と④の交点が「価格設定下限値」

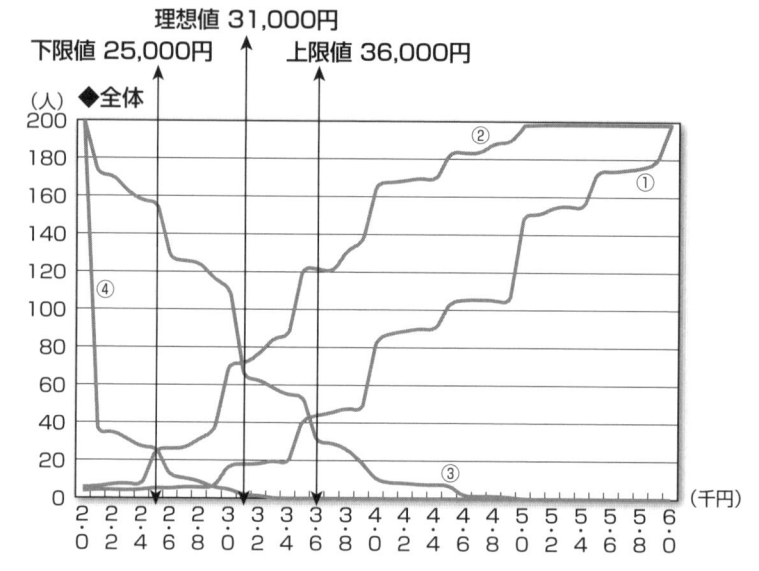

理想値 31,000円
下限値 25,000円　上限値 36,000円

◆ユニット・プライス分析で競合視点の情報を収集する

　ユニット・プライス分析とは、競合視点での価格設定で価格帯と単位価格の分布を見るためのものです。日用品や食品など、サイズのバリエーションがあるカテゴリーで使います。消費者は購入時点の価格も気にしますが、1回当りの費用も気になります。これらを一覧表にし、価格帯を見えるようにすることで、自社の新商品がどの価格帯を選ぶのか、または、新しい価格帯を作るのかを見ます。

　ここではX軸に「商品価格」、Y軸に「1回利用単価(ユニット・プライス＝商品価格／g、商品価格／1回分など)」をプロットします。通常は、大きなロット商品ほど1回当りお得になるので、右下がりに価格帯が

分布していくのが一般的です。

❖ある食品の価格分布（ユニットプライスと商品価格での分布）❖

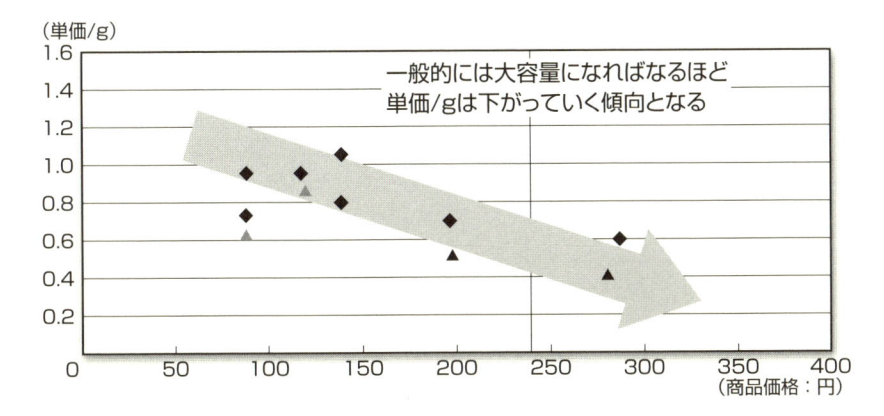

(グラフ: 縦軸 単価/g 0〜1.6、横軸 商品価格：円 0〜400。一般的には大容量になればなるほど単価/gは下がっていく傾向となる)

◆自社事業の平均商品利益率算出で自社視点での情報を収集する

自社事業の平均商品利益率算出について、まずは次のような自社視点での価格設定の式で算出します。

❖自社視点での価格設定の式❖

> 設定価格＝単位当り原価＋単位当り固定費＋単位当りマーケティング活動費用＋流通マージン＋商品利益

このとき、商品コストとして「原価、固定費、マーケティング活動費用、流通マージン、商品利益」の5項目を特定することになります。それぞれは販売量と価格設定の組み合わせになるので、販売量がどのようになるか複数のケースを設定して残りの数字をつめます。販売量が決まらないと、固定費やマーケティング活動費も1個当りに乗ってくるので価格が上下するからです。

しかし、最後の商品利益をどのようにするかは自社の意思が反映されます。最終的に「この商品を市場に出すべきか」「もう一度商品企画を練り直すべきか」の重要な判断基準となります。すでにいくつもの商品を発売している会社であれば、平均商品利益率を算出し、少なくとも現状の利益率を下げない望ましい商品利益率を想定します。

3-9 マーケティング・ミックス⑥ 【プライス】価格政策

新商品の価格を変えることは好ましくないが、商品によっては価格政策をとる

◆需給のバランスと価格政策の関係

　マーケティング・ミックスにおいて、価格設定とは別に、価格政策という「どのようにオペレーションするか」も決める必要があります。ここでは、おもな価格政策について紹介します。

　新商品にかかわらず、市場価格は原則需給バランスによって決まります。「需要＜供給」であれば設定した価格は崩れやすくなり、「需要＞供給」であれば設定価格を維持しやすくなります。BMWの経営幹部が「BMWはほしい人よりも1台少ない台数を供給する」といったのですが、それも頷けます。

　価格政策は供給量と関係があります。大量生産したほうが商品コストは下がり、利益率は上がりますが、供給過多を生み出すと値崩れにつながってしまうのであれば、せっかくの利益も減っていくことになります。

◆競合の反応と価格政策の関係

　ここまでで、競合も含んだ視点で価格設定をしたはずですが、新商品が市場導入されれば、対象となった競合商品も対応するかもしれません。なぜならば、新商品は競合商品に比べて価値の高いものとして設計されているので、競合商品は新たな価値を提示する必要があるからです。

　このとき、短期的に対応できる手段が価格訴求による価値の相対的アップしかないことから、競合商品が価格を下げてくる可能性は高くなります。そのため、どのような対応をするかも事前に決めておくことが重要です。

　実際には、おもに価格で反応する消費者（プライス・シーカーと呼ばれる価格反応度の高い人たち）は、値下げした競合商品に流れます。よって、単なる追従を避け、「基本戦略で確認したターゲットが獲得できているかどうか」で判断するのが上策です。

◆価格変動と価格政策の関係

　新商品では、価格を意図的に変更するのは好ましくありません。なぜならば、新商品の価値が伝達するまで、それに見合うべき価格が定着してもらう必要があるからです。定着した価格は最終的に消費者にとっての「参照価格」になります。

　しかし、場合によっては、この価格変動自体を意図的な政策とすることもあります。

◆①ペネトレーション・プライス

　ペネトレーション・プライスとは、初期の設定価格を安くして、ある一定期間に市場での普及をめざす価格設定です。普及後には適正価格へ戻す価格政策をとりますが、次のような商品に有効な方策です。

▶普及を優先する商品

　習慣性が強い商品では、一度使ってそのよさが体感できると、継続してそれを使う傾向があります。通常は「お試し価格」などと銘打って利用体験を優先させ、本来の価格が存在することを明らかにしたうえで実施します。食品などリピートが存在する場合によく使われます。

　また、クイックル・ワイパーのように、ツールの形式を普及させることで、自社専用消耗品の購入につなげる際にも使われます。まずは利用のための道具を値ごろ感優先で価格設定します。

▶スイッチング・コストが高いカテゴリーの商品

　１回利用すると、変更しにくいカテゴリーがあります。たとえば、インターネットのプロバイダーなどでは、価格が上がったからといって解約するのは面倒です。そのため、加入時の価格設定を安くして、その後の適正価格への変更が可能であるという前提での価格政策をとります。

　ディアゴスティーニのように嗜好性の高いテーマの本では、１回目の配本は安くても同様なリピートが期待できます。これは、「全シリーズを集めたい」という精神的なスイッチング・コストが発生しやすい商品だからといえます。

◆②スキミング・プライス

スキミング・プライスとは、初期価格を高めに設定することで、その後の価格下落に対処する価格政策です。次のような商品に有効な状態です。

▶技術革新が速い商品

家電製品などの技術革新の早い商品はすぐに次の世代の商品がでることを想定した価格設定にする必要があります。一方で、「その時点で最先端なものをほしい」という需要は常にあるので、そこでは高めの価格設定が受け入れられやすくなり、かつ、世代遅れになりディスカウント対象になって収益が落ちることをカバーすることができます。

▶本格需要期までに参照価格を作る

新しい商品は、消費者にとって何であるかわからないために理解されるまで時間がかかります。発売当初は需要が少ないことを想定し、スキミング・プライスで消費者に新商品の参照価格を伝達しておき、商品の理解とともに需要が見込める段階で設定価格を下げていくこともできます。

とくに、新しく商品化された農作物などは、味も食べ方も市民権を得ていないので、どんな価格設定でもあまり売れません。そのため、「当初は贈答用などに向く高めの価格設定で、価値の高い作物であることをたくさんの人に見せておく」という価格政策も有効です。

❖２つのプライスの動きのイメージ図❖

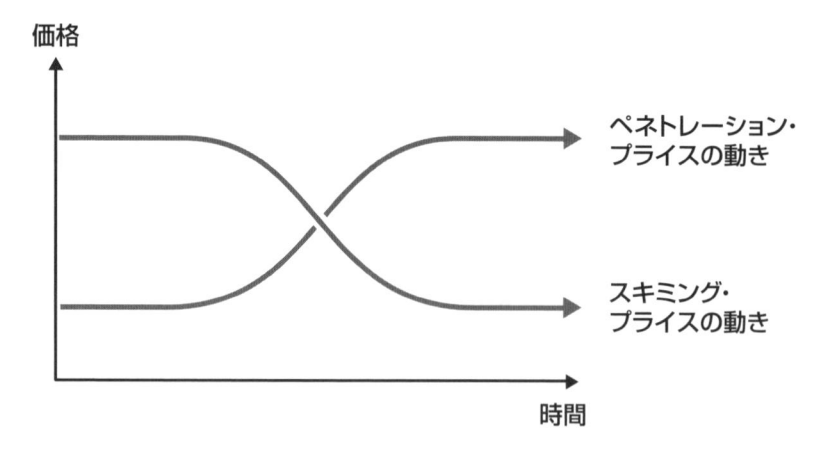

価格／ペネトレーション・プライスの動き／スキミング・プライスの動き／時間

3-10 マーケティング・ミックス⑦
【プレイス】流通チャネルの役割

流通チャネルの3つの役割と種類

◆**流通チャネルが担っている役割**

プレイスでは、「新商品をどのような経路で消費者に手渡すか」を考えます。インターネットや携帯電話の普及で、4Pが登場した頃と流通チャネルも大きく変化してきています。

まず、流通チャネルの役割と所有度、それにともなう活動を説明します。流通チャネルの役割を分解すると「物流に関するもの」「商流に関するもの」「情報に関するもの」の3つに分解できます。

マーケティング活動は「価値とおカネのよりよい交換」です。そのため、交換が行なわれる場面までをカバーするわけですから、流通チャネルは「品物」「代金」「情報」の3つに関する機能を備えている必要があります。

❖**流通チャネルとおもな役割**❖

流通チャネルの おもな役割	役割の範囲	具体的な機能
物流の流通経路	物の流れに関するもの	商品を顧客に渡す、商品の在庫を持っておく、商品の品質を維持して移動させる　など
商流の流通経路	代金の流れに関するもの	顧客が支払方法を選べる、顧客が支払ったお金を回収する、顧客に領収したことを確認する　など
情報の流通経路	購入に関する情報の流れに関するもの	顧客がどの商品をいつ・どこで・いくらで購入したかがわかる　など

◆**スーパーマーケットとネット通販の例**

食品をスーパーマーケットで売る場合には、商品の物流はバックヤードから陳列棚に運ばれ、買い物かごをレジまで持って行きます。商流はこのレジでの支払いとレシートが渡されることです。これらの一連の情報は、

商品のバーコードと店のPOSデータでやりとりされるといった具合です。この例では、スーパーマーケットが３つの役割を担います。

　同じ食品でも、この３つがバラバラのケースもあります。ネット通販会社経由で食品を売る場合を考えてみましょう。消費者はネットの画面で購入を決めます。

　そのため、購入に関する情報はネット通販会社に集まります。しかし、代金の決済がクレジットカードであれば、銀行の決済代行会社に商流を任せることができます。そして、物流は宅配会社にすべて委託して顧客に手渡すこともできるのです。もちろん、決済方法が代引きであれば、この代金の回収も宅配会社が実施します。

　３つの流通経路の組み立て方法は自由ですが、３つの役割をどのようにそろえるかは流通チャネルとして決める必要があります。

◆流通チャネルの種類は３つある

　次に、種類の違いを見ていきます。流通チャネルには「①人チャネル」「②媒体チャネル」「③店舗チャネル」の３種類のものがあります。これらは商品カテゴリーによって異なります。もし、従来の売り方を否定し、新しい流通チャネルを作るときには、既存とは異なる種類のものを選ぶことになります。また、３種類は単体でも存在できますが、組み合わせて構成することも多々見受けられます。

❖３つの流通チャネル❖

①**人チャネル**
　人を介して商品が流通する経路で、化粧品の訪問販売などが典型的な例となる。ヤクルトの訪問販売なども人チャネルが中心。人チャネルは自動的に人的プロモーションも担うのが一般的だが、ここではチャネル機能としての人的役割を示す

②**媒体チャネル**
　媒体を介して商品が流通する経路。通信販売なので、多種多様な業種で使われている。インターネットに限らず、TVやカタログでも情報媒体を利用したものがある。デル・コンピュータのネットで受注してから生産する仕組みなども媒体チャネルの活用といえる

③**店舗チャネル**
　場所を介して商品が流通する経路。スーパーマーケット、コンビニエンスストア、ドラッグストアから自動販売機までがある。一般的に、日用雑貨品や

> 食品・飲料など購入人数が多く（人チャネルでカバーしにくい）、商品の利用タイミングが早い（媒体チャネルではカバーしにくい）ような状況にある商品カテゴリーで使われる流通チャネルといえる

◆直接販売と間接販売（所有度）による区分け

「自社がどこまで所有できているか（所有度）」によって、流通チャネルは「マーケティング活動の管理下に置く」、もしくは、「マーケティング活動に置けないので活動の対象とする」のどちらかに区分けされます。環境分析の3C分析に流通チャネルも加えることは、ビール業界やお菓子業界など、所有度が低い場合に見られます。

この区分けは、直接販売する形式と間接販売する形式の違いといえます。本書では「直接販売の形式」「半直接販売の形式」「間接販売」の形式で示しますが、どのような形式がよいかは商品カテゴリーの特性やビジネスモデルによって異なります。

❖直接販売と間接販売（所有度）による流通チャネルの区分け❖

①直接販売：流通チャネルを自前で持つ場合
ルイ・ヴィトンといった高級ブランド商品を流通させる場合には、顧客購入体験そのものに価値が発生する。そのため、自社店舗を持ちブランドの価値を維持することに有効となる。また、住宅のような単価の高い商品で、顧客との対応時間が長いものも同様となる。先述の媒体チャネルではネット通販が一般化しているので、従来に比べてはるかに直接販売の形式が身近になっている

②半直接販売：流通チャネルを部分的にコントロールする場合
ファースト・フード・チェーンなどに見られるFC（フランチャイズ）ビジネスでは、店舗運営を個々のオーナーに任せ、商品の供給や管理・販売ノウハウは自社が提供するような形式となる。直接販売ほど費用はかからない一方、自社商品のみの販売に特化してもらえるメリットがある。自動車のカーディーラーなどもここに入る

③間接販売形式：流通チャネルを自前で持たず、すべて外部によって対応する場合
商品カテゴリーへの関与度が低く、購入頻度が高い、食品や日用品などに向いている。消費者がいつ・どこでも・ほしい場面で買えるようにするためには、たくさんの場所に流通させるのがよいので、スーパーマーケットやドラッグストアなどを活用する。ただし、スーパーマーケットやドラッグストアもPB（プライベートブランド）と呼ばれる自社商品を持っていたりするので、メーカーの間接販売とスーパーマーケットの直接販売での競争関係という構図ができ、間接販売形式のメリットが弱まることもある

第3章 新商品開発の仕事【戦術】〜ブランド・シンボル開発、マーケティング・ミックス立案

◆流通チャネルを設定する際の視点

　流通チャネルを選定するための視点も「顧客視点―競合視点―自社視点」となります。環境分析での3Cと同じ区分けです。それぞれの視点において、マーケティング基本戦略で規定したものに沿って考えていきます。最終的には、この3つの視点を一致させるものにまとめていきます。

❖流通チャネルを設定する際の視点❖

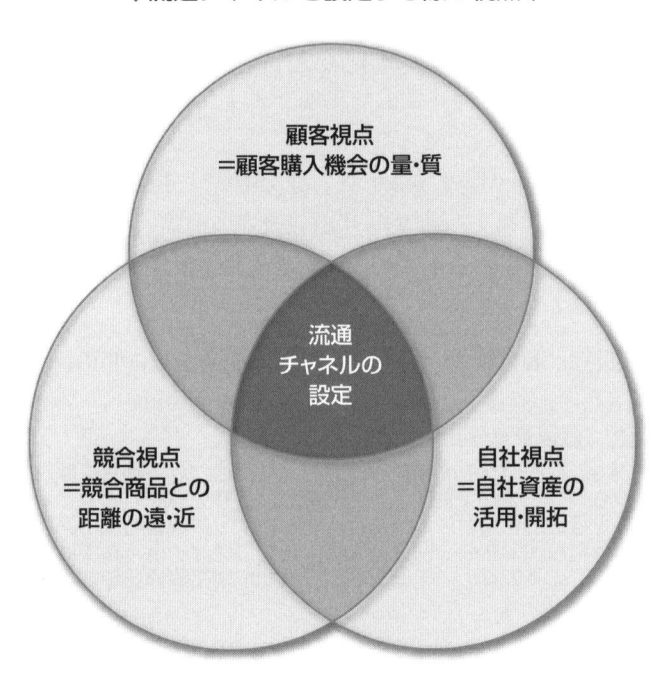

- 顧客視点
  ＝顧客購入機会の量・質
- 競合視点
  ＝競合商品との距離の遠・近
- 自社視点
  ＝自社資産の活用・開拓
- 流通チャネルの設定

▶①顧客視点からの流通チャネルの設定

　まずは、新商品の購入オケージョンの意味を検討します。いろいろな場面で購入が検討される商品で、関与度（153ページを参照）の高くないカテゴリーで、たとえば、加工食品や日用雑貨を購入しようと思うときに、その場面に商品がなければ購入につながらないので、まずは購入場面を増やすことが必要です。

　つまり、たくさんの新商品の取扱いを売場で実現しなければならず、必然的にスーパーマーケットやドラッグストアを検討することになります。一方で、関与度の高いカテゴリーで、たとえば、基礎化粧品や高級バッグ

などでは消費者が購入場所を探し、そこで気分よく購入したいという質的な欲求があります。そのため、商品の品質以外にも流通チャネル自体の品質向上、美容知識豊富な人の訪問販売、銀座などの一等地でのお洒落な直営店などが有効な方策となります。

　コア・ターゲットの人を中心に「どこで、どんな気持ちで購入するか（購入オケージョン）」を外さないようにします。

▶②競合視点からの流通チャネルの設定

　新商品が対象としている競合商品とはどのくらいの距離に置くのがよいかを検討します。チャレンジャーであれば、通常はリーダー商品が競合対象になります。積極的に比べられることを想定しているので、近くに置くことが有効です。そのため、対象競合商品と似た流通チャネルが望ましいといえます。フォロワーを想定している場合も同様です。

　反対に、競合商品との関係がニッチャーであれば、むしろ、リーダー商品とは異なるような見え方が望ましいので、近くに置くことに固執する必要はなく、顧客視点・自社視点からユニークな流通チャネルを組み立てることが有効です。

▶③自社視点からの流通チャネルの設定

　ここでは自社にとっての流通チャネルの意味を考えます。すでにたくさんの商品を持っている企業であれば、流通チャネルも持っています。訪問販売が組織化されていたり、TV通販のノウハウがあるなど、当初の環境分析で自社の強みとして流通チャネルを活用すれば、新商品の市場導入の成功の確率は高まります。また、仕組みができているので、コスト効率も高まります。

　しかし、その流通チャネルに向かない新商品のときや、自社の従来商品群がその流通チャネルですでに激しい競争に巻き込まれている場合などでは、流通チャネルの開拓も視野に入れる必要があります。化粧品会社が使用期限のある冷蔵保存用の化粧品を販売する、アパレル会社が自社の店舗イメージを壊す恐れのある廉価商品を販売するようなケースです。

　流通チャネルの開拓は投資が必要なのでリスクは高いものの、成功すれば次の自社資産になる可能性があります。

3-11 マーケティング・ミックス⑧
【プレイス】流通チャネル政策

導入コストや運用コストを考えながら、チャネルの規模を決める

◆流通チャネル別に販売目標を分解する

マーケティングの理想は「販売活動をしなくても商品が売れ続けること」といわれますが、実際にはむずかしいようです。現実には販売目標が設定され、その目標が営業を担う人々に降り、営業パーソンはそれをもとに評価されます。

営業マンの販売実績は、流通チャネルの情報機能を通じて、流通チャネルごとに把握していくことが一般的です。そのため、流通チャネルをどのくらい用意すればいいのかを算出する必要があります。

受容予測で「購入意向のある人々が○%いる」といっても、購入したいと思える時に購入できなければ予測どおりにはいきません。日本全国に引きなおして、100億円ぐらいの受容予測が見込める新商品のビールでも、ターゲットの人たちが購入できる場所が全国の酒類扱い店舗の50%ぐらいしかなければ、この時点で最大50億円しか販売規模を見込めないことになります。

そのため、「どのくらいの規模の流通チャネルを用意するか」が新商品開発時の流通チャネル政策の中心となります。

❖チャネル規模と販売目標の関係式❖

- 人的チャネル：総販売目標＝人数×1人当り平均販売量／年間
- 媒体チャネル：総販売目標＝媒体数×媒体当り平均販売量／年間
- 店舗チャネル：総販売目標＝店舗数×店舗当り平均販売量／年間

販売量にバラツキが多い場合には組み合わせることも必要となりますが、「総販売目標＝店舗ランクA×店舗数＋店舗ランクB×店舗数＋店舗ランクC×店舗数」といった具合に、より複雑になっていきます。

❖チャネル規模の計算例❖

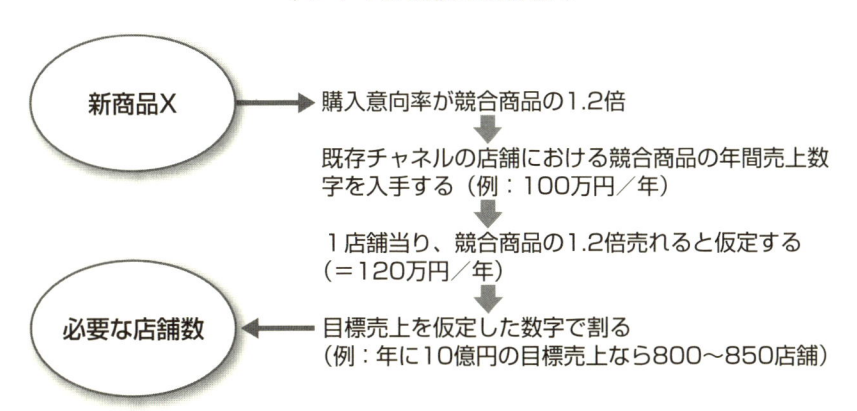

```
新商品X  →  購入意向率が競合商品の1.2倍
              ↓
           既存チャネルの店舗における競合商品の年間売上数
           字を入手する（例：100万円／年）
              ↓
           1店舗当り、競合商品の1.2倍売れると仮定する
           （＝120万円／年）
              ↓
必要な店舗数 ← 目標売上を仮定した数字で割る
           （例：年に10億円の目標売上なら800～850店舗）
```

◆**流通チャネル別にコストを算出する**

　流通チャネルが充実することは望ましいことですが、当然、それだけコストがかかります。コストは、新発売時に必要な流通チャネルを用意する「導入コスト」と、その後の「運営コスト」に大きく分かれます。従来、新たにチャネルを作る場合には、店舗や人が中心だったので、非常にコストがかかっていました。しかし、最近ではネット通販などの媒体環境が充実してきたために、ケースによってはそれほど負担がかからなくなってきています。

❖2つに大別される流通コスト❖

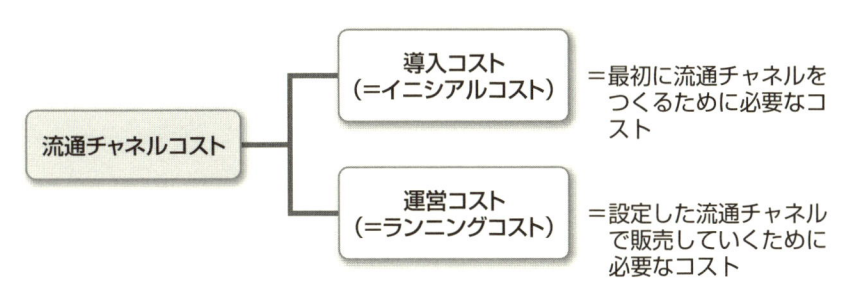

```
流通チャネルコスト ┬─ 導入コスト       ＝最初に流通チャネルを
                │   （＝イニシアルコスト）   つくるために必要なコスト
                │
                └─ 運営コスト       ＝設定した流通チャネル
                    （＝ランニングコスト）  で販売していくために
                                        必要なコスト
```

◆**流通チャネル構築までの時間を計算する**

　最初からたくさんの人に新商品が購入されることはありません。新しい機能を持っていたり、新しい使い方の商品ほど、消費者に理解され、購入されるまでに時間がかかります。

そのため、最初から流通チャネルが予定の100％あったとしても、100％稼働することはむずかしいものです。もちろん、大量のプロモーション投資によって、ターゲットである消費者へ新商品の理解を高めることに成功すれば可能ですが、資金のある一部の大企業でしかできません。

そのため、通常では、「どこからスタートして、どこまでめざすか」といった時間軸を考慮します。このときには、目的によって対応する流通チャネル政策も変わってきます。

▶①初期の流通チャネルで評判を作るケース

高級ブランド商品を新たに市場導入する場合には、「最初のお店がどこにあるか」が重要です。たくさんの企業がよく東京の銀座に直営の1号店を出店するのは、プロモーション効果をともなうものだからです。

これは間接販売でも同様です。たとえば、高級化粧品を最初に取り扱ってもらいたい店舗は、ターゲットに人気のある有名デパートであるべきです。

▶②テスト・マーケティングを実施し、それを反映させていくケース

新商品がまったく新しいために、改良などのヒントを市場から得たい場合には、先行してエリアなどを限定し、その地区での流通チャネル構築を優先します。ただし、競合参入の動きも誘発するので、かなりマネしにくい差別化された商品であることが条件です。

▶③流通チャネルとコラボレーションしていくケース

間接販売のみの場合となりますが、大手の流通チェーン（ドラッグストアやコンビニエンスストア）などと協力し、期間限定で先行販売をしていくことも考えられます。

流通チャネルとコラボレーションすると、導入時の流通チャネル・コストが安いことと、確実にユーザーを作れるというメリットがあります。反対に、他のチェーンからの反発などもあり得るので、その後の展開も含め、どこに協力してもらうかを慎重に決める必要があります。

3-12 マーケティング・ミックス⑨ 【プロモーション】プロモーションの役割

プロモーションでは消費者行動モデルを意識する

◆プロモーションの役割は動因と誘因を一致させること

プロモーション計画を考えるときには、「消費者の意識と行動がどのように変化していくか」を考慮する必要があります。そのため、消費行動モデルを知っておくと、プロモーションの計画化に対応しやすくなります。

新商品でのプロモーションでは、購入検討をうながす活動が中心となるわけですが、消費者側が内面に持っている動因（ニーズが顕在化し、かつ、購入の必要性自体を感じている状態）と誘因（そのニーズを満たす商品が存在することを知り、かつ、その商品に関するベネフィットが伝わっている状態）が一致したときに購入が検討されるといわれています。

❖動因と誘因を一致させることがプロモーションの役割❖

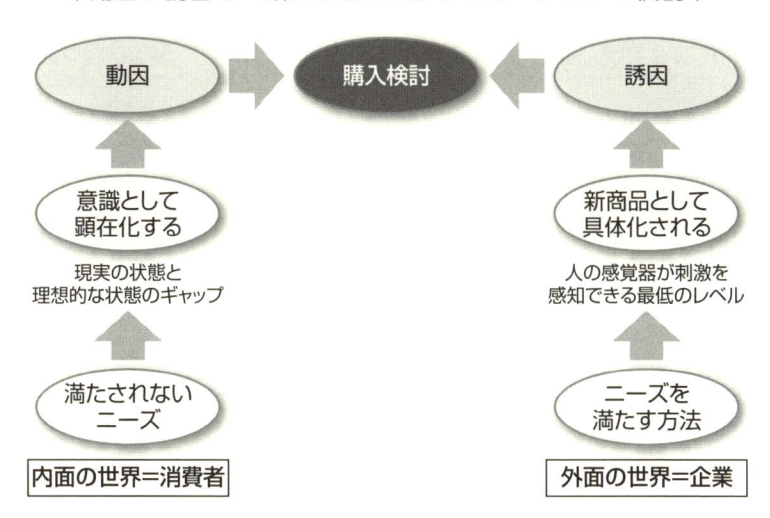

```
   動因    →  購入検討  ←   誘因
    ↑                        ↑
  意識として              新商品として
   顕在化する              具体化される
 現実の状態と           人の感覚器が刺激を
理想的な状態のギャップ   感知できる最低のレベル
    ↑                        ↑
 満たされない             ニーズを
   ニーズ                満たす方法

 内面の世界＝消費者      外面の世界＝企業
```

もちろん、「動因＞誘因」で商品を探している状態や、「動因＜誘因」で消費者にニーズを喚起してもらうべき状態などのバランスは不均衡です。そのため、動因と誘因という2要因を一致させ、消費者に購入検討に至ってもらう一連の活動がプロモーションといえます。

◆**AIDMAやAISASなどの消費行動モデルを適用する**

　消費者行動モデルとは、消費行動そのものを段階で説明しようとするものです。AIDMA（アイドマ）が有名ですが、それ以外にもAIDEES（アイデス）やAISAS（アイサス：電通が商標登録）などたくさんあります。本書では、各消費行動の大まかな意味と、新商品でのプロモーション活動での適用を紹介します。

❖**消費行動モデルのステップ**❖

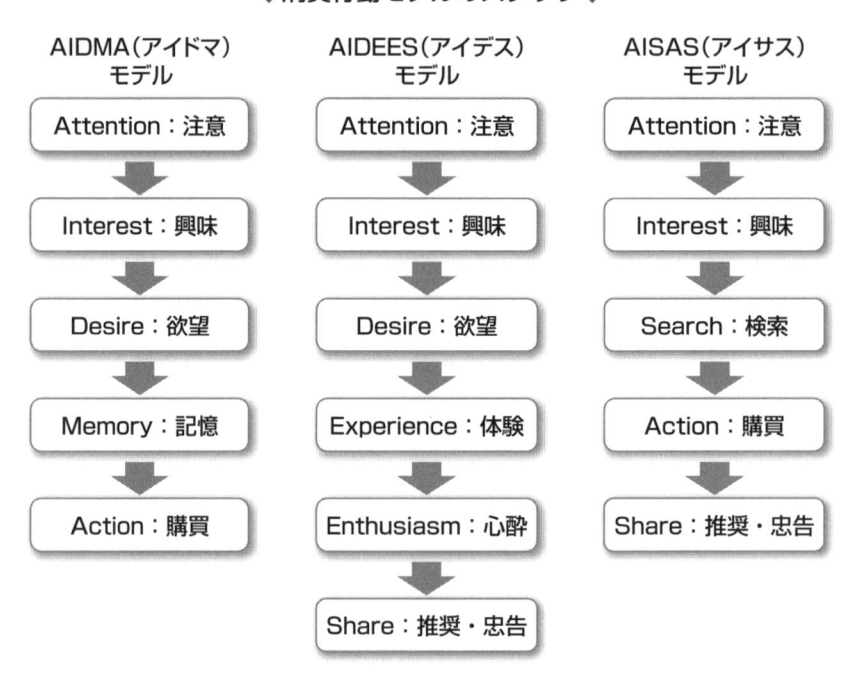

AIDMA（アイドマ）モデル	AIDEES（アイデス）モデル	AISAS（アイサス）モデル
Attention：注意	Attention：注意	Attention：注意
Interest：興味	Interest：興味	Interest：興味
Desire：欲望	Desire：欲望	Search：検索
Memory：記憶	Experience：体験	Action：購買
Action：購買	Enthusiasm：心酔	Share：推奨・忠告
	Share：推奨・忠告	

　AIDMA（アイドマ）では、新商品のプロモーション活動によってその存在に注意（Attention）が払われ、興味（Interest）が湧き、欲望（Desire）が発生します。つまり、「欲望」の段階でニーズが顕在化するわけです。欲望が記憶（Memory）され、購買（Action）につながっていきます。

　AIDEES（アイデス）は丸の内ブランドフォーラムが提唱する消費行動モデルの1つです。注意・興味・欲望までは同じ経路ですが、次が体験（Experience）です。そして、購入による商品利用で、次の心酔（Enthusiasum）につながります。AIDEESからは、「体感品質が知覚品質

を上回ることがブランドの要諦である」とも読めます。

また、AIDEESが推奨・忠告（Share）というクチコミのステージに移るところが、インターネットや携帯の普及による時代の変化を取り込んでいるところが特徴です。

AISAS（アイサス）は、電通が提唱している新しい消費行動モデルです。AISASもAIDMAと同じように、注意・興味までは同じ経路ですが、検索（Search）に続き、興味のある商品の詳細や評判などを入手します。納得がいけば購入（Action）することになり、実際に利用してから商品やサービスを推奨・忠告（Share）という形で評価をクチコミしていきます。

さて、なぜこんなたくさんの消費モデルが存在するかというと、その人がすでに持っている商品カテゴリーの知識や関心度合い（関与度）によって消費行動が変わってくるからです。

各消費モデルに関与度の差を組み込んで、先の動因と誘因のバランスからそれぞれのカバー領域を見てみましょう。

❖各消費モデルの位置づけ❖

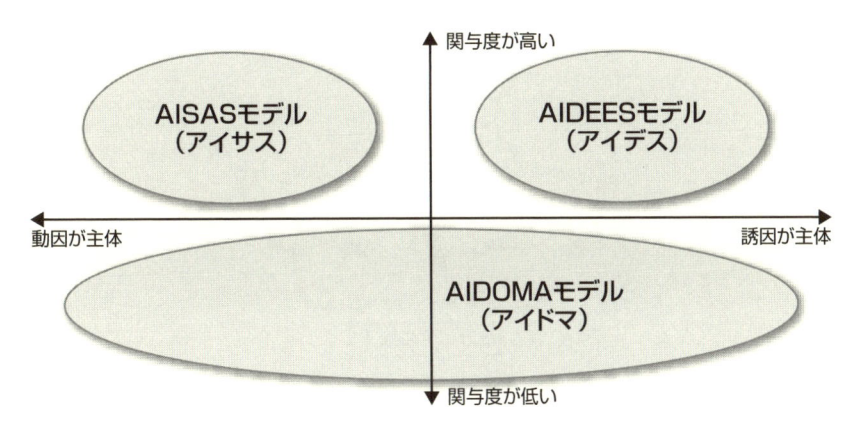

- AISASモデル（アイサス）：関与度が高い／動因が主体
- AIDEESモデル（アイデス）：関与度が高い／誘因が主体
- AIDOMAモデル（アイドマ）：関与度が低い

自分に関与度が高い商品であれば、消費者は情報を取っていきます。化粧品の「アット・コスメ」などのクチコミ・サイトはその典型的な場です。また、反対に関与度の低いものあれば、情報をあまり積極的にとったりしませんし、口コミまでする時間も惜しいのが一般的です。そのため、台所洗剤（関与度の高い人もいますが）であれば、検索や推奨・忠告までを含むことは少なくなります。

一方、動因が主体であれば、検索をすることで誘因を探せます。新商品

の情報を入手すれば、消費者自身の知識で判断できる自信がある商品カテゴリーだからです。反対に、誘因が主体であれば、体感時の感動によって動因がより高まることになります。たとえば、「あまり期待しないで購入したものの、案外よいものであるというギャップ感を教えてあげたい」といったクチコミを引き起こします。

◆コア・ターゲットの深化のプロモーション構築

消費者行動モデルをベースに「コア・ターゲットが最終的にクチコミ（推奨）してくれるまで、どのようなコミュニケーションをすればよいのか」を段階に分けて考えます。

❖プロモーション活動の設計例❖

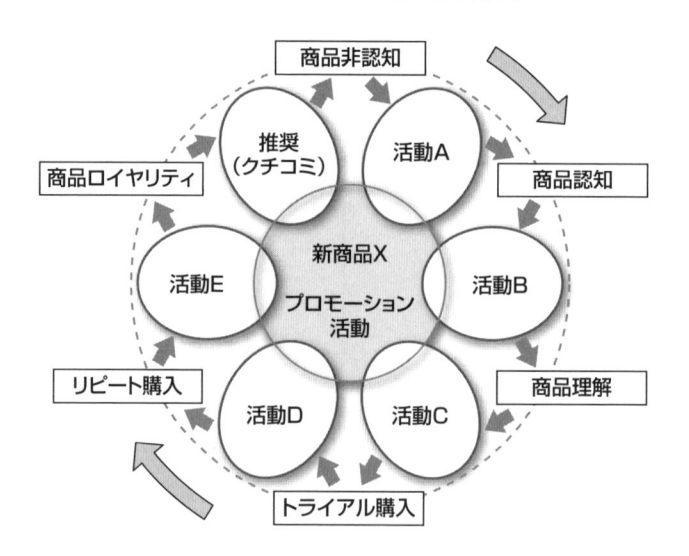

商品非認知
推奨（クチコミ）
活動A
商品認知
商品ロイヤリティ
新商品X
プロモーション活動
活動B
活動E
商品理解
リピート購入
活動D
活動C
トライアル購入

上図は、消費者行動モデルをマーケティング・リサーチ上で把握できる要素に変え、それをあてはめた事例です。

ポイントは顧客視点に深さ、つまり、顧客深化が想定されていることで、プロモーションは活動Aから活動Eまでを設計することになります。

1つのプロモーション活動がA－E複数の役割を持つこともありますが、まずは分解して考えます。当然、「マーケティング基本戦略で設定されたコア・ターゲットの人」を想定して組み立てます。

◆流通チャネルを核としたプロモーションを構築する

消費者行動モデルに沿ったプロモーションの構築は時間軸で見たものです。流通チャネルを核とした空間軸でも構築できます。

とくに小規模、または、エリアを限定したビジネスであれば、空間軸で見ていくことも有効なので、それぞれの顧客化レベルごとにどのような場所でどのようなプロモーションをすればいいかを整理できます。

❖流通チャネルをベースとしたプロモーション構築❖

人的チャネル

(コンタクト可能な範囲 / 面会できる範囲 / 面談（1対1）)

- ●人的チャネル：化粧品の訪問販売のケース
  - 外枠：ターゲットとの接点が物理的に可能な範囲でのプロモーション
    例：DMなど
  - 中枠：潜在顧客への説明や質疑ができる空間（説明会など）でのプロモーション
    例：プレゼン資料、パンフレットなど
  - 内枠：潜在顧客との面談時のプロモーション
    例：商品解説のためのPC画面、商品デモンストレーションキットなど

媒体チャネル

(リアル（Web外の世界）/ Web内でサイト外の範囲 / サイト内)

- ●媒体チャネル：化粧品のネット通販のケース
  - 外枠：ターゲットへのリアル世界（Web外）でのプロモーション
    例：雑誌広告など
  - 中枠：潜在顧客へのWeb世界（自社サイト外）でのプロモーション
    例：リスティング広告、アフィリエイトなど
  - 内枠：潜在顧客への自社サイト内でのプロモーション
    例：商品説明の動画、メールマガジンなど

店舗チャネル

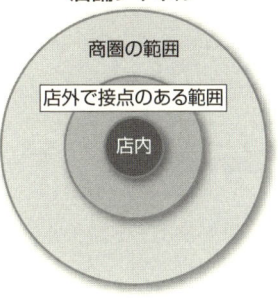

(商圏の範囲 / 店外で接点のある範囲 / 店内)

- ●店舗チャネル：化粧品の店舗販売のケース
  - 外枠：ターゲットが物理的に来ることができる商圏内でのプロモーション
    例：最寄駅の看板など
  - 中枠：潜在顧客への店舗前の通行時のプロモーション
    例：ウインドウ・ディスプレイなど
  - 内枠：潜在顧客への店舗内でのプロモーション
    例：テスト品コーナーの設置など

3-13 マーケティング・ミックス⑩
【プロモーション】プロモーション媒体を選択する

プロモーション領域はおもに4つに分けられ、プル型とプッシュ型の2種類で使い分ける

◆ **プロモーション領域は4つに分けられる**

プロモーションを計画する場合には、「媒体の選択」と「表現の作成」の2つに大きく分けられます。まずは、どういった媒体を使うかについて説明します。プロモーションに使う媒体は多岐にわたりますが、領域は、「PR活動（Public Relation）」「広告活動（Advertising）」「SP活動（Sales Promotion）」「人的販売活動（Sales）」の4つに区分できます。

そして、これらはプル型プロモーションとプッシュ型プロモーションという特性を持っています。プル型プロモーションは消費者からの新商品へのアプローチを期待し、結果的に販売につながるパターンを想定するものです。反対に、プッシュ型プロモーションは企業側からのターゲットへのアプローチを行なうものです。

4つの領域でいうと、「PR→広告→SP→人」の順番に「プル型→プッシュ型」の特性に近くなります。消費者が顧客になる過程では、「最初に引きつけることで見込み客を選定し、見込みが特定したら積極的に推奨する」ことが一般的なプロモーションの組立てになるので、この「プル型か、プッシュ型か」という選択は「顧客化までのプロセスをどのようにするか」という方針に沿って決められます。

❖ **プロモーションのプル型・プッシュ型の役割** ❖

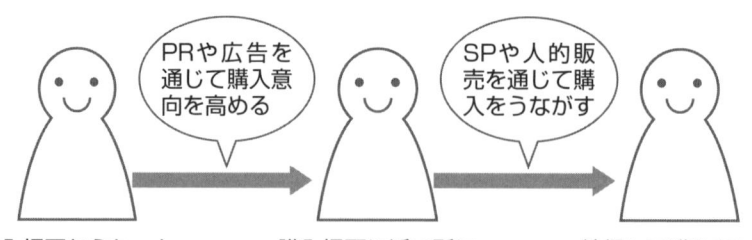

PRや広告を通じて購入意向を高める　　SPや人的販売を通じて購入をうながす

購入場面からもっとも遠い所にいる、まだ新商品の存在を知らない消費者 → 購入場面に近い所にいる、購入意向を持った消費者 → 納得して購入をした消費者（顧客）

▶高い信頼性を得られるが、内容をコントロールできない「PR」

　PRは、TV番組や新聞記事にてニュースとして商品を取り上げてもらう形式のプロモーションです。接触する人はニュースとして商品についての情報を得るので、第三者的なメッセージとして伝わり、信頼性が高まります。

　また、他の活動に比べてあまりコストがかかりません。しかし、紹介される内容をコントロールできず、ニュースとしての価値が低いと判断されれば掲載されないので、PRにはリスクがあります。

　しかし、新商品の場合には、新商品自体にニュース性があるので、4つの領域のなかでもPRが最初に使われることが一般的です。

▶たくさんの人に訴求できるが、コストが高い「広告」

　広告が掲載できればすべて広告媒体となりますが、主要な広告媒体としてはマス広告、インターネット広告、OOH（アウト・オブ・ホーム）広告があります。

　広告媒体を使って新商品の告知を行なうメリットは、内容とタイミングがコントロールできることです。マス広告はカバーできる人数が大きいのでマス・マーケティングを志向する消費財に向いていますが、媒体コストが高いという傾向があります。インターネット広告は課金の仕方とリンクするので、予算が限定されていても活用できます。OOHは移動する消費者への訴求なので、移動パターンやエリアごとに選択できます。

❖主要な広告媒体❖

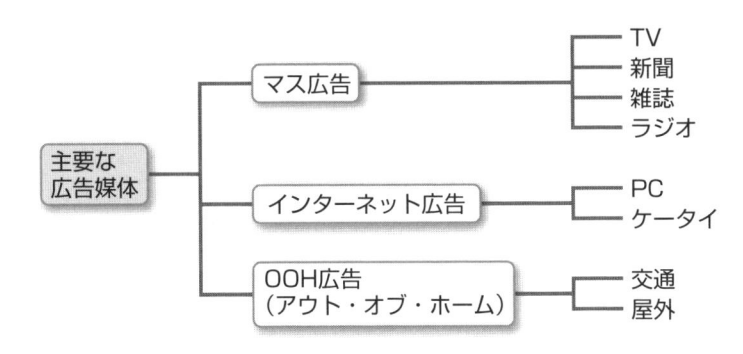

```
                    ┌─ マス広告 ──────┬─ TV
                    │                  ├─ 新聞
                    │                  ├─ 雑誌
主要な              │                  └─ ラジオ
広告媒体 ───────────┤
                    ├─ インターネット広告 ─┬─ PC
                    │                      └─ ケータイ
                    │
                    └─ OOH広告 ───────┬─ 交通
                       （アウト・オブ・ホーム）└─ 屋外
```

　しかし、人々は広告を見るためにメディアに接触してないので、魅力あ

る広告表現の内容を制作しなければいけません（消費者行動モデルのAttention‒Interestの部分）。

▶ほかのプロモーションと組み合わせ、小単位で実施できる「SP」

SPは、見込み顧客が購入する場面を中心に購入をうながすプロモーションです。新商品が購入される地点、すなわち、流通チャネルと消費者の接点周辺での活動が主流となります。

商品の中身のディスプレイ設置、景品、クーポン券、試供品提供によって購入をうながします。販促は販売に直結しているので、売上との連動性が見込めます。また、非常に小さな単位で実施できるので、実施しやすいという利点もあります。

ただし、商品当りの費用は意外と高くつくので、トライアル購入など、新商品導入では限られたステップに集中して使うことが一般的です。また、SPだけでプロモーションを組むことは稀です。

❖SPでうながすベクトル❖

新商品は思ったほどよくないのではないかという疑念	購入意向はある。しかし……	新商品の魅力に納得する ➡ デモンストレーション 試供品 など
← 買わない		買う →
いま、買わなくてもいいのではないかという迷い		背中を押してくれるきっかけ提供 ➡ 景品、お試し価格など

SPでうながすベクトル ➡

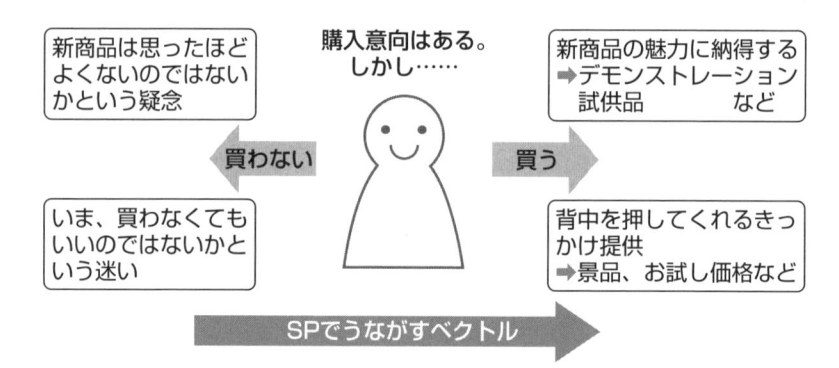

▶セールスによるプロモーション活動である「人的販促活動」

営業活動は幅が広いので、ここでは営業活動の一部としてのプロモーション機能を説明します（実際には、流通チャネルの新規構築をする営業活動もありますし、食品などの間接販売であれば、小売店や販売代理店をサポートする営業活動があります）。

また、人的チャネルを活用する訪問販売では、プロモーションとプレイスが兼務されていると考えるのがよいでしょう。

❖チャネル別でのおもな人的販促活動の例❖

流通チャネル	おもな活動	
	チャネル内の活動	チャネル外の活動
人的チャネル	販売員 (チャネルと同一人物)	コールセンター
媒体チャネル	問い合わせ窓口	アフィリエイター
店舗チャネル	店員、窓口	外商

　店内での接客、百貨店の外商、ネット通販のアフィリエイターなどの人的な販促活動があります。
　ほかの領域にない特徴としては、消費者と双方向（2WAY）でやりとりできるので情報をカスタマイズ（Q&Aによっての理解促進）でき、対応領域が広いということが挙げられます。

◆**プロモーション活動での3指標**

　プロモーション活動では、リーチ（Reach：累積到達度）、フリークエンシー（Frequency：接触回数）、リーセンシー（Recency：直前接触度）という3つの指標があります。
　リーチは、「プロモーション活動で商品情報をどのくらいの人数に伝えることができるか」という指標であり、商品認知率と関係が高い場合が一般的です。フリークエンシーは、同じ人物が何回プロモーションと接触するかということなので、商品理解は頻度が上がれば高まっていきます。また、リーセンシーとは、プロモーションを購入する機会の直前に行なって購入そのものをうながす効果を高めるものです。
　PRや広告でリーチを高めたのち、SPや人的活動でリーセンシーを高め、全体でフリークエンシーを高めていくことが一般的です。

◆**メディア・ミックスとクロス・メディアの関係**

　どのようなメディア（情報伝達媒体）を利用するかを考えるにあたって、「メディア・ミックス」と「クロス・メディア」という、2つのプロモーション策定のアプローチがあります。

❖メディア・ミックスとクロス・メディア❖

	プロモーション目的	策定のポイント	対象商品の特徴
メディア・ミックス	●ターゲットがあるステップからあるステップへ移動することを想定してメディアカバーを考える ●面型のプロモーション 例：新商品の認知率アップ	●マーケティング目的を「認知向上」「理解向上」などと設定し、そのための最も効率よくカバーするためのメディアの組合せを策定する	●マス・マーケティング中心の商品 ●ターゲット人数が多い商品など
クロス・メディア	●ターゲットが顧客化することを想定してメディア接触を考える ●楔(くさび)型のプロモーション 例：新商品のロイヤリティ形成までのプロセスの構築	●コア・ターゲットの情報収集をプロセス化し、顧客接点に沿ってメディア選択をする。商品のホームページや商品自体も組み込まれて策定される	●ブランド化を考慮し、クチコミなどが重要と考える商品 ●ターゲット人数が少ない商品など

　定義が個々で若干違うようですが、ここでは次のように解釈します。従来のマス・マーケティングではターゲットを大きくとらえ、メディアでのプロモーションの役割を「新商品の認知率向上」「理解度向上」といった目的でメディア効率を最大化する発想でした。
　しかし、AIDEES、AISASなどの消費行動モデルでもわかるように、インターネットでの消費者からの検索や推奨などを意識すると、自動的にクチコミまでどのように行きつくかを考える必要が出てきました。
　これは1つの顧客化段階（例：認知なし→認知あり）を目的にした発想のマス・マーケティングから、ある1人のターゲットが顧客化のすべての段階を経てクチコミにまで至るように、想定してメディアを組み合わせることへの変化ととらえられます。
　メディア・ミックスに比べ、クロス・メディアでは「すべてのマーケティング活動における顧客接点がそれぞれどういう役割を持つか」を考えるために、新商品自体（パッケージに記載されているメッセージなど）や新

商品のホームページ（製法や機能に関するエピソードなど）も考慮します。また、顧客化を想定するためには核となる人物、つまり、クチコミしてほしい理想の顧客であるコア・ターゲットの情報収集のオケージョンが重要となります。

◆**コア・ターゲットの顧客接点からの視点**

顧客接点とは、「ターゲットの人々が商品情報に触れる機会すべて」を意味します。コンタクトポイントと呼ばれることもあります。顧客接点はあまりにも多岐にわたるので、外してはいけないコア・ターゲットの顧客接点ごとに、どのようなメディアが存在するかを把握します。

そして、コア・ターゲットの顧客化にどのようなメディア選択がよいかをクロス・メディアで考え、それが決まってから、新商品利用の可能性があるトータル・ターゲットを効率よくカバーするメディア・ミックスを考えていくのが理想といえます。

❖**コア・ターゲットの１週間の顧客接点例**❖

「いつ」「どこで」情報を収集するかを把握する

	月曜日～金曜日	土曜日～日曜日
朝	TV Web：ニュース系サイト 通勤電車内中吊り	
昼		
夜	Web：趣味系サイト TV ／ コミック誌 ／ DVDレンタル Web：SNS	TV Web：SNS

3-14 マーケティング・ミックス⑪ 【プロモーション】プロモーション表現を作成する

各表現の特徴を押さえ、顧客の購入志向を喚起する

◆プロモーション表現

続いて、どのようなメッセージをどのようなニュアンスで伝えるべきかについて説明します。前項の「プロモーション媒体（メディア）の選択」に対して、本項は「プロモーション表現（クリエイティブ）の作成」になり、2項はプロモーション計画の両論になります。そこで、各活動領域でのおもな表現作成のポイントを説明します。

◆PRの表現

PRの表現には次のものがあります。

▶①プレス・リリース

新商品であれば、それ自体がニュースになります。プレス・リリースとしてTV局、新聞社などのマス媒体へ伝えられます。しかし、それは単なる新商品紹介であれば、新商品紹介欄などでの扱いが一般的です。そのため、新商品PRでは、「社会性の視点からの切り口となるメッセージ」「話題性を喚起させるためのメッセージ」という2つの要素を意識して実施することが望ましいのです。

社会的な視点から紹介するということは、「新商品が満足させるべき消費者ニーズが、社会的視点から〇〇という問題点を浮かび上がらせている」という見方です。

メタボ解消商品であれば、「実は、メタボに対する意識と行動ギャップが存在していて、それを解決することは従来の商品ではむずかしい。そのため、こういう特徴をもった新商品なら解消できるという背景があって商品化した」といった切り口です。

また、新商品のPRでは、視覚に訴える媒体が有効となります。そのため、新商品での話題性をキービジュアルやキーとなるグラフなどニュースを絞った視覚効果で提示できるものが望ましいわけです。

▶②新商品発表会

　マスコミ向けに新商品発表会を実施することもPR活動になります。マスコミが取材したくなるようなニュースが必要なので、新商品自体だけではなく、発表会場が普段とは違う（例：アウディが実施した新車発表会を有名寺院で行なう）、もしくは、発表会場に有名人を呼ぶ（TV広告で起用するタレントを呼ぶことはよく見かけられます）ことも求められます。

❖PRになるニュース❖

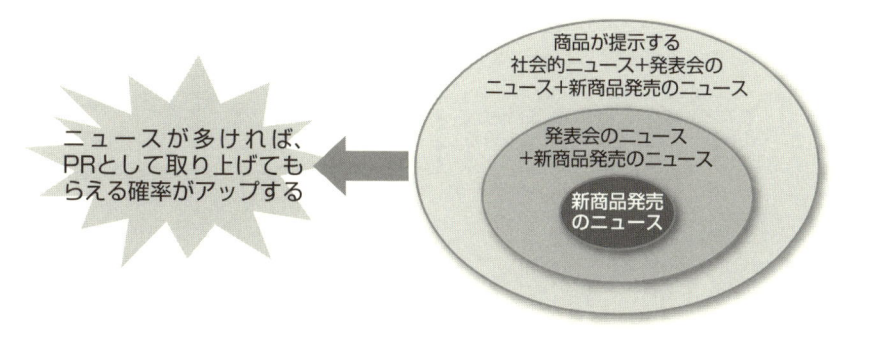

ニュースが多ければ、PRとして取り上げてもらえる確率がアップする

- 商品が提示する社会的ニュース＋発表会のニュース＋新商品発売のニュース
- 発表会のニュース＋新商品発売のニュース
- 新商品発売のニュース

◆広告の表現

　広告表現を自社で作成することはほとんどありません。広告代理店など、外部スタッフを通じて作業することが一般的です。外部を起用するということは、プロモーションの意図を正確に伝えるオリエンテーションを行ない、その結果、広告表現案がプレゼンテーションされるという段取りになります。

▶①表現制作（クリエイティブ作業）

　表現はTVやインターネット用の動画になる「CF（Commercial Film）」と、雑誌や屋外看板の静止画像である「グラフィック」に分かれますが、メディアの選択に応じて必要な広告表現案を決めていくことになります。
　広告の宿命は、「広告単体で見られることはない」ということです。「広告自体が注意を喚起させねばならない」という課題を解決し、そのうえで「新商品に関する情報を伝達させる」という課題に対処している広告表現が望ましいのです。
　広告表現を分解すると次ページの図のようになります。

❖広告表現の分解❖

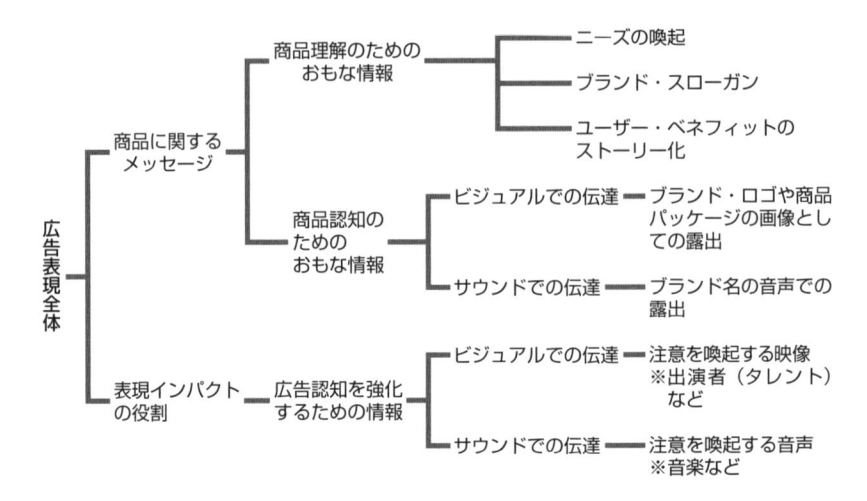

```
                          ┌─ ニーズの喚起
           ┌─ 商品理解のための ─┼─ ブランド・スローガン
           │   おもな情報      └─ ユーザー・ベネフィットの
           │                    ストーリー化
  商品に関する─┤
   メッセージ  │              ┌─ ビジュアルでの伝達 ── ブランド・ロゴや商品
広          └─ 商品認知の    ─┤                        パッケージの画像と
告              ための        │                        しての露出
表              おもな情報    └─ サウンドでの伝達 ──── ブランド名の音声での
現                                                      露出
全
体          ┌────────────────┬─ ビジュアルでの伝達 ── 注意を喚起する映像
                                                        ※出演者（タレント）
  表現インパクト   広告認知を強化 │                        など
   の役割     ─  するための情報 │
                              └─ サウンドでの伝達 ──── 注意を喚起する音声
                                                        ※音楽など
```

「広告認知を強化するための情報」「商品認知のための情報」「商品理解のための情報」の3つが一体となる広告表現が理想です。これらを統一することが望ましい表現アイデアといえ、複数ある表現案を評価するポイントになります。

▶②A／Bテスト（スプリット・ラン）

A／Bテストは、どの広告表現がよいかをテストすることです。コピー違い、写真違いなど、どの広告表現案がよいかを実際に流してみながら反応を見て、よいほうを選択していきます。

インターネット調査などを使った事前テストも可能ですが、媒体違いやエリア違いなどでの広告出稿を実施しながら、販売状況との連動がよいものにまとめることもできます。

◆SPの表現

新商品の購入時点では、消費者の迷いを消すことがポイントなので、「買って失敗したくない」という気持ちを和らげることがSPのおもな役割になります。「どんな場面で、どのような購入を躊躇してしまう理由があるのか」を知っておく必要があります。

❖SPが消費者の気持ちを和らげる例❖

例	場面	躊躇する理由	SP
【自動車】 新車のSP	ターゲットの人がカーディーラーに来て実物をみる。いいと思っているが…	家族の了承が得られるか？	家族がカーディーラーに同伴してもらうきっかけとなるSP →営業マンが説得できる機会を作る
【化粧品】 基礎化粧品のSP	ターゲットの人が通販のカタログを見ている。いいと思っているが…	過去、新しい化粧品で肌が荒れたので、これも心配	無料サンプルキットの送付SP →実際に肌に試してみることと、無料でキット送付するという商品の自信
【ラーメン専門店】 ラーメン以外の新メニューのSP	ターゲットの人がカウンターでメニューをみている。いいと思っているが…	ラーメン専門店でのラーメン以外は大丈夫だろうかという不安	ラーメンとのセット・メニューでのお試し価格での提供SP →お得感を感じてもらいながら、まずは体験してもらう

◆人的販売の表現

　人を通じてのプロモーションでは、2WAY（双方向）であることがポイントになります。ほかの活動領域では、2WAYは弱い機能です。直接会う、電話やインターネットでのやりとりなどがありますが、いずれにしても、ここで中心になるのはＱ＆Ａです。

　相手からの質問と質問への回答、またはこちらからの質問と相手からの回答によって、「見込み顧客かどうかを見極める→商品をどう推奨するかを決める→購入をうながす」といった一連の行為につなげていけます。

◆その他の重要な要素による表現

　本項で紹介したもの以外の要素で留意すべき表現もあります。

▶①商品パンフレットの表現

　どのような新商品でも、外部の人に紹介するために商品パンフレットを作成することが一般的です。これも重要なプロモーション・ツールです。ここでの表現には次の2点に留意します。

❖商品パンフレットでの注意点❖

①使用場面の想定
　どういう状況で使われるかを確認する、商品パンフレットが単体で使われる、販売員と一緒に使われる、近くに商品現物がある、といった状況を想定する。商品パンフレットでは、可能な限りシンプルなほうがメッセージを伝えやすいが、単体で1人歩きするのであればくわしくする。また、商品現物が近くにあって使われるのであれば、商品写真のウエイトは低くなる。

②「相手は商品知識ゼロ」からスタートする
　新商品導入を想定する場合には、「相手は知識ゼロで見る」ということに気をつける。製作者はすでに新商品をよく知り過ぎているので、「相手が何を知らないかを知らない」。たとえば、次の点に注意する。

- 英文字の商品名のみで見た人は発音できない→カナロゴ併記する
- 商品の大きさがよくわからない→手にもった商品写真を掲載する
- 中身がどうなっているかがわからない→中身を出している写真を入れる
- どんな形で送られてくるかわからない→外装の写真から、商品を取り出す写真を入れる

▶②Webサイトの表現

　プロモーション活動のなかでもっとも新商品の情報量が存在する場所は、新商品自体のWebサイトです。

　一方で、いきなりWebサイトへ来る消費者は多くありません。他のプロモーション活動によって新商品を知ってから、または、新商品を検討した段階で詳細を知りたくて来るのです。そのため、ターゲットの顧客化を考えたときに、「どのステップで自社の新商品Webサイトに来るのか」を想定する必要があります。

　一般的には、価格の高い耐久消費財（大型家電やマンション）のようなものであれば、購入前の早い段階でWebサイトに来ますが、価格の安い消耗消費財（加工食品や日用品）では購入以降になります。それぞれ、購入検討を促進させる、クチコミのための話題を提供するといった役割を持たすことができます。

▶③サーチ&シェアへの対応

　続いて、消費者行動モデル「AISAS」で出てきたサーチ（検索行動：Search）とシェア（推奨行動：Share）を意識したプロモーションも考えておきます。

これらの消費者行動モデルはコントロールできませんが、次のような手法で円滑にすることはできます。

❖サーチ＆シェアへ対応する手法❖

- **SEO（Search Engine Optimization：検索エンジン最適化）**
  検索サイトでのキーワードによる自社商品Webサイトが上位に掲載されるようにする手法

- **リスティング広告**
  キーワードでの検索画面に自社商品の広告（テキスト型）を表示でき、Webサイトへ送客できるもの

これら2つの手法は、「キーワードという言葉が検索と推奨行動には重要である」ことを意味しています。これらの手法の応用例として、自社商品のホームページへの接触を極大化するためにできることがあります。

サーチ＆シェアの1つの対応方法として、SS-MAXがあります。SS-MAXはターゲットの人々が検索したくなるキーワードを自社で提唱（または、新ワード開発）し、通常のプロモーション活動で使いながら、関心のある消費者に検索してもらい、自社商品サイトへの誘導を図るものです。

たとえば、きな粉を使ったキナコ・チョコであれば、きな粉好きを「キナラー」と呼ぶことを提唱し、プロモーション活動で使用します。コアなきな粉好きであれば、「自分はきな粉好きだが、どんな人をキナラーというのか？」という興味から、検索する確率が高まります。そして、商品サイトでくわしい商品情報と接触するといった流れになります。ポイントは、ターゲットの関心の喚起と、自社独自のキーワード設定です。場合によっては、商標登録します。

これに近い例として、トランシーノ（第一三共ヘルスケア）では、「肝斑（かんぱん）」というキーワードを広告で提示しました。トランシーノは女性のシミ対策の商品ですが、「シミ」という単語では扱っている商品が多く、非常に競合関係が厳しいのに対し、新しい「肝斑」という言葉で自社商品のニーズ喚起を行なっています（言葉自体はもともと存在していたようです）。

肝斑という言葉を聞くことによって、「シミ」に何らかの意識がある人々は「何か？」と検索行動をしようとします。トランシーノがこのニーズ喚起に沿ったベネフィットを提供できると納得させられれば、最終的に

は推奨行動で「肝斑」という言葉を使ったクチコミがなされ、新たな潜在顧客からの「肝斑」を経由した競争の少ない検索行動が期待できるわけです。

このように、自社が提唱する独自性の高い単語を使うことで、検索＆推奨行動を円滑にさせることもできるのです。

❖SS-MAXのキーワードの作り方❖

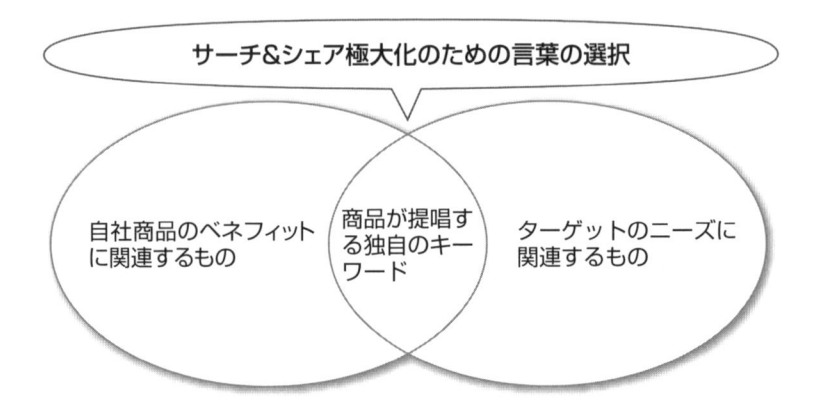

```
┌─────────────────────────────────┐
│  サーチ＆シェア極大化のための言葉の選択  │
└─────────────────────────────────┘
```

- 自社商品のベネフィットに関連するもの
- 商品が提唱する独自のキーワード
- ターゲットのニーズに関連するもの

また、フェイスブックやインスタグラムといったＳＮＳでは写真が多く使われます。人に見せたくなるビジュアルがシェアされ、周囲に拡散していくので、プロモーション時、キャンペーンやイベントに接触した顧客がアップロードしたたくさんの写真が広告媒体の役割を担い、プロモーション全体の効果を高めてくれます。

したがって、どうすれば自社商品に関連したユニークな見せ方ができるか、また、それによって既存顧客の「写真を撮りたくなる」「周りに見せたくなる」という欲求にどうやってつなげるかが、工夫のしどころになってきました。

3-15 市場導入戦略書でのポイント

市場導入戦略書は環境分析からマーケティング・ミックスまでを整理したもの

◆世に出ていないものを理解してもらうために書類が必要になる

新商品開発のプロセスにおいて書類が重要になるのは、いまだ世に出ていない商品を人に理解してもらうためです。市場導入戦略書は、企業環境分析からマーケティング・ミックスまでを整理したものです。

◆新商品開発における市場導入戦略書の意味と役割

新商品開発における書類は、「①経営の承認を得る」「②他部門を巻き込む」という、おもに2つの役割を果たします。経営の承認とは、縦のラインを意識したものです。会社として公式になればなるほど、その新商品開発はたくさんの人々を巻き込む権利を持つことができます。

▶①経営の承認

もし、あなたが新商品開発を進めているとしたら、上司、そのまた上司、そして社長までの了解を取る必要があり、そのときの説明書が新商品の市場導入戦略書となります。承認される段階が先に来るので、企画開発の初期段階で必要です。

▶②他部門を巻き込む

経営の承認が得られたら、次に市場導入戦略書に沿って具体的な準備作業が始まります。実際に商品を製造する、パンフレットなどを作る、営業マンに説明するなど、4Pに沿った準備作業・準備物が大量に必要となります。

しかし、大量の作業を遂行するためには関連部門を動かす必要があり、そのための説明に利用する新商品の設計図図面にあたるのが「市場導入戦略書」です。

❖市場導入戦略書の2つの役割❖

経営―管理―現場　　　　　　部門間全部

- タテの関係で使う市場導入戦略書:承認を得る=企画開発前半
- ヨコの関係で使う市場導入戦略書:他部門を巻き込む=企画開発後期

◆市場導入戦略書でキーとなる3つの数字

　市場導入戦略書では、「市場性のスコア」「受容性のスコア」「収益性のスコア」が注意すべき重要な3つの数字になります。とくに、企画開発の前半段階の経営への承認可否では、この数字がカギになります。

　経営会議での「マーケットはどのくらいあるのか？」「どのくらい売れるのか？」「いくら利益があがるのか？」という社長の3大質問に答えるためのものです。

▶①市場性のスコア

　先述したように、市場規模がわかっている既存市場での新商品市場導入であれば問題ないのですが、新市場を創造する場合には、市場規模をフェルミ推定して市場性のスコアを算出します。スコアの精度は、「経営陣がその算出の仕方には納得できる」といってもらえるかどうかが基準になるので、算出根拠が大切です。

▶②受容性のスコア

　受容性のスコアは、消費者調査によって行なうスコアです。新商品コンセプト段階、試作品段階と何回か実施する場面があり、徐々に現実に近づき、より精度が高まっていきます。

　ただし、「購入したいと思っている人が100％の人が買える状況」「すべての人が100％商品を理解している状況」という、特殊な状況での調査結

果になりますから、流通チャネル投資額やプロモーション投資額によって実際の売上げが変わることに留意します。

▶③収益性のスコア

「で、なんぼ儲かるの？」という厳しい質問に答えるものが最後の収益性のスコアです。受容性のスコアに対して商品コストを推定し、かつ、マーケティング投資費用を算出することで得られます。市場導入計画書の最後は損益計算書（Profit＆Loss：P／L）となります。しかし、もっとも変動が大きいスコアなので、「条件Aの場合の収益性スコア」「条件Bの場合の収益性スコア」といった前提で区分けをしたり、「理想プランでの収益性スコア」「リスクプランでの収益性スコア」といった幅を持たせて扱います。

❖市場導入計画書と３つのスコアの関係❖

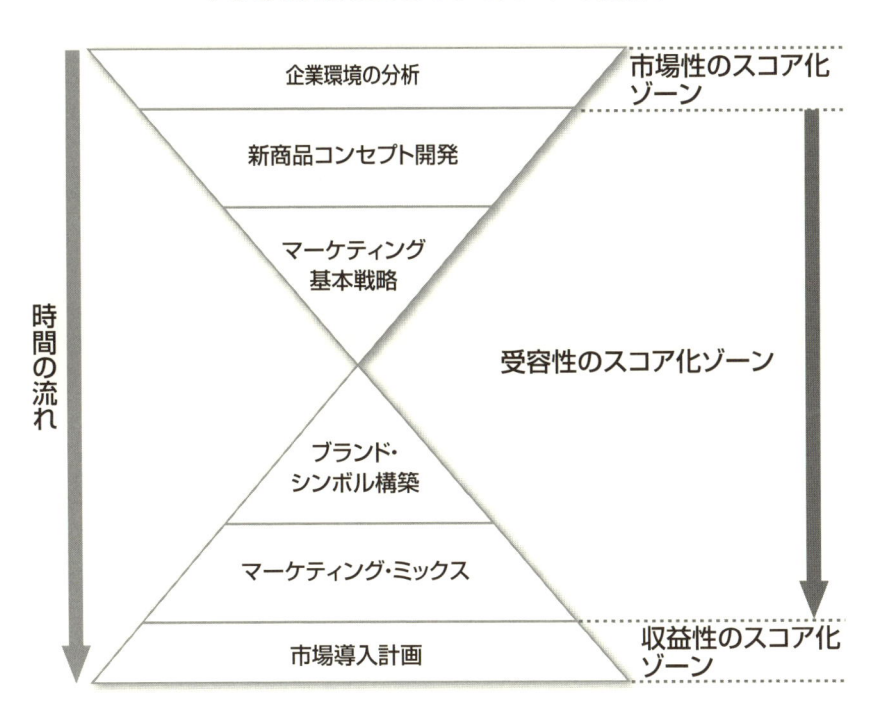

（図：時間の流れに沿って、企業環境の分析／新商品コンセプト開発／マーケティング基本戦略／ブランド・シンボル構築／マーケティング・ミックス／市場導入計画、右側に市場性のスコア化ゾーン、受容性のスコア化ゾーン、収益性のスコア化ゾーン）

COLUMN

●●VI-CI-BI●●

コーポレート・ブランドに関する業務は非常に多岐にわたります。ブランド・アイデンティティ（BI）を明確にし、組み立て、社員全員に徹底させる作業までがあるからです。ブランド・アイデンティティには、CIと呼ばれる「コーポレート・アイデンティティ」、VIと呼ばれる「ビジュアル・アイデンティティ」まで含まれます。

コーポレート・ブランドは顧客視点からの企業ビジョンを具体化したものなので、消費者からの自社への視線、感情、思考に配慮していきます。全社的なマーケティング活動だけではなく、社員の日々の行動までも統一した意識で動くような状態をめざします。

VI-CI-BIの違いと役割

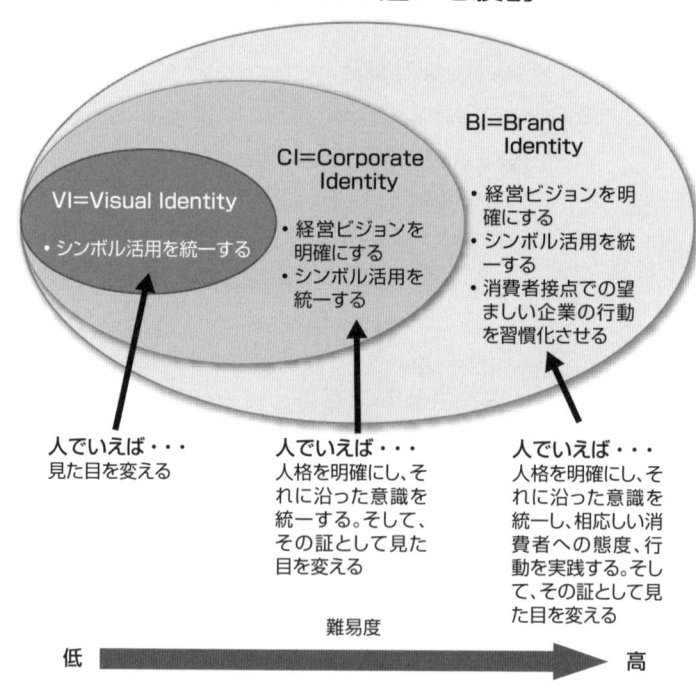

VI=Visual Identity
- シンボル活用を統一する

CI=Corporate Identity
- 経営ビジョンを明確にする
- シンボル活用を統一する

BI=Brand Identity
- 経営ビジョンを明確にする
- シンボル活用を統一する
- 消費者接点での望ましい企業の行動を習慣化させる

人でいえば・・・
見た目を変える

人でいえば・・・
人格を明確にし、それに沿った意識を統一する。そして、その証として見た目を変える

人でいえば・・・
人格を明確にし、それに沿った意識を統一し、相応しい消費者への態度、行動を実践する。そして、その証として見た目を変える

難易度　低 → 高

第4章

既存商品を育てる仕事

4-1 既存商品の育成の核となる2つの業務

6つのステップで、年間マーケティング戦略の策定と遂行を行なう

◆既存商品育成の中心業務とは？

すでに活動している会社は、なにかしらの既存商品を扱っています。また、新商品も発売したときから既存商品として育成する必要があります。

企業の成長には、「既存品をどう育成していくか」が不可欠なテーマなので、マーケティング業務において既存商品の育成はメインの業務といえます。「既存商品の年間マーケティング戦略の策定と遂行」「マーケティング戦略が実施されている現場のフォロー」が2大業務です。

❖マーケティング業務の範囲❖

```
           既存商品育成の業務
          ／            ＼
    現在のための          未来のための
       業務                 業務
        │                    │
  販売部門を中心とした      次年度の既存商品育成
  日々のマーケティング      のプランニング業務
  サポート業務
        ←――― 同時に発生する ―――→
```

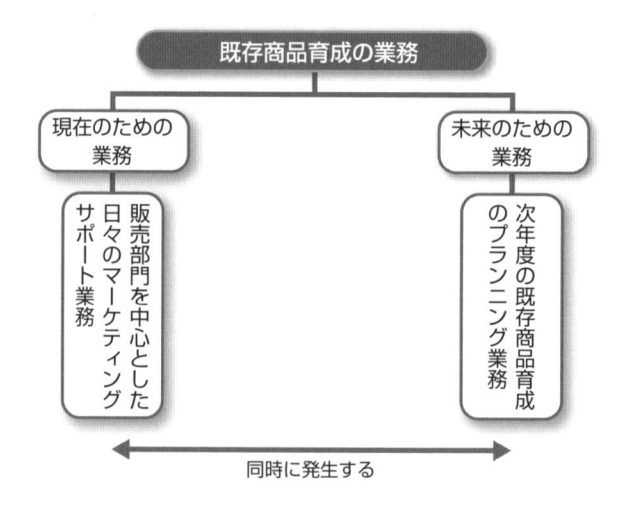

既存商品育成の中心業務には、経営に近い業務である「年間マーケティング戦略の策定と遂行」と、市場に近い業務である「現場のフォロー」という2つの業務があります。

経営に近い業務は経営計画のサイクルに沿って動くので、年単位で回し、市場に近い業務は、月・週・日といったリアルタイムに近い周期で行なうことが一般的です。また、商品単位やブランド単位で既存商品育成の

マーケティング業務を行なう企業がほとんどです。

このような会社では、マーケティング活動を担当する商品やブランドも決まっており、プロダクト・マネージャーやブランド・マネージャーと呼ばれる存在の人たちがすべての企画責任を負います。

見方を変えると、担当商品に関して、経営サイドと市場サイドの間にいるコントロール・センターの役割を担っているともいえます。したがって、2つの既存商品育成業務に関しても精通していなければならないので、高度な職種といえます。

◆年間マーケティング戦略の策定と遂行を行なう

年間マーケティング戦略の策定と遂行では、「パフォーマンス・チェック→ビジネス目標設定→マーケティング戦略確認→アクション・プラン→準備作業→実施→次年度」という、ステップ段階をふんで行ないます。

企業の決算期間単位で年間マーケティング戦略を運用するのが一般的なので、1年サイクルが基本です。よく聞くPDCA（Plan：計画→Do：実行→Check：評価→Action：改善）サイクルのようなものだと思ってください。これを6つに分解したものが次図です。

❖年間マーケティング戦略における6つのステップ❖

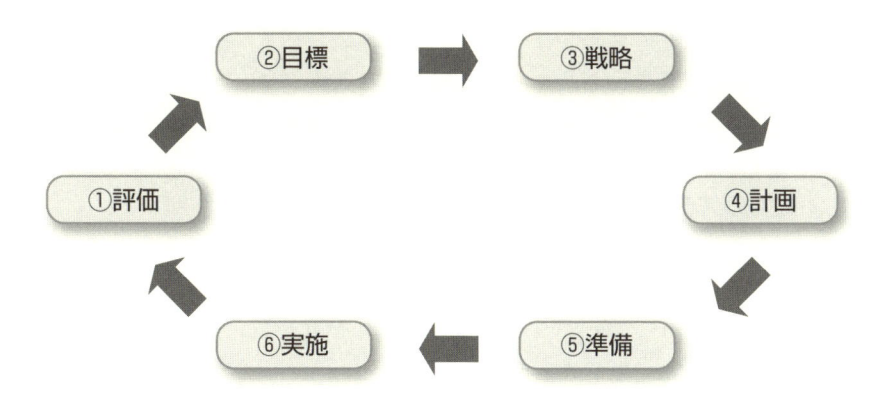

① 評価 → ② 目標 → ③ 戦略 → ④ 計画 → ⑤ 準備 → ⑥ 実施 → （①評価へ戻る）

◆年間マーケティング戦略の策定と遂行の6つのステップ

年間マーケティング戦略の策定と遂行は次のように進めます。

▶①評価のステップ

パフォーマンス・チェックをします。販売された商品をいろいろな角度からレビューすることになります。

▶②目標のステップ

次年度目標設定を行ないます。マーケティング目標をビジネス目標と擦り合わせ、翌年の目標を設定する段階です。

▶③戦略のステップ

すでに策定したマーケティング基本戦略（STP：セグメンテーション、ターゲティング、ポジショニング）の修正確認と翌年度1年間のマーケティング・テーマを決めます。

▶④計画のステップ

アクション・プランの段階です。目標と戦略に沿って実施計画を組み立てます。4Pだけではなく、顧客育成の視点も重視します。マーケティング活動スケジュールと費用に関しても確定させます。

▶⑤準備のステップ

準備作業の段階。スケジュールに沿って準備します。マーケティング活動では、事前準備期間を長くとる必要のある業務（キャンペーン商品、広告制作など）がたくさんあるので、これらを計画どおりに作業します。

▶⑥実施のステップ

実施段階は現場での業務が主体になるので、マーケティング業務そのものは先に示した営業・生産のサポートになります。6つのステップのうち、ほかの5ステップが特定のスケジュール期間に行なわれるのに対し、実施のステップは常時行なわれます。

◆販売や生産現場での実施をフォローする

販売部門、生産部門の活動をフォローする活動をすることも既存品育成の重要な業務です。具体的には、日々の市場からの反応に対処していく仕事となります。

担当する商品が決まっている場合には、消費者クレームへの対処、販売活動に必要な支援、生販バランスの調整がとくに重要度の高い業務となります。

❖販売・生産現場実施でのおもなフォロー業務❖

①**消費者クレームへの対処→重要度：大、緊急度：大、頻度：不定期**
消費者のクレームは企業へ届き、お客様相談室のような窓口で対応する。しかし、担当する商品のどこに問題があって発生したのか、また、それは偶然なのか、構造的なものかなどを突き止め、対処案を考える必要がある。
問題が大きければ、経営への判断を求めるための準備も必要となるので、もっとも急ぐ仕事といえる。

②**販売活動に必要な支援→重要度：大、緊急度：中、頻度：やや不定期**
販売予算を営業部門が追いかけているなか、これを随時サポートしなければならない。
年間マーケティング活動計画は、期がスタートする前に了解されているが、実際には販売予算と実績の乖離や、予定外の販売活動の必要性などが発生する。これらに随時対応し、販売機会の極大化を図る。

③**生販バランスの調整→重要度：大、緊急度：低、頻度：定期**
販売と生産のバランスが崩れると、過剰在庫や欠品が起こる。そのため、財務状況を圧迫したり、販売機会ロスにつながるので極力避ける必要がある。
定期的に販売進捗と生産計画をこまめに見ていくことで、生販バランスを保つことも大切な業務となる。

4-2 パフォーマンス・レビュー①
レビューの体系を知る

パフォーマンス・レビューで定量的、定性的な事実を抽出する

◆**パフォーマンス・レビューから導かれるもの**

既存商品のパフォーマンス・レビューは、商品の健康診断のようなものです。売上が予算を達成したかどうかは、いわば「体調が良い」「体調が悪い」といった自覚症状に基づいたものなのでわかりやすく、かつ、随時（毎月・毎週・毎日）確認できます。

しかし、体調がよくても危険な兆候があったり、逆に体調が悪い場合でも、具体的な原因はわからなかったりします。商品の売れゆきも同じです。そのため、定期的に商品の検診をするパフォーマンス・レビューを行ないます。

来期のプランニングである年間マーケティング戦略を策定するにあたって、「スタート地点（事実）」「ゴール地点（意志）」「ゴールまでのルート（戦略）」「走り方（戦術）」「体力（費用）」を特定しなければなりません。まずは、スタート地点として、パフォーマンス・レビューで事実認識をす

❖**年間マーケティング戦略を策定するための要素**❖

ることになります。

◆パフォーマンス・レビューの範囲

パフォーマンス・レビューでは、市場状況、ビジネス状況、顧客状況、マーケティング活動状況の4つの状況が1セットで構成されます。

❖ パフォーマンス・レビューを構成する4つの状況（自社）❖

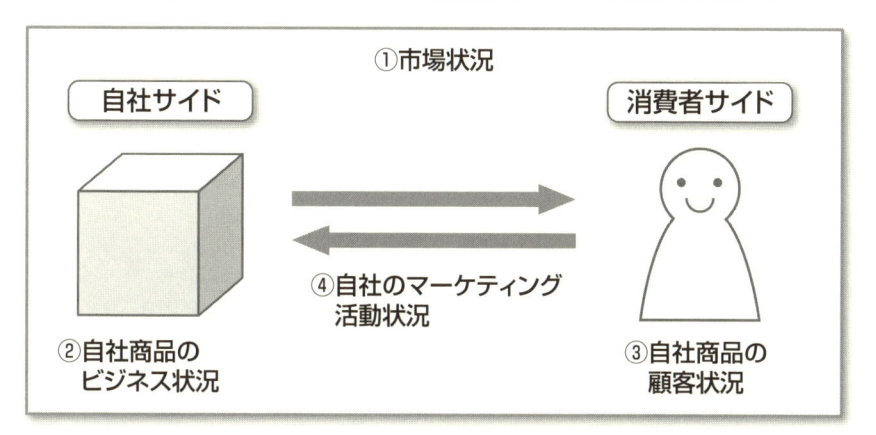

```
①市場状況
自社サイド            消費者サイド
         ④自社のマーケティング
            活動状況
②自社商品の          ③自社商品の
  ビジネス状況           顧客状況
```

マーケティングは「価値とおカネの交換」をベースにしますが、パフォーマンス・レビューもそのベースに沿って状況をみることになります。4つの状況は、「①全体（市場状況）」「②自社サイド（ビジネス状況）」「③消費者サイド（顧客状況）」「④交換場面（マーケティング活動状況）」をカバーしていることになります。

❖ パフォーマンス・レビューを構成する4つの状況（競合）❖

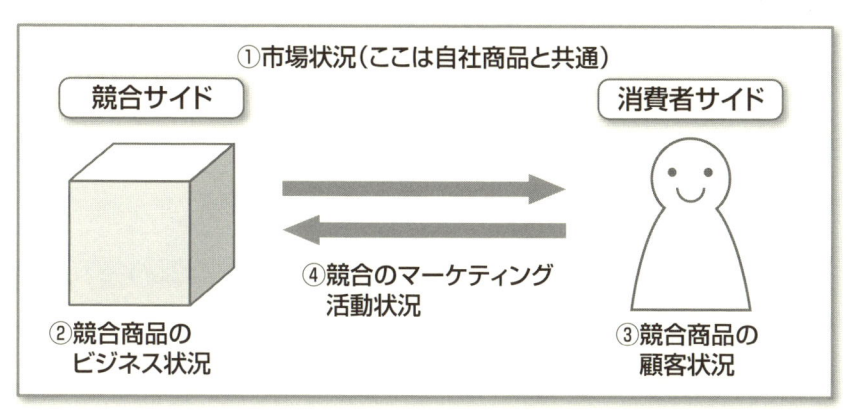

```
①市場状況（ここは自社商品と共通）
競合サイド            消費者サイド
         ④競合のマーケティング
            活動状況
②競合商品の          ③競合商品の
  ビジネス状況           顧客状況
```

そして、競合商品に関してもパフォーマンス・レビューを行なう場合には、①市場状況のみ共通となり、それ以外が競合商品に関するものとなります。ただし、競合商品のビジネス状況などを正確に把握できないケースもあります。

◆パフォーマンス・レビューに関する２つの視点

　数字を集め定量的な視点で評価分析や課題抽出をし、言葉を使った定性的な視点を持つことで、課題発生の理由とその対応策についてのヒントを集めていきます。

　そのため、パフォーマンス・レビューでは「定量的視点→定性的視点」の順で実施することが基本となり、新商品コンセプトが「定性的視点→定量的視点」だったのと逆の手順となります。つまり、「レビュー（Re View：反対から見る）」ということです。

❖既存商品育成と新商品開発の視点の違い❖

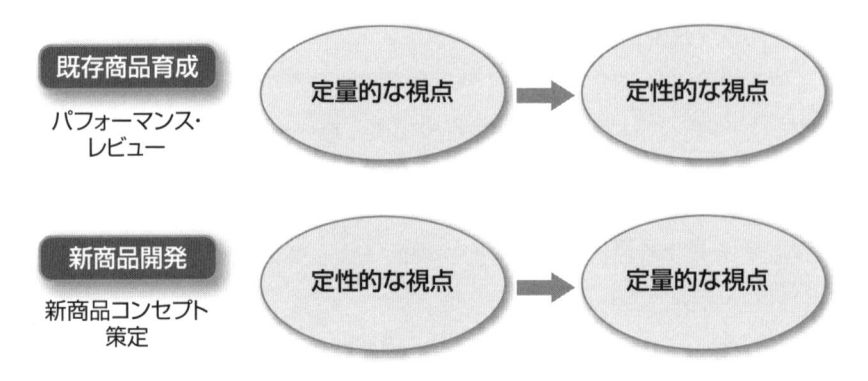

既存商品育成
パフォーマンス・レビュー
定量的な視点 → 定性的な視点

新商品開発
新商品コンセプト策定
定性的な視点 → 定量的な視点

　定量的な視点では、カギとなる指標を中心に情報収集と分析を行ないます。定性的な視点では、「数字で問題点がありそうなところがなぜそうなっているのか」を探っていきます。

❖定量的と定性的な視点での情報収集❖

①市場状況（市場がどのような状況になっているかを把握する）
【おもな定量的視点】
　●市場全体の規模、過去からの推移
　●市場全体の消費者数：過去からの推移

- 市場全体での1人当り消費者の支出額：過去からの推移　　など

【おもな定性的な視点】
- なぜ、市場規模が変動しているのか？
- なぜ、消費者数が変動しているのか？
- なぜ、1人当りの消費者支出額が変動しているのか？　　など

②ビジネス状況（既存商品がどのくらい売れたかを中心にした状況）

企業活動のもっとも基本的な情報になる。とくに、売上情報は出荷額で把握するためにもっとも早く得られる数字データとなる。パフォーマンス・レビューの内容も、売上情報を起点に組み立てていくことになる

【おもな定量的な視点】
- 既存商品の売り上げ、過去からの売り上げ推移
- 既存商品のシェア、過去からのシェア推移
- 既存商品の利益、過去からの利益推移　　など

【おもな定性的な視点】
- なぜ、既存商品の売り上げ実績が予算と乖離したか？
- なぜ、既存商品のシェアが目標と乖離したか？
- なぜ、既存商品の利益額が目標と乖離したか？　　など

③顧客状況

既存商品がどのくらい顧客化されているのかを測る。今後めざす方向を決めるための重要な情報になり、心理的状況の意識データ、購入・利用状況の行動データがある

【おもな定量的な視点】
- 既存商品の購入率、過去からの推移：
  （例：「既存商品の1年間の購入者数÷母数」は市場全体の1年間購入者数）
- 既存商品のリピート率、過去からの推移
- 既存商品の認知率、過去からの推移
- 既存商品の購入意向率、過去からの推移　　など

【おもな定性的な視点】
- なぜ、既存商品の購入率が目標と乖離したか？
- なぜ、既存商品のリピート率が目標と乖離したか？
- なぜ、既存商品の認知率が目標と乖離したか？
- なぜ、既存商品の購入意向率が目標と乖離したか？　　など

④マーケティング活動状況

既存商品が1年間実施してきたおもなマーケティング・アクションに関してレビューする。マーケティング・ミックスの4Pに沿った指標をとることで、それぞれの活動を評価する

【おもな定量的な視点】
- 製品満足度
- 平均購入価格

- ●流通チャネル別利用経験
- ●プロモーション活動認知度　　　　　　　　　　　　　　　　　など

【おもな定性的な視点】
- ●なぜ、製品満足度は変化したのか？
- ●なぜ、平均購入価格は変化したのか？
- ●なぜ、流通チャネル別利用経験は変化したのか？
- ●なぜ、プロモーション活動認知度は変化したのか？　　　　　　　など

　自社商品のデータと同様の項目を競合商品についても、可能な範囲で集めます。

◆パフォーマンス・レビューで集めるデータ

　まず、「①市場状況」「②ビジネス状況」「③顧客状況」「④マーケティング活動状況」に関する数字データを集めます。

　データの種類には、みずから調べて収集する「一次データ」と、すでにある「二次データ」とがあります。また、二次データにも、「社内にあるデータ」と「外部にあるデータ」が存在します。

❖一次データと二次データの種類❖

	特徴	活用の利点	活用の欠点
一次データ	みずから目的に沿って調べたデータ	分析のためにほしいデータである	時間と費用がかかる
二次データ（内部）	すでに存在している社内データ	すぐに利用できる	目的に合ったデータとは限らない
二次データ（外部）	すでに存在している社外データ	すぐに利用できる	費用がかかる可能性がある

　まずは活用できる二次データを集め、足りない部分を一次データで補うことが基本的な進め方になります。ここで、4つの状況と定量データの関係を見てみます。○は「入手可能」、△は「条件次第で入手可能」ということを意味します。

❖自社の既存商品でのデータの入手先❖

	自社の一次データ	社内の二次データ	社外の二次データ
市場状況	△ 費用がかかるが入手可能	—	△ 業界調査など（ない場合もある）
自社商品 ビジネス状況	—	○ 売上・利益実績	—
自社商品 顧客状況	○ 入手可能	△ 顧客リストからの販売実績（直販の場合）、消費者からの直接の声など	—
自社 マーケティング 活動状況	○ 入手可能	△ 販売実績に関するものなどに限られる	△ 業界調査など（ない場合もある）

❖競合商品でのデータの入手先❖

	自社の一次データ	社内の二次データ	社外の二次データ
市場状況	△ 費用がかかるが入手可能	—	△ 業界調査など（ない場合もある）
競合商品 ビジネス状況	△ 難易度が高いが入手可能	—	△ 業界調査など（ない場合もある）
競合商品 顧客状況	○ 入手可能	—	—
競合 マーケティング 活動状況	○ 入手可能	—	△ 業界調査など（ない場合もある）

◆パフォーマンス・レビューの手順

ここから、下図のステップをどのような手順で進めるかを見ていきます。

❖パフォーマンス・レビューの4つのステップ❖

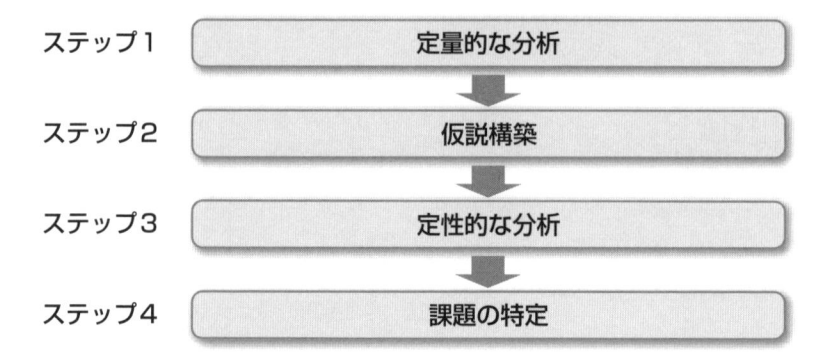

ステップ1	定量的な分析
ステップ2	仮説構築
ステップ3	定性的な分析
ステップ4	課題の特定

- **ステップ1：定量的な分析**
  ここでは二次データとしてのスコアを入手し、足りない部分を一次データとして定量調査を実施する

- **ステップ2：仮説構築**
  市場状況、ビジネス状況、顧客状況、マーケティング活動状況の4つがワンセットになった時点で、スコアの変化や目標とのギャップから起こっていることについての仮説を抽出する

- **ステップ3：定性的な分析**
  仮説を検証するために、二次データからの定性的な情報を活用したり、一次データとして定性調査を実施する

- **ステップ4：課題の特定**
  解決すべき課題が何かを特定する。複数の課題があれば、優先順位をつける

4-3 パフォーマンス・レビュー②
定量的な分析から仮説に進むポイント

消費者意識と消費者行動に関する指標から考える

◆定量情報入手のために消費者調査をする

本項では、パフォーマンス・レビューにおいて自社で消費者調査をする場合について解説します。

既存商品の定量情報を入手するための消費者調査手法には複数のものがありますが、「会場調査」と「インターネット調査」が一般的です。

❖よく使われる消費者調査手法❖

- **会場調査**
  事前に連絡し会場に来てもらう、または、街頭でお願いして会場に来てもらうなどして、アンケートに答えてもらう形式
- **インターネット調査**
  インターネットを使って自宅からアンケートに答えてもらう形式

◆定量分析の構造とは？

既存品育成は、「顧客化」を基軸に分析します。原理は消費行動モデルで説明したものと同じです。それぞれの商品カテゴリーによって進化の具合が異なるので、それぞれの商品カテゴリーを反映した「顧客化」軸を持つことがポイントです。

共通しているのは、「売れた、売れていない」というビジネスの単位では目が粗いということです。そのため、メッシュの細かい単位で見てあげることと、次の顧客化段階へ移ってもらうために必要なことを考えていくことがマーケティング活動のテーマとなります。

たとえば、文房具の消しゴムである既存商品Xで考えてみましょう（消費財でなくとも適用できます）。すると、次ページの図のように区分けできます。

❖ **既存商品育成の階段＝既存商品X（消しゴム）の場合** ❖

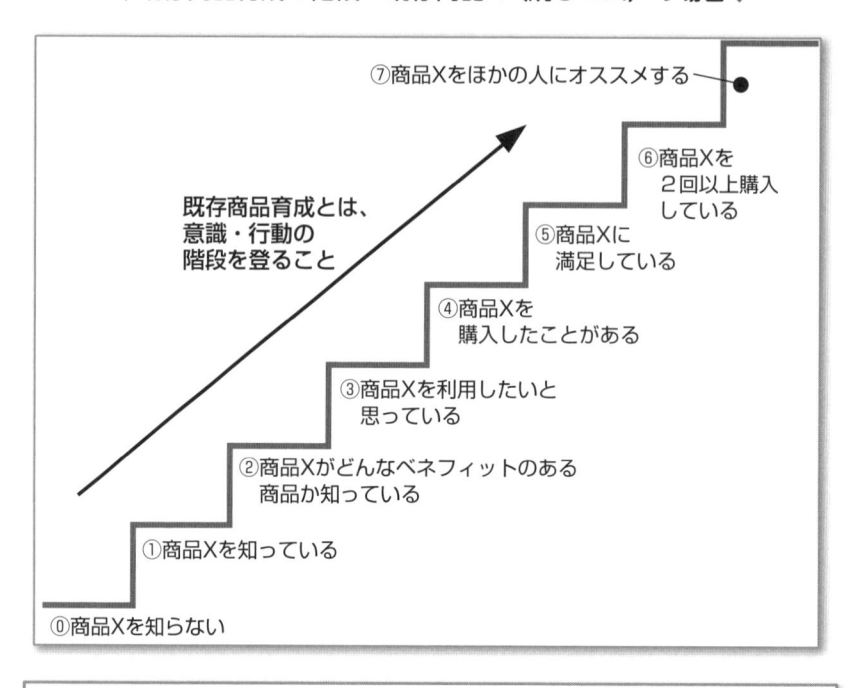

既存商品育成とは、意識・行動の階段を登ること

- ⓪商品Xを知らない
- ①商品Xを知っている
- ②商品Xがどんなベネフィットのある商品か知っている
- ③商品Xを利用したいと思っている
- ④商品Xを購入したことがある
- ⑤商品Xに満足している
- ⑥商品Xを2回以上購入している
- ⑦商品Xをほかの人にオススメする

- ●商品Xの写真を見せる→知らない→レベル⓪
  商品Xを知らない段階の人
- ●商品Xの写真を見せる→知っている→レベル①
  商品Xを知っている人の段階
- ●商品Xのどこが魅力の商品かを聞く→答えられる→レベル②
  商品Xのベネフィットを知っている人の段階
- ●商品Xを使いたいと思うかを聞く→利用したい→レベル③
  商品Xを利用したいと思っている段階の人
- ●商品Xを購入したことがあるかを聞く→購入した→レベル④
  商品Xを一回は購入した段階の人
- ●商品Xに満足したかどうかを聞く→満足した→レベル⑤
  商品Xに満足している段階の人
- ●商品Xを二回以上購入したかどうかを聞く→二回以上買った→レベル⑥
  商品Xのリピーター段階の人
- ●商品Xを知人や友人に推奨するかを聞く→奨める→レベル⑦
  商品Xの推奨意向を持つ段階の人

「各レベルの人が次のレベルに行くにはどうしたらよいか」を考えていくことが既存商品育成のためのマーケティング業務の原則となります。そ

のためには、定量調査で「それぞれのレベルにどれだけの人がいるのか」を把握することからスタートします。

◆定量分析で使う指標

定量指標には、大きくは消費者の頭の中の意識に関するものと、財布や利用時間といった行動に関するものがあります。おもな指標は、次のようなものです。

▶①消費者意識に関する指標

消費者意識に関する指標には、次のものがあります。

❖認知度の指標❖

- **純粋想起**
「あるカテゴリーで知っている商品名をすべて挙げてください」という質問に対して、自社商品が挙がってきたもの
- **第一想起**
純粋想起の中で、最初に答えたもの。「100人中何人か」で頭の中での商品想起シェア（%）としても使う
- **助成想起**
写真や商品名を提示して「あるカテゴリーで知っている商品名をすべて挙げてください」という質問で自社商品が挙がってきたもの。見て買う単価の安い消耗消費財では重視される

❖理解度の指標❖

- **商品特性理解**
「この商品は何が特徴ですか」といった質問に訴求しているポイントと一致する度合い。プロモーション量とも関連するが、これを答えられた人のうち購入意向がどのくらいあるかが重要な指標となる
- **比較対象商品**
どの競合商品と比較しているかを答えたもの。競合関係の確認で使う

❖好意度の指標❖

- **購入意向**
買いたいかどうかの指標。「買いたい」「やや買いたい」「どちらともいえな

い」「やや買いたくない」「買いたくない」といった5段階選択でのスコア化が一般的で、とくに、「買いたい」と答えられた人のうち、実際の購入経験がどのくらいあるかが重要な指標となる

● **再購入意向**
一度以上購入した経験のある人に購入意向を聞く。とくに、「買いたい」と答えられた人のうち、実際のリピート経験がどのくらいあるかが重要な指標となる

● **非価格再購入意向**
「ほかと比較して少し高くても、購入しますか」といった、条件つきの質問でロイヤリティを測る

● **推奨意向**
「知人や友人にこの商品を推奨しますか」といった質問でロイヤリティを測る。とくに、リピートが少ない耐久消費財で使う

▶②消費者行動に関する指標

消費者行動に関する指標には、次のものがあります。

❖行動の指標❖

● **購入経験**
自社商品をどれくらいの人数が購入しているかを測るもの。購入頻度が多い商品カテゴリーでは、期間を1年以内、3か月以内などと限定する。顧客間口の広さを測るベースとなるものとなる

● **リピート経験**
2回以上の購入がどれくらいあるかを測るもの。ロイヤリティがあるとは限らないので、ほかの質問との併用で使う

● **購入頻度**
ある期間内での利用頻度で2種類存在する。商品カテゴリー全般と自社商品自体への頻度で、「ヘビー」「ミドル」「ライト」といった頻度分布で使う

● **購入金額**
金額的側面でみたもの。とくに、価格変動の大きい商品や、競合も含め価格差が大きいカテゴリーなどで使う。これも商品カテゴリー全般と自社商品自体への支出金額の2種類存在する

◆数字の扱い方

数字を扱うときは、常に「2つの単位」で扱います。なぜならば、比較しないと数字から意味が読みとれないからです。もっと詳細に見たいときには、数字を「×2」して増やしてみていきます。

たとえば、「男女間×去年と今年」とすれば、これで4つの数字です。そして、さらに2倍すると、「男女間×去年と今年×東京と大阪」など、

8つになります。これによって、大量にある数字の中に「極端に高い」「極端に低い」といった特殊なものや、傾向を読み取ります。

また、「コンバージョン率」もよく使われます。これは先述の階段状のレベルにおいて、「ある段階まで来た人の数÷その前の段階まで来た人の数」で表わされます。

コンバージョン率のよい点は、「シェアが大きい異なる競合商品と比較しても意味が読める」という点です。トップブランド商品の数字はすべて大きく、参入したばかりの商品の数字はすべて小さいので、直接比較してもあまり参考にはならないからです。

❖数字比較の例❖

【全体】
- 計画：目標と実績の比較
- 競合：自社商品と競合商品の比較

【個別傾向】
- 時系列：去年と今年の比較
- 空間：東京と大阪の比較

【顧客間】
- デモグラフィック：男性顧客と女性顧客など
- 意識：情報感度の高い人と低い人など
- 行動：ヘビーユーザーとライトユーザーなど

【コンバージョン率】
- 「理解率」÷「認知率」
  ＝知っている人をベースにした商品特性を理解している人の率
- 「購入意向率」÷「理解率」
  ＝よさをわかっている人をベースにした購入したい人の率

4-4 パフォーマンス・レビュー③
仮説から定性的な分析へ進む

定量分析の結果を活かして、定性分析を行なう

◆定性情報を得るための消費者調査

定性情報を入手するための消費者調査手法は複数あります。新商品ニーズの項（71ページを参照）で紹介したように、1WAY型のアンケートでの自由回答から、2WAY型のインタビュー調査などです。

❖消費者調査の例❖

- **アンケート調査**
  インターネット調査や会場調査での自由回答など
  【例】購入した方に聞きます。購入した理由は何ですか？

- **インタビュー調査**
  グループインタビュー（複数の対象者を集めて行なう）や、デプス・インタビュー（1人に行なう）などの双方向のヒアリング
  【例】購入理由を聞く→反応→それと同じような理由で購入しているほかの商品はありますか？→反応

◆定性分析の構造とは？

定量分析の結果を活かしながら、定性分析を行ないます。顧客化段階のどの段階がもっとも滞留しているかを把握できれば、まずは、その顧客化段階にいる人々を次の段階に移すマーケティング活動（実施済み＆次回実施）に集中します。

定性分析は、「What（定性分析の対象）→Why（その理由と原因）→How（解決のためのヒント）」という道筋で進めます。この道筋を先ほどの文房具の消しゴム商品Xで適用するポイントを見ていきましょう。

❖文房具の消しゴム商品Xで定性分析を適用するポイント❖

レベル⓪滞留者：商品Xを知らない段階の人
　　　　　　　→なぜ、プロモーションが機能しないのか？
　　　　　　　　どうすれば機能するのか？

> レベル①滞留者：商品Xを知っているが、魅力を答えられない段階の人
> 　　　　　　　→なぜ、商品情報が伝わっていないのか？
> 　　　　　　　　どうすれば伝わるか？
> レベル②滞留者：商品Xのベネフィットを知っているが、利用していない段階の人
> 　　　　　　　→なぜ、利用しようと思わないのか？
> 　　　　　　　　どうすれば利用したいと感じるのか？
> レベル③滞留者：商品Xを利用したいと思っているが、購入したことがない段階の人
> 　　　　　　　→なぜ、購入しないのか？
> 　　　　　　　　どうすれば購入にいきつくのか？
> レベル④滞留者：商品Xを1回は購入したが、満足してない段階の人
> 　　　　　　　→なぜ、満足していないのか？
> 　　　　　　　　どうすれば満足するのか？
> レベル⑤滞留者：商品Xに満足しているが、2回以上は買っていない段階の人
> 　　　　　　　→なぜ、2回以上の購入までいかないのか？
> 　　　　　　　　どうすれば購入までするか？
> レベル⑥滞留者：商品Xのリピートをしているが、推奨意向はない段階の人
> 　　　　　　　→なぜ、推奨する気になれないのか？
> 　　　　　　　　どうすればなると思うか？
> レベル⑦到達者：商品Xの推奨意向を持つ段階の人
> 　　　　　　　→なぜ、そこまで気に入っているのか？
> 　　　　　　　　どうすればここまでなれるか？

　すぐに回答できるものもあれば、よくわからないものもあるので、観察しながらコンシューマー・インサイトを引き出していきます。つまり言語化することになります。

　実際に行なったマーケティング活動を再認してもらうために、商品やプロモーション内容が伝わるような現物を提示するなどして、「うーん、なんとなく買わない」という回答から深掘りしていきます。

　ニュアンス（「こんなときって、○○とか使っちゃうし」→使う場面によっては置いてもらえていない商品→携帯性を高めるべきか？　など）を調べる側が意味を読みとっていく必要があります。

◆定性分析方法を知る

　定性分析方法のポイントには次のものがあります。

▶仮説を検証しながら進める

　上記のレベルごとに「マーケティング活動ではどのようなことがあり得

るか」という仮説はある程度事前に類推できています。

　なぜならば、レベル③滞留者であれば、「流通チャネルに課題がありそう」ですし、レベル④滞留者であれば、「製品自体に課題がありそう」だからです。そのため、仮の対応策が準備できていると、そのマーケティング・アイデアに対しても対象者からコメントが引き出せます。

▶コア・ターゲット中心に分析

　既存品育成の核となるのが「コア・ターゲットがどのくらい顧客化できているかどうか」です。とくに、最後の段階（前ページの図のレベル⑦）まで行なってほしいことを狙って設定しているので、そのとおりの人物像かどうかは、「現在までのマーケティング活動が正しかったかどうか」という判断になります。

　また、同じ発言でもコア・ターゲットのものを重視して、既存商品の維持・改善を考えていくことが基本です。

◆定量と定性の振り子関係

　定量と定性は両輪であり、振り子の関係ともいえます。定量分析で数字を抑えれば抑えるほど、定性分析でのニュアンスはなくなっていきます。また、定性分析で拾えた興味あるコンシューマー・インサイトも、深めれば深めるほど、人数は見えなくなります。常に両方を意識しながら、パフォーマンス・レビューを組み立てることが大切です。

4-5 パフォーマンス・レビュー④
課題を特定して因果関係を探る

悪い結果の場合には、課題をハッキリさせる

◆**パフォーマンス・レビューの結論から課題を特定する**

　パフォーマンス・レビューでは、課題がどこにあるかを特定することが重要です。「終わったマーケティング活動のどこに問題があったのか、それとも読めなかった環境変化によって不可避だったのか」といったことが特定できれば、対策も明確になっていくからです。

　パフォーマンス・レビューに期待されるのは、「現在の状況に至った理由」「よい点と悪い点」「因果関係」という3点を導くことです。

▶**①現在の状況に至った理由**

　期待以下、期待以上どちらの結果でも何か理由があり、外部理由である「環境変化」と内部理由である「活動内容」に大きく分けられます。3Cでいえば、外部が「市場と競合」、内部が「自社」となります。

　外部理由は「市場の予測できなかった変化、競合の予測できなかった動き」を指し、内部理由は「自社の活動内容」を指します。

❖**現在の状況に至った理由**❖

	外部の理由 （市場・競合）	内部の理由 （自社）
よい話	予測のできなかった よい現象	よかった活動
悪い話	予測できなかった 悪い現象	悪かった活動

▶**②よい点と悪い点**

　よい点は次年度の拡大目標の起点になりますし、悪い点は次年度のプランニングでの改善の起点になっていきます。

▶③因果関係

　良い点も悪い点も、前回に作った年間マーケティング戦略との因果関係があります。なぜならば、どんな活動でも、"よかれ"と思って作られた目標、基本戦略、4P、準備、実施だったからです。

　因果関係は、「目標設定→マーケティング基本戦略→マーケティング・アクション・プラン立案（4P）→アクション・プランの準備作業→実施」の関係図から、上位の課題が下位の現象を作ってしまうことを意味します。

❖因果関係の図式❖

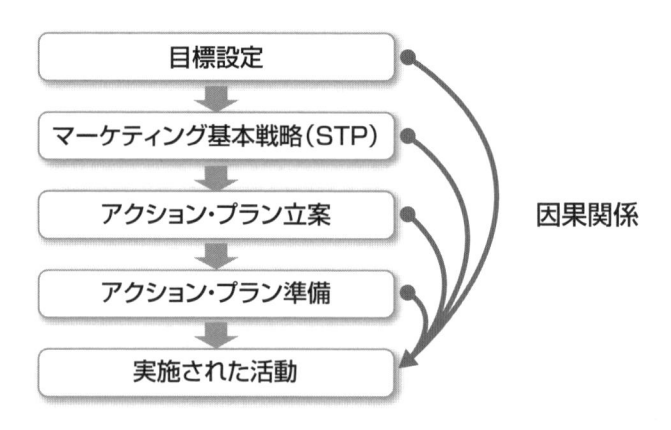

```
目標設定
　↓
マーケティング基本戦略（STP）
　↓
アクション・プラン立案
　↓
アクション・プラン準備
　↓
実施された活動
```
因果関係

　たとえば、「売上が目標に届かない」というシンプルな結果にも、次のような因果関係があるのです。

❖「売上が目標に届かない」ことで考えられる因果関係❖

- 「実施」に問題があった：営業部門の活動不足
- 「アクション・プランの準備作業」に問題があった
　：ムリなキャンペーン・スケジュール
- 「アクション・プランの内容」に問題があった
　：キャンペーンが魅力的ではない
- 「マーケティング基本戦略」に問題があった：ターゲットの範囲が広すぎる
- 「目標設定」に問題があった：売上目標が高すぎる

　もし、目標設定にムリがあれば、営業部門の活動不足を問題視しても解決しません。ターゲットが広すぎたならば、キャンペーンに魅力がなかったことを問題視しても、同じことが繰り返される可能性が高いからです。

4-6 次年度目標設定①
ビジネス目標を設定する

3つの視点とアプローチでビジネス目標を討議する

◆目標と指標

次年度の年間マーケティング戦略の目標設定において、どのようなアプローチをとるかについて説明します。「事実」「予測」「意思」の3種類の指標が組み合わさるので、選択肢が多くなります。

設定する目標と付随する指標には、ビジネス目標とマーケティング目標の両方のものがあります。ビジネス目標は「売上」「シェア」「利益」であり、マーケティング目標は「顧客化に関すること」です。

とくに、消費者意識や消費者行動の指標がマーケティング戦略の目標に該当します。また、ほかにも次年度のビジネス計画に関係する指標としては、「市場規模や消費者数の予測」があります。反対に、次年度のマーケティング計画に関連するものには、「個別活動（4P）それぞれの指標」があります。

❖おもなスコア❖

次年度のビジネス 指標と目標		次年度のマーケティング 指標と目標	
環境予測	ビジネス目標	マーケティング目標	マーケティング 個別指標（4P）
市場規模 消費者数	売　上 シェア 利　益	意識：知名率 　　　購入意向率など 行動：購入経験率 　　　リピート率など	製品：製品満足度など 価格：平均購入価格 　　　など 流通：取扱い店舗数 　　　など プロモーション： 　　　広告認知度など

◆ビジネス目標を討議するときの「事実」「予測」「意思」の視点

　マーケティング活動はビジネスのために行なっているので、ビジネス目標の設定そのものが次年度の起点となります。大きな会社になれば、ビジネス目標が販売部門には「販売予算」、生産部門には「生産計画」として落ちていき、それが社員評価へもつながるので、決定するまでの難度が高い（一般的には経営側には拡大論が強く、現場側には慎重論が強い）ものです。

　ここでのポイントは、事実と予測と意思の視点を区別することです。

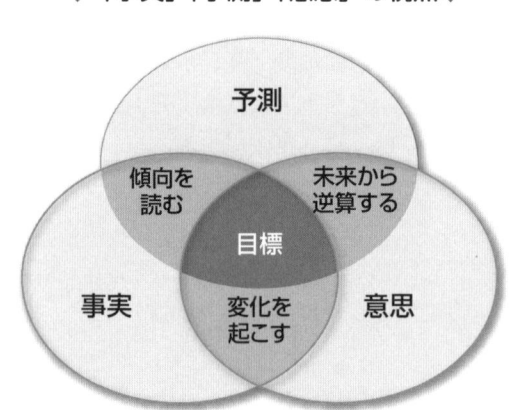

❖「事実」「予測」「意思」の視点❖

予測
傾向を読む　　未来から逆算する
目標
事実　　変化を起こす　　意思

　事実は今日までに起きたこと、予測は次年度に起きそうなこと、意思は次年度に起こそうとすることです。目標は、この3視点を重ね合わせたものです。目標設定を調整することが必要な場合、それぞれの立場の人がどの視点で語っているかを確認していくことが重要になります。

▶目標設定のための3つのアプローチ

　パフォーマンス・レビューを活用しながら目標設定していくには、「①マーケット・シェア・アプローチ」「②顧客化アプローチ」「③チャネル・アプローチ」というおもに3つのアプローチがあります。

　「企業側＝マーケット・シェア」→「市場：流通チャネル」→「消費者側：顧客化」という順に、自社から消費者へ近づく数字の取り方になります。そして、これら3つのアプローチを併用しながら、売上目標に整合性を与えるようにします。

❖目標設定のための３つのアプローチの例❖

①マーケット・シェアからのアプローチ
市場規模と自社シェアと売上から次年度を想定していくもの

❖マーケット・シェア・アプローチ❖

	前期	今期	来期
市場規模	500	530	560
伸び率（％）	100	106	105
自社商品売上	80億円	92億円	101億円
自社商品シェア（％）	16	17	18

②顧客化からのアプローチ
顧客指標の中でキーとなる数字を中心に次年度を想定していくもの

❖顧客化アプローチ❖
(%)

		前期	今期	来期
意識	商品認知率	55	65	75
	購入意向率	30	30	30
行動	購入経験率（1年）	20	25	30
	トライアラー構成	30	25	30
	リピーター構成	70	75	70
	自社製品売上	80億円	92億円	97億円

③流通チャネルからのアプローチ
販売店舗や販売ルート別に、「レベルアップの可能性」と「取扱いの拡大」の両面から次年度を想定していくもの

❖チャネル・アプローチ❖

店舗レベル	前期	今期	来期
売上レベルA	20	25	30
売上レベルB	30	35	35
売上レベルC	30	25	30
売上レベルD	20	25	20
合計　店舗数	100店	110店	115店
自社製品売上	80億円	92億円	105億円
レベル改善での伸び	100%	+5%	+10%
店舗数の伸び	100%	+10%	+5%

第4章　既存商品を育てる仕事

4-7 次年度目標設定② 商品ライフサイクル理論とイノベーター理論

既存商品育成でよく使われる2つの理論

◆商品ライフサイクル理論

それでは、今度は既存品育成の場面で考慮すべき理論的な背景について見てみましょう。既存品を育成するということに際して、「市場自体が育成されていく（市場規模の動向）」「消費者が育成されていく（消費者数の動向）」ということも同時に見ていくと有益です。それぞれに関する一般的な理論を説明します。

商品ライフサイクル理論は、商品市場が形成されていく過程を複数に分けて解釈したものです。どんな市場も右上がりに成長が続くことはありません。また、競合関係も参入者のおかげで活気が出る時期もあれば、生き残りゲームになる時期もあります。

❖商品ライフサイクル理論の概要❖

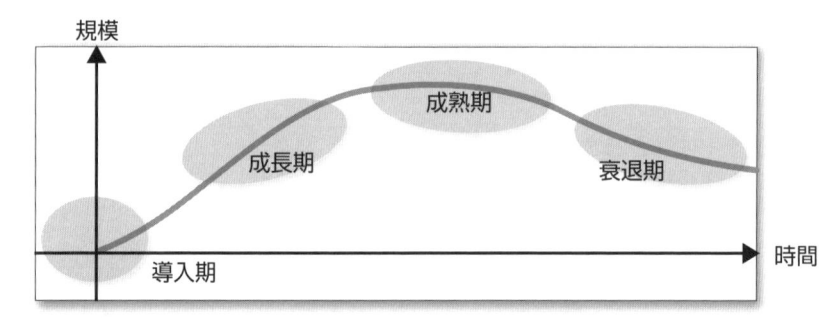

（縦軸：規模、横軸：時間。導入期 → 成長期 → 成熟期 → 衰退期）

	導入期	成長期	成熟期	衰退期
一般的なビジネス環境	市場創造する商品（リーダー）中心に市場の市民権拡大を狙う	競合商品が登場し、急速に市場が伸びていく状況。シェア獲得が期待される	競合商品との競争が激化し、収益に影響してくる。よって、利益拡大のための効率性が求められる	撤退する商品が出てくるなか、リーダー商品中心に再活性化を行なう状況。残存者利益も発生しやすい
マーケティング活動	トライアル重視	ブランド確立	リピーター重視	ブランド資産維持

ビジネス目標をシェア中心で組むべきか、利益中心で組むべきかなどの参考になります。
　まだライフサイクルが完結したわけではありませんが、携帯電話とコンビニエンスストアを例としてあてはめてみます。

▶①導入期

　新しい商品（製品やサービス）が新しい市場を創造するときの初期です。基本的には、創造した商品がここでのリーダーとなります。まずは、市場が市民権を得るために利用者数を増加させることが重要です。

❖導入期の例❖

> 携帯電話：まだ携帯電話が会社使用など一部の人しか使われていない状況。商品自体も高価で競合会社数も少ない
> コンビニエンスストア：まだ店舗自体が限られたエリアしかなく、ほとんどの人がどういう業態かわかっていない状況

▶②成長期

　たくさんの人々が新たに利用しはじめ、市場が拡大していく時期です。リーダー商品を追う商品が出てきますが、市場が拡大しているので、それなりの売上・収益が期待できます。売上が利益を引っ張ることがほとんどなので、シェア拡大が中心テーマとなります。

❖成長期の例❖

> 携帯電話：たくさんの人が使いはじめるころの状況。商品数も競合会社も増えるので、市場が活性化する
> コンビニエンスストア：店舗も増え、競合他社と出店競争がはじまる状況

▶③成熟期

　消費者の流入が止まって、市場が横ばいになっていく時期です。リーダー、チャレンジャー、フォロワー、ニッチャーの区分けが明確になっていきます。シェア拡大をめざしても競合のカウンターが厳しいため、シェア維持で利益拡大のビジネス目標になります。

❖成熟期の例❖

> 携帯電話：大きさの決まったパイを分け合う状況。競合商品との切り替えが起こる状況なので、より差別化や低価格での対応が起こる
> コンビニエンスストア：新たな出店地域もなくなり、効率によって統廃合がはじまる状況。ユニークなサービスが展開され差別化が強化される

▶ ④衰退期

　新たにほかの商品カテゴリーが現われ、消費者数自体が減っていきます。収益性のよくない商品群は終売が検討され、利益優先のビジネス目標設定がテーマになります。しかし、とくにトップシェアの商品であれば、市場活性化をめざし、新しい世代の流入を試みることもあります。また、撤退が相次ぐと、残った商品に残存者利益がもたらされることもある段階です。

❖衰退期の例❖

> 携帯電話：消費者の一部は新しいシステムの通信サービスを利用しはじめる状況。新商品への投資が限られてくるので市場自体の活気がなくなる
> コンビニエンスストア：通信販売や他の業態が似たようなサービスをはじめることで店舗当りの収益が減っていく状況→既存店舗を活用した新業態への転換がはじまる

◆イノベーター理論

　ある新商品カテゴリーで消費者がどのように形成されていくかを説明する理論です。新しい市場を消費者が利用していくためには時間がかかります。革新的な新商品が普及していく割合を浸透率といい、この浸透率を消費者区分によって説明したものがイノベーター理論です。ある商品が新市場を創っていく過程で、既存の市場から消費者を置き換えられる量的な類推に使います。

　商品単位で見たとき、ここでの消費者の区分けは常に同一人物ではありません。化粧品関連の新カテゴリーのイノベーターが通信機器関連の新カテゴリーのレイト・マジョリティであることはよくあります。

❖イノベーター理論の概要❖

- **イノベーター（革新者：全体の2.5%）**
  新しいものであれば何でも購入したい層。新商品というニュースのみで購入してくれる。ただし、ほかの新商品カテゴリーが出ればそちらにいってしまう

- **アーリー・アダプター（初期採用者：全体の13.5%）**
  自分の判断基準で納得がいけば購入する層。新商品のベネフィットを受け入れてくれるオピニオン・リーダーの可能性が高いが、納得できる商品情報がないと反応しないし、情報発信もしてくれない

- **アーリー・マジョリティ（前期追従者：全体の34.0%）**
  周囲に利用している人がいるのを見てから購入する層。信頼できる人からの評価を受け入れるが、それまでは新商品カテゴリーには慎重な態度を示す

- **レイト・マジョリティ（後期追従者：全体の34.0%）**
  「たくさんの人が利用しています」といったニュースや情報で初めて購入する層。みんなが使っていることが重要となる

- **ラガード（遅滞者：全体の16.0%）**
  どうやっても利用まで行きつかない保守的な層。生活そのものを変えたくない人々なので、どのような働きかけも効果がほとんどない

❖イノベーター理論❖

キャズム（大きな溝）

アーリー・アダプター 13.5%
イノベーター 2.5%
アーリー・マジョリティ 34.0%
レイト・マジョリティ 34.0%
ラガード 16.0%

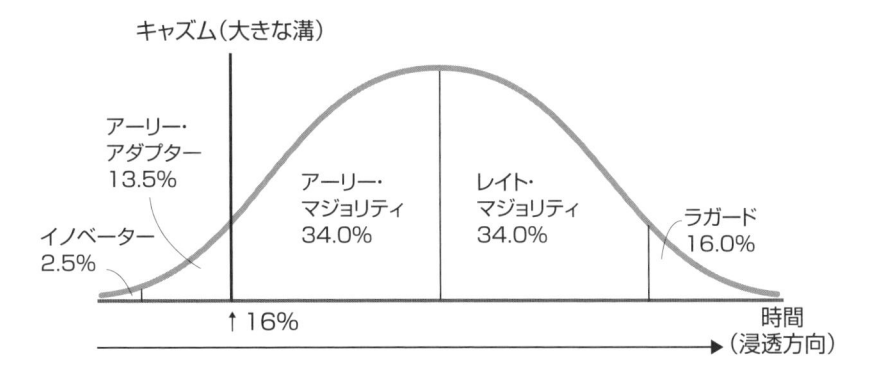

↑16%

時間（浸透方向）

◆イノベーター理論に付随する理論の「キャズム（大きな溝）理論」

　イノベーターとアーリー・アダプターの合計16%が重要な数字であり、ここまでは達成できても、これ以上の普及はむずかしいとされる考え方です。そのため、この次のアーリー・マジョリティにどうつなぐかが重要とされています。

4-8 マーケティング基本戦略の確認①
基本戦略確認のステップとは？

状況によって、マーケティング戦略を見直す必要がある

◆マーケティング基本戦略を状況で確認する

　目標設定に続いて、マーケティング基本戦略（STP）確認のステップを説明します。マーケティング基本戦略は毎年変更することはありません。なぜならば、戦略遂行には時間がかかるので、コロコロ変えると効率が落ちてしまうからです。

　そのため、すでに販売している事実から学びながら戦略の精度をより高めることが重要です。また、これとは反対に、パフォーマンス・レビューの結果からみて戦略に問題がありそうな場合や、パフォーマンス・レビューが良好でも、ビジネスの拡大目標が求められる場合には、基本戦略である「S（セグメンテーション）」「T（ターゲティング）」「P（ポジショニング）」を再考します。

◆状況別の基本戦略の確認

　マーケティング戦略を「継続する」「拡充する」「変更する」といった、状況の違いによって確認のポイントが変わります。

　マーケティング基本戦略がこのままOKという状況のときでも、単なる継続ではなく、STPそれぞれの精度を顧客視点で高めていくことが大切なのです。事実からのフィードバックによって微修正していきます。

❖市場と競合の製品を確認する❖

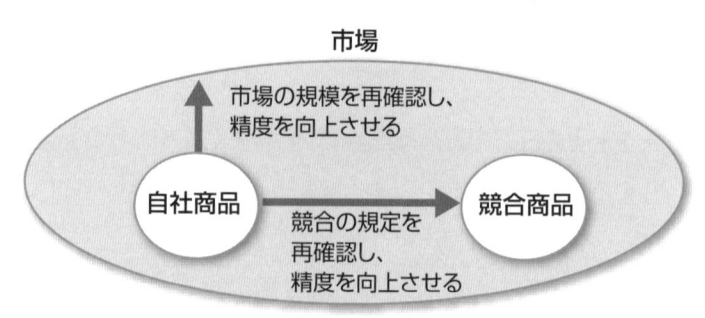

市場

自社商品 → 競合商品

市場の規模を再確認し、精度を向上させる

競合の規定を再確認し、精度を向上させる

4-9 マーケティング基本戦略の確認②
基本戦略を継続するケース

マーケティング基本戦略の精度を上げる

◆戦略を継続させる

ビジネス目標と実績の著しい乖離がない限り、基本戦略は継続します。なぜならば、商品が消費者に浸透し、ブランドになるために時間がかかるからです。しかし、このまま OK という状況のときでも、単なる継続ではなく、STP それぞれの精度を顧客視点で高めていくことが大切です。

▶セグメンテーションの精度を上げるための「因子分析」

セグメンテーションをより顧客視点にするためには、「顧客から見て自社商品が何と比較しているのか、何と似ていて何と異なるのか」を見ていきます。

因子分析は商品ごとの特徴を因子に分解し、近いものと遠いものを視覚化するための多変量解析手法です。結果的に、近い商品群が1つのセグメントになっていることになります。市場の構造がわかる利点があるので、商品数が多い市場で使われます。

マーケティング担当者の場合には、因子分解を使う目的とタイミングを知っておけばよいので、実務ではリサーチャーや調査会社と事前に活用方法を検討します。

▶ターゲティングの精度を上げるための「ペルソナ（ターゲット・プロファイリング）」のポイント

既存商品育成において、「コア・ターゲットと、実態としてのロイヤルユーザーが一致していること」が大切なポイントになります。既存商品であればロイヤリティを感じている人を消費者調査で確認し、どういった人物なのかを1人の人物像としてプロファイリングできます。これによって、社内全員がめざすべき顧客イメージを持つことができるのです。

205 ページに具体例を挙げます。

❖ある飲料カテゴリーの因子分析の例❖

図1：商品Xは、競合Aと近い関係である

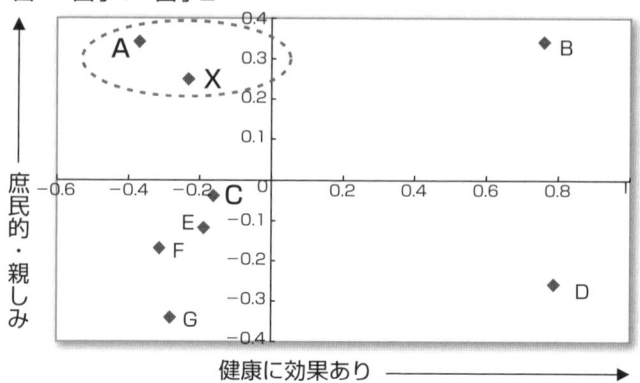

図1：因子1×因子2

（縦軸：庶民的・親しみ、横軸：健康に効果あり）

図2：商品Xは競合Cと近い位置関係にある

図2：因子3×因子4

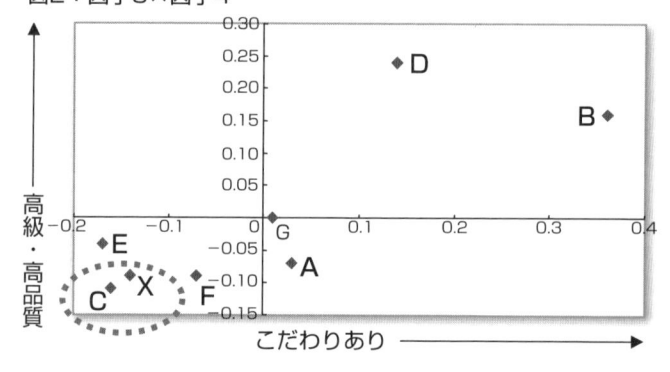

（縦軸：高級・高品質、横軸：こだわりあり）

▶ポジショニング精度を上げるための「推奨意向者のセリフの収集」

既存商品の顧客で推奨意向のある人たちに、「もし、あなたがこの商品を知人に勧める場合、どういういい方で勧めますか？」という質問で、キーワードやニュアンスのある言葉などを拾えることがあります。

これらを組み込みながら、ポジショニングの文面の精度アップを行ないます。つまり、社内規定を徐々に顧客視点の単語に置き換えていく行為なのです。

❖ ペルソナの策定例（自社商品がリップグロスの場合）❖

デモグラフィック要素の確認
・年齢、性別、居住エリア、年収など

意識要素の確認
・自社商品のイメージ、利用時の気分など

行動要素の確認
・自社商品の購入のキッカケ、利用場面の特徴など

↓ 3つの要素で1人の人物を組み立てる

商品X：リップグロス「コア・ターゲットのAさん」

○23歳　会社員　東京都目黒区在住
○年収400万円　大手メーカー勤務　事務職
○独身　家族と同居
○**化粧品にかける費用**：5千円～1万円／月
○**現在のリップグロス**：自社商品X
○**購入場所**：通勤時の自宅の最寄り駅近くにあるドラッグストア
○**情報の入手方法**：雑誌で新商品Xの紹介を読み、インターネットでよりくわしい情報を入手した
○**トライアル動機**：いつもドラッグストアで買い物をするついでに新商品を眺めていたら雑誌、ネットで見かけた商品Xがあった。唇がプルプルになるらしいことを思い出した。棚にテスターがあったので、手につけて香りを試し、気に入ったので買ってみる
○**利用場面**：夕方仕事が終わって彼氏と会う予定のとき。あとは、会社で忙しいときのお化粧直しに使う
○**利用時の気分**：ツヤがあり、香りも楽しめるのでリフレッシュされるようでよい。また、ベトつかないのがありがたい
○**リピート度合い**：気にいっているので、化粧ポーチの中に常備している。月に1本は購入している。新しいフレーバーをみかけたので、それもローテンションしながら使っている
○**商品Xにまつわるエピソード**：「唇が薄いと幸も薄いかな？」と唇が薄いことを気にしていた。友達に、「今日はふっくらリップだね。どこのグロス使ってるの？　教えて」といわれた
○**友人知人に推奨するときのいい方**：「女性っぽさが手軽にアップできるのよ。とくに、唇の薄さを気にしている人には欠かせないわ」

4-10 マーケティング基本戦略の確認③
基本戦略の拡充

結果がビジネス目標を上回る場合には、マーケティング基本戦略を拡大する

◆拡充する状況の種類

　パフォーマンス・レビューにおいて期待以上の結果がでた場合、また、マーケット・リーダーの商品でトップ・シェアの場合などでは、現在のマーケティング基本戦略を拡充することで既存商品育成を図ります。

　マーケティング戦略を確認するかどうかを、アンゾフの成長マトリックスで見ていきましょう。

❖アンゾフの成長マトリックス❖

		市場	
		既存市場	新市場
商品	既存商品	①市場浸透による成長	②市場開拓による成長
	新商品	③商品開発による成長	④多角化による成長

▶①市場浸透による成長

　市場浸透での成長をめざすのが既存品育成の基本です。よって、マーケティング基本戦略は継続が原則となります。しかし、市場を創っているマーケット・リーダーの商品であれば、市場浸透がむずかしいと思われる人々を説得する活動も拡充になります。

　たとえば、アミノバイタルはゴルフや登山愛好者からスタートし、ほかのスポーツ愛好者も徐々に取り込んでいくことで、新たな浸透をめざしました。

　市場浸透でのマーケティング戦略拡充は、「ターゲットを広げる」ことを意味します。また、これを受けてのマーケティング・ミックス（4P）への反映は、プロモーション活動を中心とした新たな消費者啓蒙が一般的です。

▶②市場開拓による成長

おもな既存商品での市場開拓方法は、新規の流通チャネルの拡充です。ギフトなどの贈答向けチャネルやTV通販実施による、いままでの流通チャネルでカバーできなかったエリアなどの補完活動などによって拡充していきます。

たとえば、日本酒メーカーがアメリカのワイン販売会社と提携して、海外での販売を開始する場合などが挙げられます。

ここでのマーケティング戦略拡充は、「ターゲットを広げる」ことと「セグメンテーションを広げる」ことです。また、これを受けてのマーケティング・ミックス（4P）への反映は、流通チャネル活動による新たな市場発掘が主体になります。

▶③商品開発による成長

既存商品育成において、商品開発は派生商品による展開を意味します。既存の顧客を想定しながら、新たに大容量サイズをヘビーユーザー向けに発売し、より利用度を高めてもらうといった活動が入ります。

また、チョコレートであればイチゴ・フレーバー、ビター・テイストなどを発売することなども挙げられます。

ここでのマーケティング戦略拡充は、商品ラインが広がるので、「セグメンテーションを広げる」「ポジショニングを広げる」ことになります。また、これを受けてのマーケティング・ミックス（4P）への反映は、製品による既存市場の深掘が主体になるのが特徴です。

▶④多角化による成長

通常、既存商品をベースに多角化することはありません。しかし、商品ブランドが定着すれば、既存商品との連動性の高い市場に新たな新商品を同じブランドで拡充という形をとることもあります。そのため、既存商品育成の観点から見ると、多角化は「商品ブランドがファミリーブランドになっていくことでの拡充」ともいえます。

たとえば、シャンプーとリンスで構成された既存商品ブランドにボディソープを発売することで、関連性を活かして多角化していく場合が挙げられます。

ここでのマーケティング戦略拡充には、新市場・新商品まで広がるので、

「ターゲティングを広げる」「セグメンテーションを広げる」「ポジショニングを広げる」、つまり、STPすべてが該当します。

多角化は原則的に新商品開発となるので、この商品のための別途市場導入戦略書が必要になります。そのため、自動的に4Pすべてに反映されることになります。

❖STPと拡充の方向の関係❖

拡充の方向	どの基本戦略要素を広げるか？			マーケティングミックスに反映されるおもな活動
	ターゲティング	セグメンテーション	ポジショニング	
①市場浸透	○			新たなプロモーション
②市場開拓	○	○		新たな流通チャネルで対応
③商品開発		○	○	新たな製品で対応
④多角化	○	○	○	4Pすべてで対応

4-11 マーケティング基本戦略の確認④
基本戦略の修正

結果がビジネス目標を下回る場合には、マーケティング基本戦略を変更する

◆環境変化の影響を考慮する

結果がビジネス目標に達していない場合、パフォーマンス・レビューからどこに問題があるかを把握し、マーケティング基本戦略そのものを変更することがあります。

変更箇所は、3Cで見たときの「市場環境、競合環境、自社環境」の影響と対応しており、次におもな対応を紹介します。

▶①市場環境の影響

市場環境は、政治、経済、社会、テクノロジーの変動や進化などのマクロ的な影響を受けています。また、消費者にとっての代替市場の伸長などのミクロ的影響も受けていますので、市場環境は常に生きているともいえます。急激な変化がみられる場合には、既存商品のセグメンテーションを見直します。

また、市場の将来に問題がある場合、たとえば、非常に成熟化しており、衰退期に向かっていると考えられる場合には、ターゲットを若い新規ユーザーに焦点を当てて市場活性化を狙ったりします。

▶②競合環境の影響

新たな競合商品の影響を受ける場合、つまり、競合商品で類似した商品が低価格で発売された場合には、その商品との新たな差別化を図り、ユーザーベネフィットも上回る必要があります。

また、長期的にも競争相手が品質的に上と予想される場合には、よりニッチなポジショニングにすることで、シェア低下の減少に歯止めをかけることを狙います。

▶③自社環境の影響

会社自体の影響を受ける場合、つまり、不祥事やほかの事業の失敗など

でマーケティング投資を見直さねばならない場合には、ターゲットをもっと絞り込んで限られた費用で確実に成長する方向をめざすことなどを考える必要があります。

また、企業方針から縮小・撤退を考えている場合には、既存ユーザーのみをターゲットとして絞り込むことでマーケティング投資を最小限にします。

❖3Cを用いた環境変化への対応❖

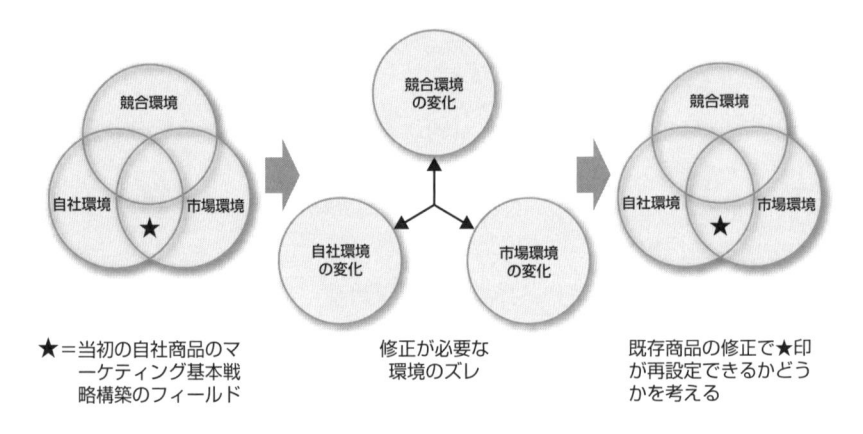

★＝当初の自社商品のマーケティング基本戦略構築のフィールド

修正が必要な環境のズレ

既存商品の修正で★印が再設定できるかどうかを考える

◆マーケティング活動での活性化のレベルとは？

既存商品の大きな変化をともなう活動全般を「商品活性化」などといったりしますが、変化の大きさに従っていくつかのレベルに分かれます。

❖活性化のレベル❖

- **リファイン**
  商品の微修正。とくに、機能面での品質改善となる。顧客からの意見を反映させたりして、既存商品のバージョンアップをする活動といえる。消費者が気づかないほどであれば告知しないが、気づくぐらいの変化であれば、プロモーション活動で告知する

- **リニューアル**
  商品デザインも含めた変更。ロングセラー商品などは時代的に古く見えたりするので、そういった側面も含めて改善する。また、新しくなったこと自体が消費者キャンペーンのきっかけともなる

- **リポジショニング**
  ユーザーベネフィットまでの変更。製品、価格、流通チャネル、プロモーシ

ョンのすべてが新しい戦略に沿って展開する。既存ユーザーを捨てることにもなりかねないので、ビジネス的にこのままではむずかしいという明確な判断のもとに実施される

- リブランド
基本的には既存商品を終売し、まったく別の商品を発売すること。顧客との絆が完全に切れるので、積極的に行なわれるものではない。トラブルなどで消費者が離れてしまった商品を復活させる機会として行なわれるなど、非常に稀となる

❖商品活性化レベルに分けた表❖

活性化のレベル		基本戦略	シンボル	4P			
				プロダクト	プライス	プレイス	プロモーション
少 ↑ ↓ 大	リファイン	−	−	微修正	−	−	微修正
	リニューアル	−	修正	修正	−	−	修正
	リポジショニング	修正	修正	修正	修正	修正	修正
	リブランド	変更	変更	変更	変更	変更	変更

4-12 マーケティング・ミックスにおける既存商品育成手法①
CRMとROI

CRMとROIでアクション・プランを点検する

◆アクション・プラン策定のための基準

　既存商品育成の実施プランとして、マーケティング・ミックスを計画します。マーケティング・ミックスでの4P組み立て時に意識するべき2つの視点は、顧客関係管理であるカスタマー・リレーションシップ・マネジメント（CRM）と投資収益率（ROI）です。

　マーケティング活動は「商品とおカネとのハッピーな交換」をめざすので、既存商品育成では、この交換実現を質的・量的に高めていくこととなります。CRMは、「顧客側の満足の質×量をどう高めるか」という視点で行ないます。一方、ROIは「自社側の満足の質×量をどう高めるか」という視点で算出します。

❖アクション・プランの策定❖

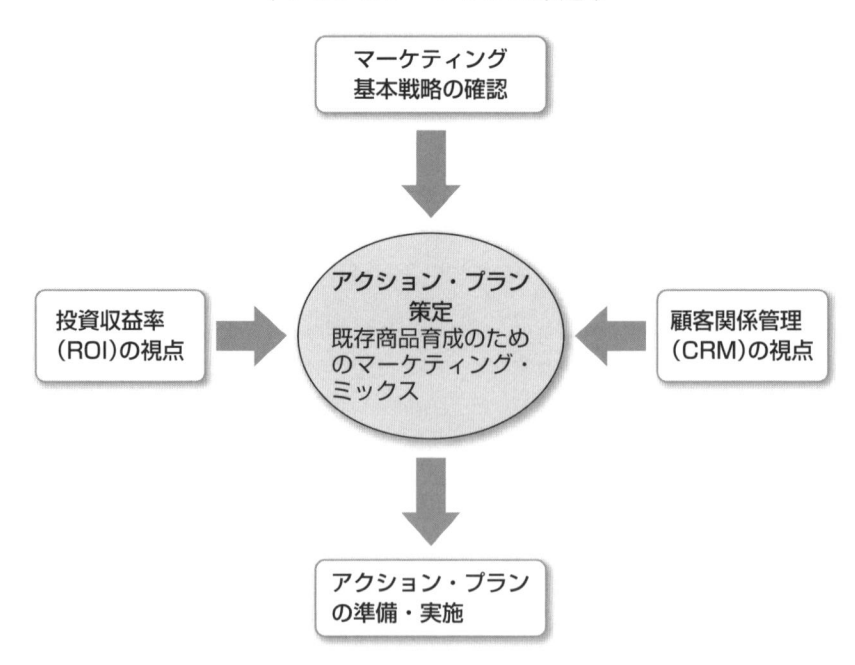

```
            ┌─────────────────┐
            │  マーケティング  │
            │  基本戦略の確認  │
            └────────┬────────┘
                     ↓
┌──────────┐   ┌─────────────┐   ┌──────────┐
│投資収益率│→ │アクション・  │ ←│顧客関係管理│
│(ROI)の視点│  │プラン策定    │   │(CRM)の視点│
└──────────┘   │既存商品育成の│   └──────────┘
               │ためのマーケ  │
               │ティング・    │
               │ミックス      │
               └──────┬──────┘
                      ↓
            ┌─────────────────┐
            │アクション・プラン│
            │の準備・実施      │
            └─────────────────┘
```

◆①顧客関係管理（CRM：Customor Relationship Management）

既存商品育成とは、顧客育成と同義です。顧客の頭の中に商品が入っていくことがブランドなので、「顧客育成＝ブランド構築」ともいえます。新商品の市場導入は、トライアル中心に発想してしまいますが、既存品を育成していくときには、現在利用している顧客層を重視することも大切になっていきます。

「対象になる顧客はすでに自社商品を利用しているので、コミュニケーションしやすい」「育成した顧客層が自社商品の評判を作る可能性が高い」という2点がCRMを行なう理由として挙げられます。

次に、アクション・プランの中に顧客関係管理（CRM）の視点を組み込むことためのおもな手法を紹介します。

▶顧客満足度

カスタマー・サティスファクション（CS）と呼ばれるものを数値化したもので、「顧客側の満足の質×量」を指標としたのが顧客満足度です。利用者へのアンケートで満足度の5段階評価や、推奨意向の5段階評価などがあります。

「満足：＋2、やや満足：＋1、どちらともいえない：0、やや不満：－1、不満：－2」といった数字を与えて、量的な平均値を出します。同時に、「なぜその点数をつけたのか」についての自由回答も収集し、意味を汲み取っていきます。

また、商品だけの満足度だけではなく、利用プロセスで重要と思われている個々の特性についても評価を取ることもできます。たとえば、「使い勝手」「アフターフォロー」などが挙げられます。

▶クラスター分析

CRMといっても、顧客数が多い場合には、顧客ごとにどういう対応をとるべきかは迷いどこです。そのため、顧客全体をいくつかのグループに分けてから対応を考えることもできます。こういった場面で活用される調査分析手法がクラスター分析です。マーケティング担当者がみずから実施することはありません。

クラスター分析は、ある規準で似通ったもの同士をグループと見なす原理で実施する手法です。既存の顧客データで実施できるので、実務ではリ

サーチャーや調査会社と討議しましょう。

❖クラスター分析の原理❖

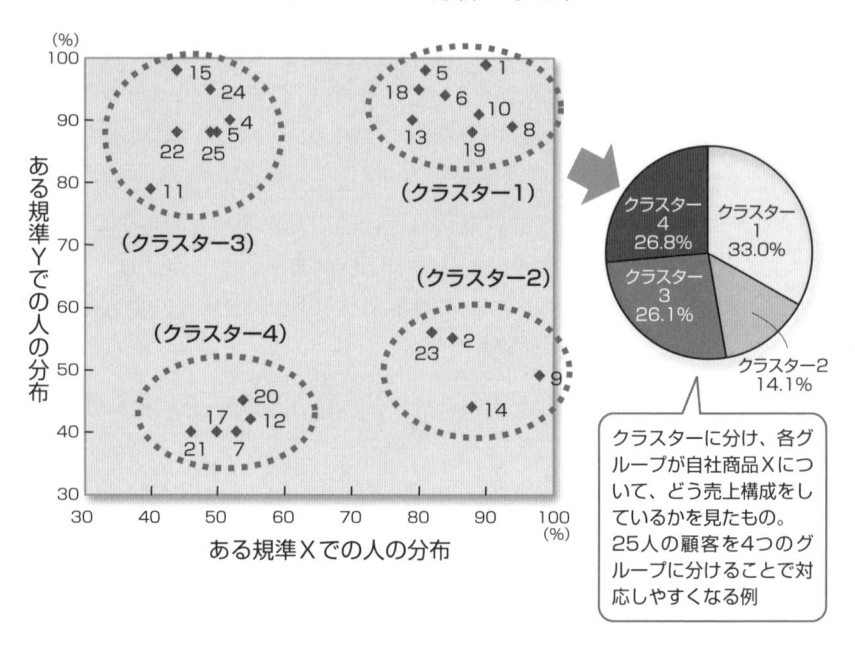

(クラスター1)
(クラスター2)
(クラスター3)
(クラスター4)

縦軸：ある規準Yでの人の分布 (%)
横軸：ある規準Xでの人の分布 (%)

クラスター1 33.0%
クラスター2 14.1%
クラスター3 26.1%
クラスター4 26.8%

クラスターに分け、各グループが自社商品Xについて、どう売上構成をしているかを見たもの。25人の顧客を4つのグループに分けることで対応しやすくなる例

◆②投資収益率（ROI：Return Of Investment）

　顧客満足を高めたいことは当然ですが、そこにはマーケティング投資がかかっていきます。顧客だけがハッピーになることは、マーケティングの目的に反するので、このマーケティング投資を効率よくしていくための視点が投資収益率（ROI）となります。

　ROIは資本投資などでおもに使われますが、マーケティング投資でも活用できます。マーケティング活動における投資収益率は、次のような式で表わされます。

❖投資収益率を表わす式❖

$$ROI = \frac{（商品売上 - 商品コスト）- マーケティング投資}{マーケティング投資}$$

▶顧客1人当りのマーケティング投資額

　マーケティング活動は、実際には多岐にわたります。たとえば、キャン

ペーン商品の発売（Product）や期間限定のセール（Price）、新規店舗の開店（Place）、ロイヤルユーザーのための工場見学会（Promotion）などが挙げられます。すべての活動には何らかの費用がかかります。

売上が上昇していけば、活動も大規模になり、費用も増大していきます。しかし、長期的にマーケティング投資効率は上がっていくことが望ましいので、「顧客1人当りのマーケティング投資額」を考え、常にこのスコアが前年を下回っていくことをマーケティング費用枠の指標に使います。

▶顧客生涯価値

みなさんは、2：8の論理を聞いたことがあるかもしれません。パレートの法則と呼ばれるもので、「顧客の2割で8割の売上を占める」というものです。しかし、すべての商品がこのようになるわけではありません（耐久消費財では適用がむずかしい）。

既存品がロングセラーになればなるほど、2：8の割合に近づいていきます。自社商品だけを利用し、クチコミをしてくれるようなロイヤルユーザーにも、これからの消費者にも一律のマーケティング投資をすることは疑問です。

ロイヤルユーザーは、量的にも質的にも魅力的な顧客であり、「顧客生涯価値が高い」という表現をすることがあります。

そのため、顧客関係管理とのバランスを見ながら投資収益率を考えていく必要があります。

4-13 マーケティング・ミックスにおける既存商品育成手法② プロダクト

既存製品の拡張などが挙げられる

◆**製品ラインとブランドの拡張**

続いて、既存品育成でのマーケティング・ミックスの製品（4Pのプロダクト）について説明します。

どこまで広げていくかはビジネスの目的次第ですが、広げ方にも製品ラインの拡張とブランドの拡張で範囲が異なります。

既存製品の拡張は、同じターゲットで「どれかを使う」という観点からの広げ方です。まずはトライアル獲得を目的とし、現在の既存製品では獲得できにくい消費者を顧客にするための容量の少ない食料品（マヨネーズ：お弁当向け小容量サイズなど）や、機能を多様にして扱いやすくする家電製品（洗濯機：付属機能の多い機種）などの拡張例が挙げられます。

また、リピート獲得を目的に容量の大きい飲料（ミネラルウォーター：サイズ違いなど）や、多様な利用場面に対応したトイレタリー商品（リップクリーム：旅行用サイズなど）なども拡張例として挙げられます。

製品ラインの拡張に対して、ブランド拡張はブランド階層で説明したように、既存商品から派生して、1つのブランドのもとに複数の商品をそろえていくものです。

ブランド拡張では、商品ブランドからファミリーブランド化していくことを志向します。たとえば、無印良品が住宅を販売するといった、異なる商品カテゴリーにブランドを拡張していくような方向性です。

なお、既存商品にバリエーションが増えていくことのメリットとデメリットには次のようなものが挙げられます。

◆**製品カスタマイズ**

顧客関係管理（CRM）の考え方を製品に反映させたものとして、カスタマイズするという方向性もあります。Webによる2WAYのコミュニケーションを活用することで、既存商品育成にも活用できます。ノートPCのレッツノートなどのカスタマイズは、顧客からの商品の評判が高まる

ことに対応した活動といえます。

❖既存商品にバリエーションが増えていくことのメリットとデメリット❖

	特徴	メリット	デメリット
製品ラインの拡張	顧客化を促進させる	より顧客のニーズに応えることができる	商品管理に費用や時間がよりかかる
ブランド拡張	ターゲットを拡張する、または、ユーザーベネフィットを拡張する	ブランドが大きくなることで効率性を期待できる	ブランドが大きくなって、曖昧になる危険がある

◆製造工程などの共通化を図る

　既存商品育成のアクション・プランで製品を考えるときに、コスト効率の視点も同様に配慮します。製品種類を増やすことは消費者の顧客化の活動には有効ですが、一方で、投資コストがかかります。

　既存商品育成での効率を高めるためには、既存商品の製造工程の共有を考えることが重要です。新たな工場ライン、新たな金型などを準備するには非常にコストがかかります。可能な限り投資を抑えることも、既存商品育成を計画するときに重要な視点となります。

4-14 マーケティング・ミックスにおける既存商品育成手法③ プライス

きめこまかいオペレーションで対応する

◆購入価格分布と購入頻度分布の関係

続いて、既存商品育成でのマーケティング・ミックスの価格（4Pのプライス）について説明します。

実際の販売活動で実勢価格にバラツキがあるような消耗消費財などの場合には、平均購入価格と購入頻度に関しての分布を見ていきます。

❖平均購入価格と購入頻度に関しての分布❖

		購入頻度	
		多い顧客	少ない顧客
平均購入価格	高い顧客	優良顧客 平均購入価格も高く、購入頻度も多い顧客層	質的貢献顧客 平均購入価格は高いが、購入頻度は少ない顧客層
	低い顧客	量的貢献顧客 平均購入価格は低いが、購入頻度は多い顧客層	チェリーピッカー 平均購入価格も低く、購入頻度も少ない顧客層

上図はここでの優良顧客と顧客満足度の高い人の関係など、価格政策とほかの活動の関係を見ていくときに使います。チェリーピッカーは、商品へのロイヤリティが低く、安ければその時々に応じて購入する人を意味し、望ましくない顧客像といわれています。

◆価格の値崩れが起こる原理

既存商品の価格が値崩れしてしまうケースには、次のように複数のパターンがあります。

❖既存商品の価格が値崩れしてしまうケース❖

①販売目標が高すぎる
　販売目標が需要に対して高すぎると、目標達成のために販売価格が下がっていきやすくなる。それにともなって収益が悪化するので、その分を売り上げでカバーしようとして販売価格がより一層下落する

②供給が多い
　市場在庫が増えてしまうので、結果的に、販売価格を下げることで代金回収を行なわざるを得なくなる

③競合関係が厳しい
　競合商品との差別化が低ければ、シェア競争に巻き込まれやすくなる。お互いが値引き合戦を行なってしまうと値崩れが起きる

④間接販売先が多い
　流通チャネル（小売店など）同士も競争関係にあるので、そこでの価格競争に自社商品が巻き込まれると値崩れが起きてしまう

◆価格訴求と復帰のメカニズム

　価格訴求の目的は売上増加です。プロモーション手法に区分けされますが、ここでは価格訴求後の対応について説明します。

　売上を確保するために、価格訴求を実施することがあります。理由がある場合でも、単なる安売りにしてしまうと、それがその商品の通常の価格という感覚になります。

　消費者のなかにある参照価格を下げてしまうためです。そこで、価格が戻せる仕組みを用意することが大切です。「周年記念の期間限定の価格還元」「数量限定、場所限定を告知したうえでのキャンペーン」に仕立てることで、価格を復帰しやすくしておきます。

❖価格訴求の仕組み❖

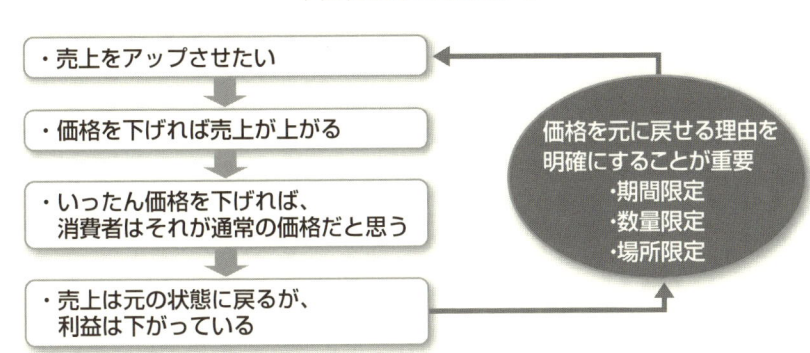

- ・売上をアップさせたい
- ・価格を下げれば売上が上がる
- ・いったん価格を下げれば、消費者はそれが通常の価格だと思う
- ・売上は元の状態に戻るが、利益は下がっている

価格を元に戻せる理由を明確にすることが重要
・期間限定
・数量限定
・場所限定

4-15 マーケティング・ミックスにおける既存商品育成手法④
プレイス

流通チャネルの調整とSCMで効率性アップ

◆流通チャネルの「調整」「拡大」「展開」

既存商品育成にともない、流通チャネルも変わっていきます。流通チャネルへの対応として、「既存チャネルのなかを質的に調整していく=よい売り場を増やし、悪い売り場を減らす」「既存チャネルの量的に拡大していく=エリアの拡大や人数の拡大」「既存チャンル以外で新たな展開していく=既存の店舗販売から通販へ新たな開拓する」といった区分けがあります。

❖チャネルの一覧と見直し例❖

	既存流通チャネルの調整	既存流通チャネルの拡大	新規流通チャネルへの展開
人的チャネル（訪問販売など）	●業績のよい人物と業績のよくない人物の比較と改善	●人の増員 ●採用ノウハウと教育の充実	●都市部への出店による接触場面の確保など
媒体チャネル（ネット通販など）	●業績のよい媒体と業績のよくない媒体の比較と改善	●媒体数の増加 ●媒体選択ノウハウの充実と移行	●優良顧客の人的チャネル化で知人紹介の促進など
店舗チャネル（路面店販売など）	●業績のよい店舗と業績のよくない店舗の比較と改善	●店舗の増加 ●出店ノウハウの充実と活用	●ネット通販の活用で店舗不足のカバーなど

◆売上管理と利益管理

商品ライフサイクルごとに、流通チャネルを管理していく視点が変わっていきます。管理の基準として流通チャネルごとの売上で管理していく、利益で管理していくという、2つの視点あります（次ページ上図）。

◆サプライチェーン・マネジメント（供給連鎖管理：SCM）

流通チャネルが拡大すると、反対に商品の輸送の量と頻度、商品の保管と時間が増加していきます。これはコストとなって収益を悪化させます。

❖商品ライフサイクルに対応した施策❖

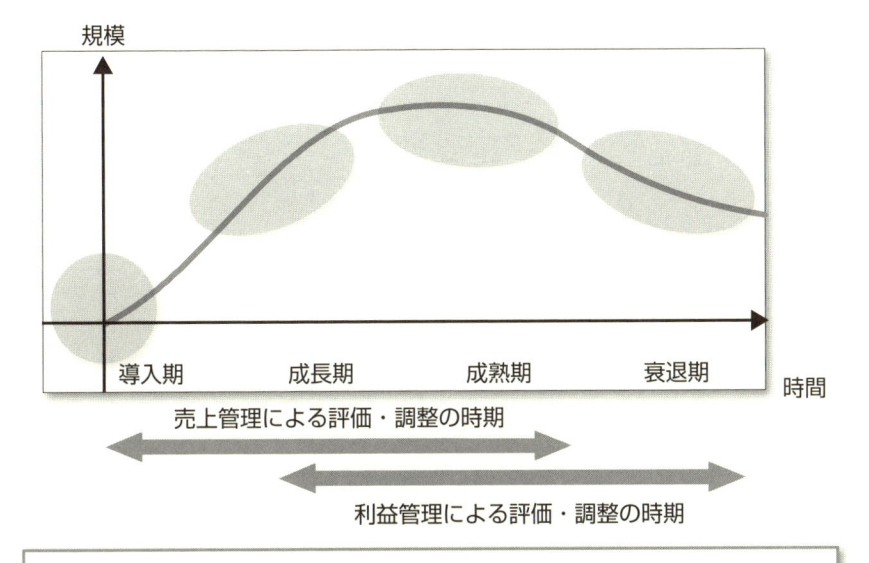

規模 ↑

導入期　成長期　成熟期　衰退期　→時間

売上管理による評価・調整の時期

利益管理による評価・調整の時期

- 導入期→成長期：おもに売上管理によって評価・調整する
- 成長期→成熟期：売上管理と利益管理の両面から評価・調整する
- 成熟期→衰退期：おもに利益管理によって評価・調整する

これらの物流を個々に見ていくのではなく、製造→販売という川上から川下までを全体的に見ていくことで、商品供給のバランスをとっていくことが重要になります。この活動をサプライチェーン・マネジメント（供給連鎖管理：SCM）といいます。商品価値を上げていくことや、商品コストを下げることなど多岐にわたる貢献が期待できます（下図）。

❖SCMの役割❖

	きっかけとなる課題	部分的に発生する問題	SCMのテーマ
SCMによる既存商品価値の向上に貢献	●配送スピードを上げると、顧客満足度が上がる	●新たな輸送コストの発生→収益が落ちる	●輸送コストを上げずに顧客への配送時間を短縮させる
SCMによる既存商品コストの低下に貢献	●在庫を減らし、配送頻度を減らすと、物流コストが下がる	●欠品の発生→買いたいときに買えない	●顧客に迷惑をかけずに在庫・輸送コストを減らす

4-16 マーケティング・ミックスにおける既存商品育成手法④
プロモーション

ブランド化のために次のステップに進む

◆認知経路を確認する

本項では、既存品育成でのマーケティング・ミックスのプロモーションについて説明します。

プロモーション活動は、顧客がどういう経路で情報を入手したかで評価されます。これは認知経路とも呼ばれ、顧客接点ごとの評価にもなります。ただし、PR、広告、SP、人的プロモーション、それぞれ役割が異なるので、「PRのなかでどの媒体での掲載がよかったのか」「広告の中でどの媒体からが有効だったのか」「SPのなかでどの活動が効果的だったのか」というように、それぞれの顧客接点ごとに評価をして、その理由をノウハウ化していくことが大切です。

◆ブランド・ストーリーの構築

既存商品の育成は、ターゲットとなっている消費者の頭の中に「このカテゴリーで選ぶならばこの商品」という状況を作ることをゴールとします。自社商品を長く愛用してもらったり、使った商品を他者に推奨してもらうために頭の中をコントロールできませんが、「納得できる」「語りたくなる」ブランドの物語を提供することはできます。

これがブランド・ストーリーと呼ばれるものです。ブランド・ストーリーの原理は、ニーズとシーズを1本の物語として整理することなので、架空の作文ではないことに注意します。なぜならば、嘘や脚色はすぐにバレて、否定的なクチコミとなって返ってくるからです。

ここでは、ベネフィット・ラダーによる整理のしかたを説明します。チャートにはサントリーの黒ウーロン茶の事例を掲載しています。マーケティング基本戦略で書かれたポジショニングのユーザーベネフィットと差別化ポイントを深掘し、一連の要素が「だから」「なぜなら」で矛盾なく結ばれるようにします。これがブランド・ストーリーの骨格になります。

既存商品育成でのプロモーションでは、徐々にこのブランド・ストーリ

ーの伝達に集中することに留意し、ほかの余計なメッセージを極力減らしていくことで、顧客の頭の中に一貫したブランドのイメージが醸成できるようにします。

❖ベネフィット・ラダーの例「サントリー 黒ウーロン茶」❖

情緒的ベネフィットにまつわる話	脂っこい料理って、おいしい。焼肉、とんかつ、ラーメンなど、時に無性に食べたくなるのは幸福を感じたいからでしょうか。 ほんらい好物の脂っこい料理を見ないふりの人生もさびしいものですね。 食事のとき、350ml（摂取目安量）飲むたびに効果がある黒烏龍茶！人生の友達としておそばに！
機能的ベネフィットにまつわる話	・苦み、渋みが少なく、濃い色ですがサッパリした、深みもある味わいになりました。 ・食後の血中中性脂肪の上昇を抑えるので、脂肪の多い食事を摂りがちな方、血中中性脂肪が高めの方の食生活改善に役立ちます。
製品の持つ製法や技術にまつわる話	苦みの成分であるカフェインなどの量は少なく、脂肪の吸収抑制効果が高いウーロン茶重合ポリフェノールだけを多く含む独自の製法で作ります。
製品を構成している原材料など素材にまつわる話	とくに脂肪の吸収抑制効果が高い一部の成分を「ウーロン茶重合ポリフェノール」とよんでいます。色の濃い成分です。 黒烏龍茶の色が黒いのは、このウーロン茶重合ポリフェノールを多く含んでいるからです。

（各階層間は「なぜなら」↓「だから」↑で接続）

出所：サントリーホームページ「黒烏龍茶」商品紹介ページをもとに著者作成

4-17 終売ルールを決める

商品ポートフォリオを作ることで、終売すべき既存商品を"見える化"できる

◆ マーケティング業務を効率化するために終売基準を決める

　すべての既存商品が未来永劫販売され続けることはありません。残念ながら、かなりの商品が市場から消えていきます。一方で、新発売当初から爆発的に売れることがむずかしいのは、商品がブランドになるためには時間が必要だからです。

　ただし、会社のリソースは限られています。意義が見えない既存商品はたとえひどい赤字でなくても、確実に社員の時間を奪っていきますので、結果的に他の商品への負荷になります。

　とくに、たくさんの既存商品を抱えている企業では、既存商品の終売基準を決めておくことで、マーケティング業務が効率化されます。

　終売ルールがない場合には、おもに次のような状況で混乱がよく見られます。

❖ 終売ルールがないことによる社内混乱 ❖

- 赤字のまま販売しているが、止めるキッカケが見つからない
- 会社の業績が悪くなったときに初めて既存商品の見直しをするので、そのための判断資料収集など業務がその時点に集中してしまう
- 会社の幹部社員の肝いりでスタートした商品なので、メンツもあって止めるといい出せない

◆ 終売ルールの目的と役割

　終売ルールは、市場から自主的に撤退するための客観的な基準です。しかし、止めさせるのが役割ではなく、経営を巻き込んだ終売検討会議にかける対象商品を自動的にピックアップするための一次審査として使います。

　年1回、または、半期に1回程度、定期的に経営会議の議事として組み込み、そこで最終審査をしてもらうようにします。個々の商品事情の視点

と大局的な意義の視点で、終売の実施有無の検討につなげていくのです。

◆商品ポートフォリオによる基準設定

ある事業のなかでも既存商品が多岐にわたるときには商品ポートフォリオを作成し、同じ土俵のなかで評価していきます。

❖終売ルールのための商品ポートフォリオの作成例❖

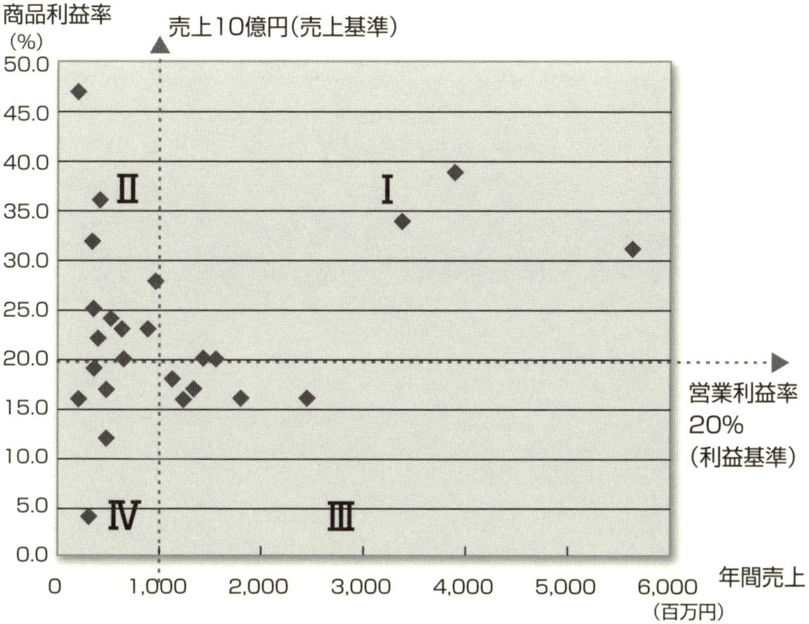

商品利益率
(%)
売上10億円(売上基準)
50.0
45.0
40.0
35.0
30.0
25.0
20.0
15.0
10.0
5.0
0.0
Ⅰ
Ⅱ
Ⅲ
Ⅳ
営業利益率
20%
(利益基準)
0
1,000
2,000
3,000
4,000
5,000
6,000
年間売上
(百万円)

◆終売ルールを設定する

終売対象になるのは、上図のⅠ象限以外にある、同じゾーンでの長期滞留商品です。

次ページのような条件設定を行ないます。

❖終売ルールの例❖

区分	時間	利益率・売上条件
既存商品：ゾーンⅣ	3年以上同じゾーンに滞留	すべての商品
既存商品：ゾーンⅢ	3年以上同じゾーンに滞留	利益率改善が最近3年間＋3％以上できていない商品
既存商品：ゾーンⅡ	3年以上同じゾーンに滞留	売上が最近3年間でマイナスな商品
新商品	1年後	市場導入後の販売実績が予算の50％以下の商品

　上表のような形で、自動的に終売を検討する対象にします。終売検討会議では数字以外のポイントで検討されます。営業活動上必要な販促効果がある商品、抜本的な利益改善の手法がある商品など、そのつど検討していきます。また、新商品でも発売後著しく不調な商品もここに並列しておきます。

第5章

B2Bマーケティングとサービス財マーケティングの仕事

5-1 B2Bマーケティング①
B2Bマーケティングの特徴

B2Bマーケティングの前提を理解する

◆B2Bビジネスの区分け

B2Bは、「Business to Business」の略語であり、公共組織や民間企業などに対して商品やサービスを提供するビジネスの総称です。まずは、B2Bの区分けについて紹介します。

❖区分けのための用語❖

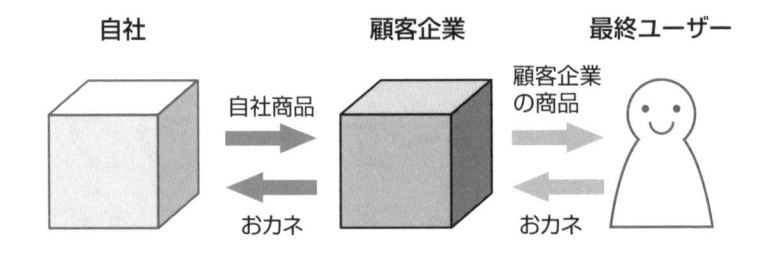

自社 → 自社商品 → 顧客企業 → 顧客企業の商品 → 最終ユーザー
顧客企業 → おカネ → 自社
最終ユーザー → おカネ → 顧客企業

	製品財（有形）		サービス財（無形）	
	耐久財（長期に使用する）	消耗財（つど、補給する）	耐久財（長期に使用する）	消耗財（つど、補給する）
生産財（顧客企業の商品を作るための商品群）	・工場建物 ・製造機械 ・ライン・コンベア ・PC	・電気 ・水 ・ライン用オイル	・ライン稼動システム ・生産マニュアル	・中間財配送 ・社員食堂運営 ・社員教育
中間財（顧客商品を構成する要素となる商品群）※最終ユーザーと何らかの関わりを残す		・原料 ・部品 ・外装ダンボール ・印字インク		・製品デザイン ・広告表現 ・電話オペレーター ・商品配送

- ●生産財：顧客企業が商品を作るために必要なもの
    - （例）顧客企業の工場で使う製造機械
- ●中間財：顧客企業の商品を構成するもの
    - （例）顧客企業が提供する商品の中に入っている部品
- ●製品財：有形なものとして扱える商品
    - （例）建材メーカーが工務店に販売するドアやキッチン
- ●サービス財：無形なものとして扱う商品
    - （例）社員教育のための教育プログラム
- ●耐久財：一度購入したら長期に使うもの
    - （例）顧客企業で使うパソコン
- ●消耗財：使えば使うほど減るので補充が必要になるもの
    - （例）顧客企業で使う印刷用のインク

◆B2Bにおけるマーケティングとは？

　B2Bビジネスは多岐にわたりますが、B2Bマーケティングでは、生産財のB2B（顧客企業との関係でビジネスが終わる）と、B2B2C（顧客企業の先のお客さんまで関係が続く）に分けられます。

　実際にはもう少し複雑で、B2B2B2Cなども存在します。「自社がPCの部品Aを作る→顧客企業が部品Aを組み込んで部品Bを作る→顧客企業の顧客企業が部品Bを組み込んでPCを作る→そのPCを一般消費者が購入する」ようなケースも一般的です。基本原理は同じなので、本書では共通しているB2Bマーケティングのポイントについて解説します。

❖生産財と中間財❖

- ●B2B＝Business to Business
    - 企業→企業での商業関係……生産財

- ●B2C＝Business to Consumer
    - 企業→一般消費者の商業関係……消費財

- ●B2B2C＝Business to Business to Consumer
    - 企業→企業→一般消費者の商業関係……中間財

	B	B	C	例
B2B	自社	顧客		企業向けコンピュータープログラム
B2C	自社		顧客	一般PC向けプログラム
B2B2C	自社	顧客	顧客企業の顧客	企業Webサイトの顧客受付プログラム

◆B2BマーケティングとB2Cマーケティングの違い

　B2B（B2B2Cを含む）とB2Cマーケティングの主要な相違点は、次のようなところにあります。

❖B2BとB2Cマーケティングの主要な相違点❖

①**顧客の範囲**
　B2Bでは企業や公的機関が対象なので調べやすく、数も限定される。一方、B2Cでは不特定多数を原則とするので、顧客の範囲が広くなる。つまり、B2Bでは想定ターゲットを決めやすいこととなる

②**顧客の意思決定のプロセス**
　B2Bでは、顧客が組織なので意思決定が複雑になりがちになる。部門や役職といった、複数の人物が団体ごとによって異なることも対応のむずかしさがある。反対に、B2Cでは比較的パターン化できるので、意思決定をうながすためのアプローチはB2Bに比べてシンプルといえる

5-2 B2Bマーケティング②
2層の3C分析で環境分析をする

顧客業種の分析からスタートする

◆**B2Bにおける2層の3C分析**

　B2Bマーケティングの特徴に続いて、環境分析のステップにおけるB2Bマーケティングのおもなポイントを紹介します。

　新商品開発での手順として、まずは土地と土台の特定から入るとB2Cマーケティングでは説明しました。B2Bマーケティングでも同様に、3C分析を行なうのですが、手順を1つ増やすことで、新商品開発のためのフィールドを特定しやすくなる場合があります。

❖ 2層の環境分析による「強み」とフィールドの特定 ❖

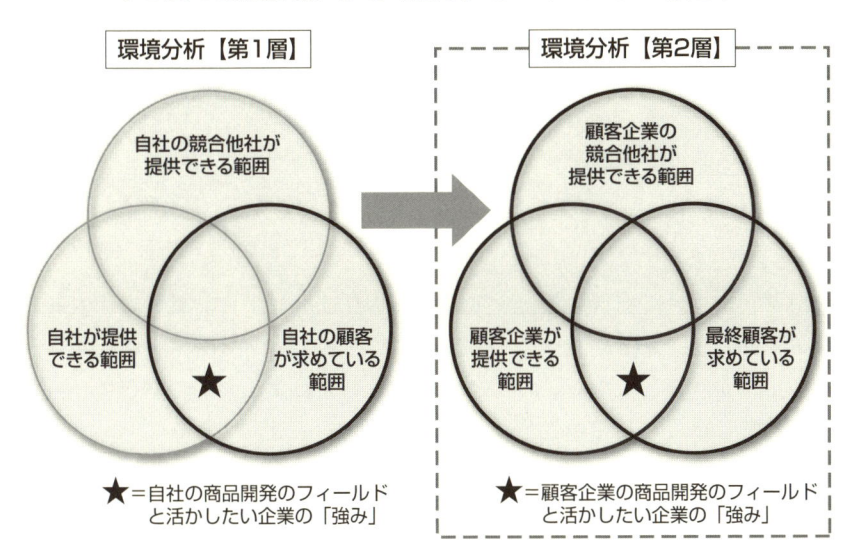

環境分析【第1層】

- 自社の競合他社が提供できる範囲
- 自社が提供できる範囲
- 自社の顧客が求めている範囲

★＝自社の商品開発のフィールドと活かしたい企業の「強み」

環境分析【第2層】

- 顧客企業の競合他社が提供できる範囲
- 顧客企業が提供できる範囲
- 最終顧客が求めている範囲

★＝顧客企業の商品開発のフィールドと活かしたい企業の「強み」

　想定される顧客業種（いくつかの顧客候補となる企業が含まれる）に対しても3C分析をすることで、顧客企業がどのような市場に向かっていくべきなのかを押さえます。「そのためには自社がどのような新商品を提供すると貢献できるか」といった発想をすることができます。

　つまり、3C分析を2回するわけですが、対象になる業種は広めにとり、

そのなかのリーダー企業を想定して作業するのがポイントです。B2Bマーケティングでは環境分析を業界ごとに行ない、自社のめざす方向と一致した商品開発を提案していきます。

❖ 2層の環境分析と商品やおカネの流れ ❖

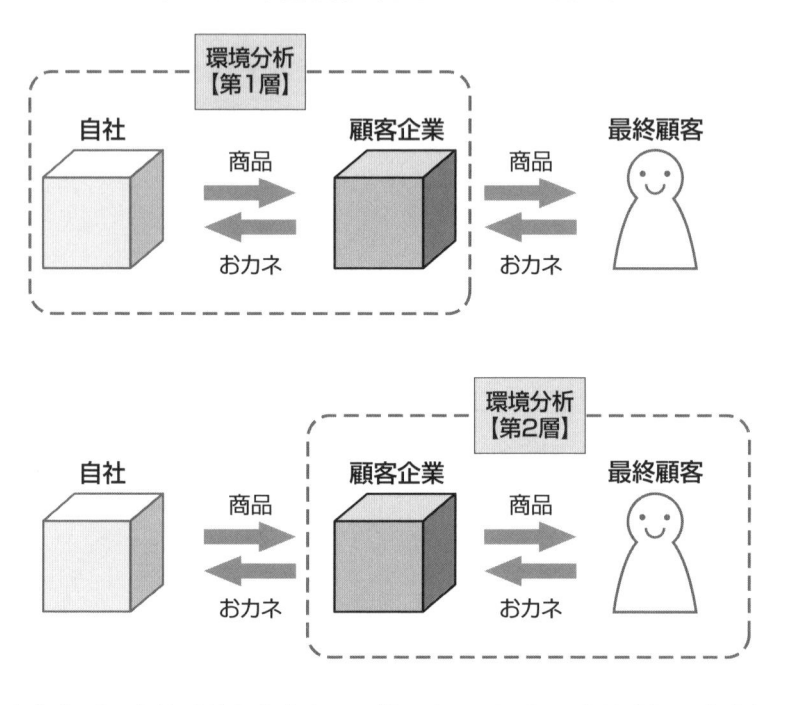

【環境分析 第1層】自社 →商品→ ←おカネ← 顧客企業 →商品→ ←おカネ← 最終顧客

【環境分析 第2層】自社 →商品→ ←おカネ← 顧客企業 →商品→ ←おカネ← 最終顧客

　たとえば、食品原料を生産するA社であれば、加工食品業界の代表的な企業X社の3C分析によって、X社が次にめざす新商品開発をA社が組み立てるということです。このことにより、対象となる業種の潜在ニーズを顕在化させることができます。

◆既存顧客企業からの新商品開発のフィールド探索

　B2Bビジネスを展開している場合には、その顧客企業とは関係が存在しているので、そこから新商品開発のフィールドを探すこともできます。
　顧客企業の価値連鎖の図に沿って説明すると、通常はヒト、モノ、カネといった「リソース系の活動範囲」と、仕入から加工、販売からアフターサービスまでといった「現場活動の領域」に分けることができます。

❖ 顧客企業から見たB2Bでのビジネスの種類 ❖

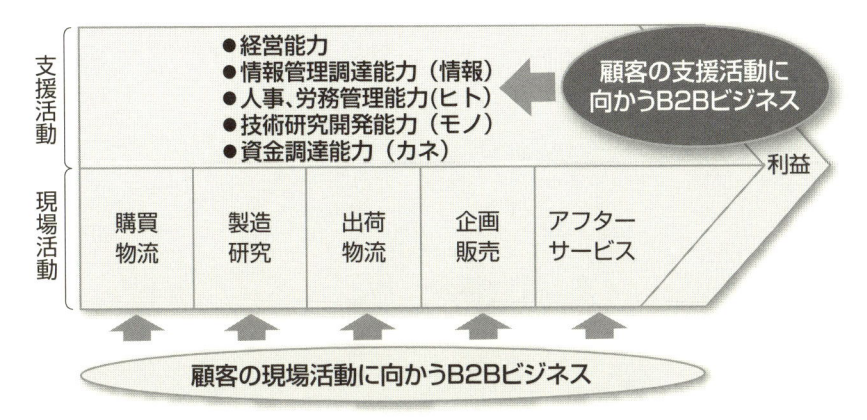

支援活動	●経営能力 ●情報管理調達能力（情報） ●人事、労務管理能力（ヒト） ●技術研究開発能力（モノ） ●資金調達能力（カネ）	← 顧客の支援活動に向かうB2Bビジネス
現場活動	購買物流 / 製造研究 / 出荷物流 / 企画販売 / アフターサービス	利益

↑ 顧客の現場活動に向かうB2Bビジネス

❖ B2Bビジネスの例 ❖

- 経営能力（トップマネジメント）←経営コンサルティング会社
- 情報管理調達能力（情報）←システム開発会社
- 人事、労務管理能力（ヒト）←求人会社
- 技術研究開発能力（モノ）←シンクタンク
- 資金調達能力（カネ）←銀行
- 購買・物流←原料供給会社
- 製造・研究←製造機械会社
- 出荷・物流←配送会社
- 企画・販売←広告代理店
- アフターサービス←メンテナンス代行会社

❖ 支援活動B2Bの拡張例 ❖

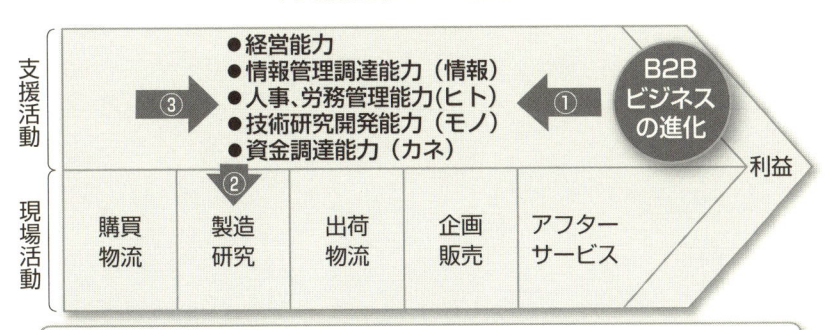

支援活動	③→	●経営能力 ●情報管理調達能力（情報） ●人事、労務管理能力（ヒト） ●技術研究開発能力（モノ） ●資金調達能力（カネ）	①← B2Bビジネスの進化
現場活動		②↓ 購買物流 / 製造研究 / 出荷物流 / 企画販売 / アフターサービス	利益

① 既存ビジネス：人事評価システムのプログラム
② 新規ビジネス：製造現場のパート社員の就業管理のプログラムの販売
③ 新規ビジネス：新任管理職のための人事評価システム活用セミナーの販売

そして、前ページの図のように、現在の商品を起点にしたビジネス拡張を図るための新商品開発を考えることができます。既存商品を扱ってもらっていること自体が強みなので、強みを活かしながら顧客ニーズを探ることができることになります。

❖ 現場活動B2Bの拡張例 ❖

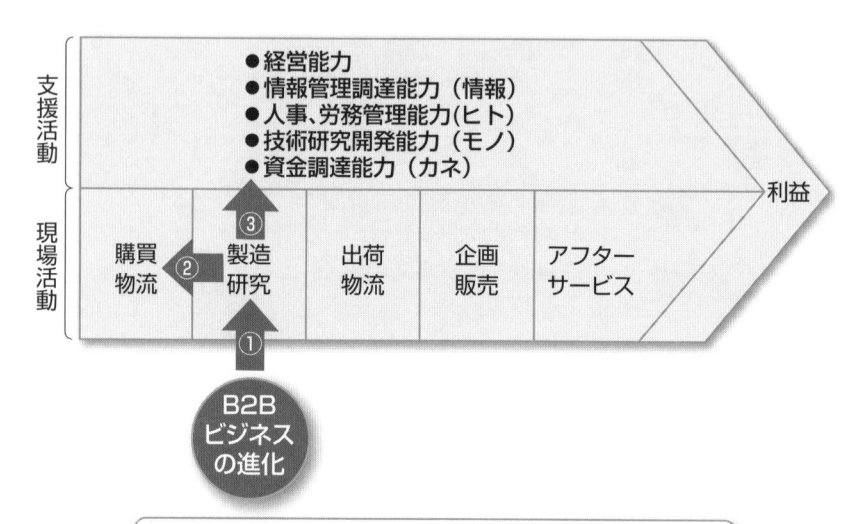

支援活動
- 経営能力
- 情報管理調達能力（情報）
- 人事、労務管理能力（ヒト）
- 技術研究開発能力（モノ）
- 資金調達能力（カネ）

現場活動：購買物流 → ② → 製造研究 → 出荷物流 → 企画販売 → アフターサービス → 利益

③ ↑　① ↑

B2Bビジネスの進化

①既存ビジネス：工場の製造機械
②新規ビジネス：原料の製造工程前のための加工機械の販売
③新規ビジネス：新しい製造手法の技術特許の販売

5-3 B2Bマーケティング③ 新商品コンセプト開発のポイント

B2Bでは協働企業の選定が重要であり、業界一番手が望ましい

◆B2Bにおける「協働」による新商品コンセプト開発

新商品コンセプト開発でB2Bならではのポイントを見ていきます。B2Bでの新商品コンセプトは、原則的にB2Cと同じです。ただし、B2Bではカスタマイズの度合いが高いために、自社だけでの新商品コンセプトが我流になりやすい面があります。そのため、最初から外部との協働を前提に新商品コンセプト開発を行なうことで成功の確率を上げる方法もあります。

❖B2Bならではの協働による対応❖

	コンセプト開発ルート	状況	メリット	デメリット
①自社シーズでの研究会の立ち上げ	シーズ・ルート	新素材の特許を取れたのはいいが、商品化が見えない	商品化のヒントが早期に得られる	研究会なのでスピードが遅い
②自社シーズでの既存顧客企業をの共同開発	シーズ・ルート	新しい部品を開発できそうだが、使い勝手が見えない	試験的に使ってもらうことで適用度合いが高まる	ほかの顧客企業への展開が困難になる
③自社と既存顧客企業のニーズに沿った共同開発	ニーズ・ルート	顧客のリクエストが抽象的で、よくわからない	商品提案によって真のニーズが特定できてくる	自社商品の利用が保証されない
④社会的ニーズ沿った異業種企業との共同開発	ニーズ・ルート	環境問題など自社単体ではスケールが大きくて対応できない	大型の商品開発の可能性がある	同床異夢なので開発管理がむずかしい

◆ビジネス展開を想定した協働での顧客企業選定

ここで重要なのは協働先企業の設定です。その際、意識すべきはシャンパン・ツリー効果と呼ばれるものです。

協働先の企業は次の展開では、最初のユーザーとなります。そのため、最初の顧客となってもらう企業自体は、業界でベンチマークされている企業が望ましいといえます。

ターゲットとなるどの業界でも、「その企業が扱っているのならば、うちも検討する」といわれる企業があります。ここを最初の取引企業に設定することで、その後のマーケティング活動全体がスムーズになります。そのような取引企業は一般的に、業界一番手になることがほとんどです。

❖対象となる顧客企業セグメント❖

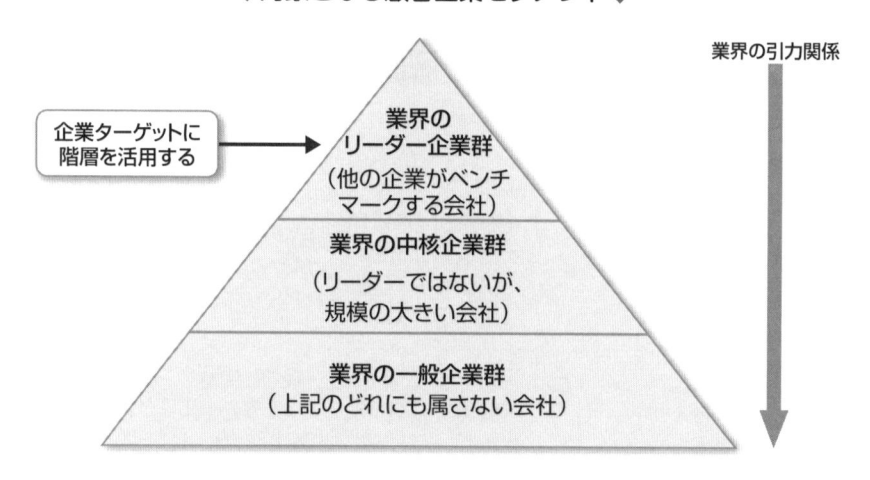

[企業ターゲットに階層を活用する]

- 業界のリーダー企業群（他の企業がベンチマークする会社）
- 業界の中核企業群（リーダーではないが、規模の大きい会社）
- 業界の一般企業群（上記のどれにも属さない会社）

業界の引力関係

そのため、「まずは協働できそうな企業とコラボレーションしよう」という"やりやすさ"の発想はB2Bでは非常に危険だといえます。なぜならば、協働しやすい顧客企業とはうまくいきますが、そうではない企業との協働がむずかしくなるからです。それだけ、営業活動も含めたマーケティング活動に負荷がかかってしまいます。

この循環は収益の悪化を生みやすくします。つまり、ROIの観点からみると、「次に協働する1社当りの顧客企業獲得コストが少しずつでも下がらなければならない」という、あるべき姿に反してしまう状況になります。そのため、シャンパン・ツリー効果のような次への広がりを意識した協働企業の選定が非常に重要となります。

5-4 B2Bマーケティング④ マーケティング基本戦略のポイント

B2Bのセグメントでも、B2Cと共通の部分がある

◆B2Bにおける基本戦略規定ポイント

本項では、B2Bにおけるマーケティング基本戦略構築の特徴を見てみましょう。B2Bでも新商品のSTPを組みますので、いくつかのポイントを説明します。

▶2枚のセグメンテーション・ツリーを利用する

B2Bでは自社サイドで作った市場の規定とターゲット企業サイドで作ったものに不一致が出やすいので、場面によっては、顧客視点でのセグメンテーション・ツリーも作成します。

たとえば、缶コーヒーの原料供給会社は、自社のセグメントツリーを持っていますが、得意先となる飲料会社は、その先のエンド・ユーザーからの視点でセグメントツリーを持っています。そのため、この両方のセグメントツリーをカバーしなければなりません。そして、この2方向からの区分けにおける接点が自社原料ごとの新たな対象セグメントになるわけです。

❖2枚のセグメンテーション・ツリーの利用例❖

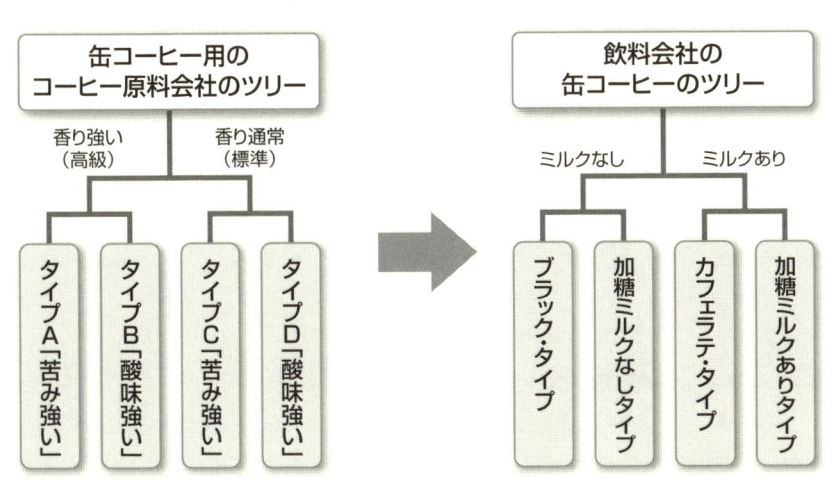

缶コーヒー用のコーヒー原料会社のツリー
- 香り強い（高級）
  - タイプA「苦み強い」
  - タイプB「酸味強い」
- 香り通常（標準）
  - タイプC「苦み強い」
  - タイプD「酸味強い」

→

飲料会社の缶コーヒーのツリー
- ミルクなし
  - ブラック・タイプ
  - 加糖ミルクなしタイプ
- ミルクあり
  - カフェラテ・タイプ
  - 加糖ミルクありタイプ

❖2つのセグメントを一致させる❖

顧客企業の区分

	ブラックタイプ	加糖ミルクなしタイプ	カフェラテタイプ	加糖ミルクありタイプ
タイプA「苦み強い」			推奨タイプ	
タイプB「酸味強い」	推奨タイプ			
タイプC「苦み強い」				推奨タイプ
タイプD「酸味強い」		推奨タイプ		

（左側見出し：自社の区分）

▶ターゲット意識を分化する

　B2Bのターゲティングも構造はB2Cと同じですが、相手が企業という組織であれば、複数の登場人物がターゲットとしてカウントされます。

　旅行代理店が社員研修旅行の新商品を販売しようとする場合を例として考えてみましょう。相手企業の購入者は人事担当窓口ですが、使用者は研修参加者です。また、意思決定者は社員教育を担当する人事総務の取締役ということがあり得ます。

　このときに、新商品購入にかかわる、外せない人物の意思を明確にしておくことが重要です。なぜならば、購入者の人事担当者は「一切を任せられるかどうか」、使用者の研修対象者は「旅先のオフの魅力」、そして取締役は「ほかの実施企業において、この研修メニューでどのような成果が上がったのか」を気にしている、といった分化した意識をフォローすべきだからです。

▶ベネフィットをスコア化する

　ユーザー・ベネフィットは、B2Cでは顧客にとっての価値の規定でした。B2Bでも同様ですが、スコア換算でベネフィットを示さなければいけませ

❖ B2BとB2Cのターゲットの特性の違い ❖

B2C構成要素	B2Cで記載される内容	B2B構成要素
① デモグラフィックの特性	・年齢、性別、家族構成、所得などターゲット像の外郭を示す	① 企業概要・規模・場所・生産内容などの外郭特性
② 消費者意識特性	・カテゴリーやブランドに対し、もっとも購入意向が高くなる条件を示す	② 意思決定者・購入者・使用者の意識特性
③ 消費者行動特性	・カテゴリーやブランドに対し、もっとも購入経験（またはリピート）が高くなるときの条件を示す	③ 企業として何をどれくらい使っているかなどの行動特性

ん。

　ユーザー・ベネフィットは顧客企業の心理が複数の人物によって成り立っているので、共通の価値基準を提示しないと受け入れてもらえないからです。ここでもフェルミ推定などによって、想定されるベネフィットを金額メリットに換算します。

　たとえば、先の社員研修旅行の新商品を提案する際に、いくつかの事実を組み合せながら、最終的には提案したい新商品の費用対効果がほかの商品よりも高いことを示します。

❖ ベネフィットをスコア化した例 ❖

	1人当り金額	研修終了後の受講者からの「現場で役に立ちそうか？」という評価	研修終了半年後の受講者からの「現場で役に立ったか？」という評価	ベネフィットのスコア化
【比較対象商品】社内で行なわれる社員研修（3日間）	10万円	100（ここを基準にする）	50	1年後は完全に忘れ去られている可能性が高い
【自社商品】旅先で実施する優良な工場見学も兼ねての社員研修（3日間）	30万円	150	150	1年後も150のレベルが予想できる＝費用対効果が3倍以上の研修

5-5 B2Bマーケティング⑤ マーケティング・ミックス(4P)構築のポイント

見込み顧客を抽出し、B2Bプル・マーケティングを導入することが重要

◆マーケティング・ミックス構築のポイント

マーケティング・ミックスは生産財・中間財ともに多様なので、本書では、B2Bが新商品を市場導入する際に共通している課題についてのマーケティング・アクション・プランのポイントを説明します。

❖B2CとB2Bの違い❖

違いが大きい項目		B2C	B2B
戦略上の違い	ターゲット	リストを作りにくい	リストを作りやすい
		人物を特定しやすい	企業内の複数(意思決定、購入、利用など)にまたがることが多い
戦術上の違い	プレイス	人的チャネル、媒体チャネル、店舗チャネルの複数から組み立てる	おもに人的チャネルによって流通される
	プロモーション	PR、広告、SPでの使えるメディアが多数ある	PR、広告、SPで使えるメディアが限られている

◆見込み顧客を抽出する

B2Bでは、見込み顧客をどう抽出していくかが重要なマーケティング・アクションとなります。まずは、その理由を見てみましょう。

B2Bでは、業種ターゲットが決まれば、何らかの方法でリストは取れます。しかし、すべての会社が新商品に興味を持っているかどうかはわかりません。

B2Bでは限られた手段(プレイス、プロモーション)でターゲット企業の複数人物にアプローチしなければいけません。B2Cでは、あまたの流通チャネルで、いくつも種類があるプロモーション・メディアを活用すれば購入につなげることは可能ですが、B2Bでは想定ターゲット企業内に複数人物へのアプローチが必要なので難易度が高くなります。

まずは、「見込み顧客をどう抽出するか」が問題になりますが、新商品ではなく、ベネフィットをテーマとしたコミュニケーション活動を通じて、「どのように反応するか」で抽出していきます。

❖見込み顧客の抽出例❖

①セミナーによる見込み顧客抽出
　参加した企業は見込み顧客として、営業アプローチの対象とする場合
- IT会社の新システムの市場導入
「X手法による企業の物流コスト削減セミナー」の実施
- めざす手順
DM→オープン・セミナー実施→関心のある企業に応じて顧客企業内セミナー実施→営業活動開始→新商品の説明→テスト利用→本格的に採用

②出版による見込み顧客抽出
　納得した企業の担当者からの詳細要請があってから、営業アプローチをする場合
- 衣料原料会社の新素材の市場導入
「新素材の社会的インパクトをテーマにした本」の出版
- めざす手順
本→関心のある企業からの自社Webサイトへの詳細パンフレット要請→営業活動開始→試供品提供→本格的に採用

◆B2Bプル型マーケティング・フレームを導入する

　B2Bプル型とは、ターゲット企業群の先のエンド・ユーザー（顧客企業の顧客）を想定し、そこからの支持を得ることで、マーケティング効率を上げていくやり方です。顧客企業に直接マーケティングをする「B2Bプッシュ・マーケティング」に対して、「B2Bプル・マーケティング」といいます。

　たとえば、PC用半導体部品メーカーであるインテルがエンド・ユーザー向けにメッセージを送ることで、PC製造会社からの購入意向を高めたことや、日本農産工業がヨード卵・光のための川下の流通を作って、養鶏場である顧客に養鶏飼料商品を販売するケースがB2Bプル型マーケティングとして挙げられます。

❖B2Bプッシュ・マーケティングとB2Bプル・マーケティング❖

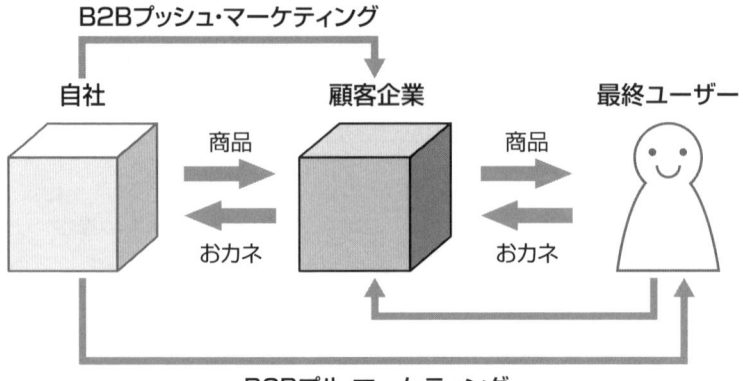

B2Bプッシュ・マーケティング

自社　　　顧客企業　　　最終ユーザー

商品　　　商品

おカネ　　おカネ

B2Bプル・マーケティング

5-6 B2Bマーケティング⑥ 既存商品育成のポイント

KPIを算出し、顧客化の指標を管理する

◆KPIを設定する

既存商品育成の観点から、B2Bマーケティングについてのポイントを説明します。

B2Bマーケティングにおいては、KPI（Key Performance Indicator：重要業績評価指標）の扱い方がポイントになります。この理由は、B2Cでは、既存商品のパフォーマンス・レビューを定量調査→定性調査といった第三者的な視点から行なうことが可能でしたが、B2Bではそういったアプローチがむずかしいということ、いったん顧客企業内で自社商品が扱われれば、既存商品情報がとりやすいというところにあります。

KPIは、顧客企業との接点から自社商品利用までの間に複数の段階を設定し、これをスコア化するという原理で設定されます。ビジネスでは、「売上なし＝ゼロ」「売上発生＝100」というメッシュの粗さがあることは最初に説明したとおりです。したがって、マーケティング活動は売上を顧客視点で順を追って埋めていくことが重要となり、その基本指標がKPIです。

◆ステップ化と次のステップへ行くための育成プランニング

「同じKPIでとどまっているターゲット企業がなぜそうなっているのか」という理由を探ります。一方で、企業規模・意識・行動が近い企業で、スムーズに次のステップに進んでいる企業があれば、そこと比較します。

比較することによって、とどまっている企業への対応が見つかる可能性があり、似ていると思っていたものの、実はまったく異なる要因が発見され、新たなKPIに加えられることもあります。

❖KPIでのターゲット企業同士の比較❖

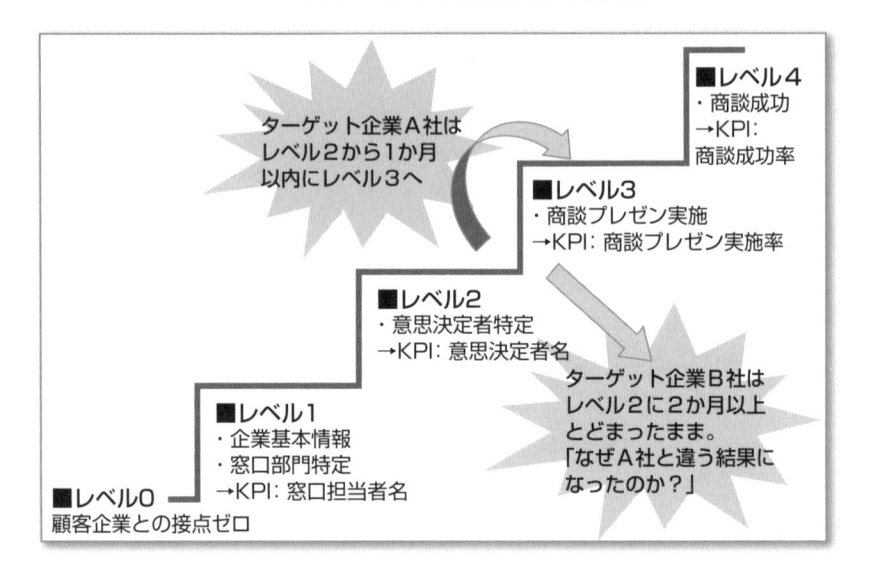

■レベル4
・商談成功
→KPI：商談成功率

■レベル3
・商談プレゼン実施
→KPI：商談プレゼン実施率

■レベル2
・意思決定者特定
→KPI：意思決定者名

■レベル1
・企業基本情報
・窓口部門特定
→KPI：窓口担当者名

■レベル0
顧客企業との接点ゼロ

ターゲット企業A社はレベル2から1か月以内にレベル3へ

ターゲット企業B社はレベル2に2か月以上とどまったまま。「なぜA社と違う結果になったのか？」

◆顧客企業の行動データからの育成プランニング

　リピートに関しては、B2Bビジネスであれば企業ごとに購買履歴が取れていることが一般的です。これを活用して、「より優良な顧客企業になってもらうにはどうしたらよいか」を考えます。

　理想の顧客企業とそうでない企業を比べていくことで、マーケティング活動のヒントを探っていくのです。

❖各ユーザーに対する商品育成の方向性❖

ユーザー区分	意味	商品育成の方向性
ロイヤル・ユーザー	●自社商品しか購入していない顧客企業 ●最も理想な顧客像	購入頻度が相対的に高い顧客は何がポイントなのかを考えていく ↑
メイン・ユーザー	●自社商品をおもに購入している顧客企業 ●競合比較で優位を認めている顧客像	
サブ・ユーザー	●自社商品を購入しているが、主ではない顧客企業 ●競争比較で劣位と考えている顧客像	
ノン・ユーザー	●自社商品を購入していない潜在顧客企業 ●もっとも理想から遠い顧客像	

◆KPIのB2Bマーケティング活動での応用

　KPIは全社的な公式指標であることが望ましいのですが、マーケティングの現場では個々の活動にも応用が可能です。つまり、「ある目標状態があって、そこに行きつくまでのいくつかのチェック・ゲートを設け、その段差の意味を抽出していく」ことが原理となります。

　たとえば、あるB2B企業が新商品説明会などをイベント会場などで実施するとします。ここでの目的指標は、「できるだけたくさんの企業を集める」ことだったりします。何社来たからよい発表会だった、何社しか来なかったからうまくいかなかったなど、目標と結果のみで判断されます。

　そこで、目的に遠い項目から近い項目に向かって、新たなチェック・ゲートを設けます。

❖新たなチェック・ゲートの例❖

---

①**発表会DM発送**
　「早く返信が来た会社」「遅く返信が来た会社」両社のタイプの違いは何か？　何が理由なのか？

②**発表会での名刺拝受**
　「役職のある人が来た会社」「担当者のみの会社」両社のタイプの違いは何か？　何が理由なのか？

③**発表会での滞在時間**
　「長く滞在した会社」「すぐ帰ってしまう会社」両社のタイプの違いは何か？　何が理由なのか？

④**発表会での商品デモンストレーション**
　「ウケた会社」「ウケない会社」両社のタイプの違いは何か？　何が理由なのか？

　このようにチェックすることで、ターゲット企業群の発表会に対する区分けができ、かつ、それぞれの段階で当該企業に担当の営業マンがヒアリングをかけていくことで、次回に継続すべき要素と改良すべき要素の洗い出しにつなげることができます。

5-7 サービス財 マーケティング①
サービス財マーケティングの特徴

4Cと7Pを使って、サービス財の戦術を練る

◆サービス財の区分け

まず、サービス財の区分けを見てみましょう。いくつも区分けの方法がありますが、ここでは3つの観点で並べます。

❖サービス・マーケティングとプロダクト・マーケティングの違い❖

サービス・マーケティングの特徴	プロダクト・マーケティングの特徴
●顧客は利用権を購入する 　→使用時間、場所の制約が存在する	●顧客は所有権を購入する 　→使用時間、場所は顧客の自由
●価値提供の形式が無形である 　→商品が見えない	●価値提供の形式が有形である 　→商品が見える
●カスタマイズ度合いが高い 　→顧客のリクエストに沿った価値が提供される	●スタンダード度合いが高い 　→顧客は決められた内容から価値を選ぶ

○=高い △=両性 ×=低い	サービス財性 ←――――――――――――――→ プロダクト財性						
	コンサルティング	病院	ホテル	レストラン	コンビニエンスストア	注文住宅	加工食品
利用権の度合い	○	○	○	△	△	×	×
コアベネフィット無形度合い	○	△	△	△	△	×	×
カスタマイズ度合い	○	○	△	△	△	○	×

①利用権と所有権：サービス財では所有権ではなく、利用権での扱いが強まる
②無形と有形：サービス財では目に見えない無形のものがたくさんある
③カスタマイズ度合い：サービス財では、顧客のリクエストに沿ってカスタマイズの幅が広がる傾向がある

プロダクトとサービスはきれいに二分されているわけではなく、徐々に区分けされています。たとえば、レストランはサービス業と呼ばれますが、食事自体はプロダクトであり、病院での医療も使われる薬はプロダクトです。このように、それぞれの業種でサービス財としての度合いが異なります。

◆サービス財マーケティングの特徴とは？

戦略にあたるSTPの部分は同じですが、戦略をアクション・プランに展開する戦術部分が4Pでは当てはめにくくなっています。本書では4Pに代わって、4Cと7Pの両方を解説します。実務上はどちらでも構いませんので、自社で使いやすい方を選べばよいでしょう。

▶①4Cでアクション・プランを構築する

4Cは、4Pに対峙するように存在します。顧客視点が強いので対話の多い2WAYのサービス財に向いています。また、プロダクトが完全に存在しないようなサービス財向きなので、コンサルティング事業などがあてはまるフレームといえます。

❖4Pと4Cの関係❖

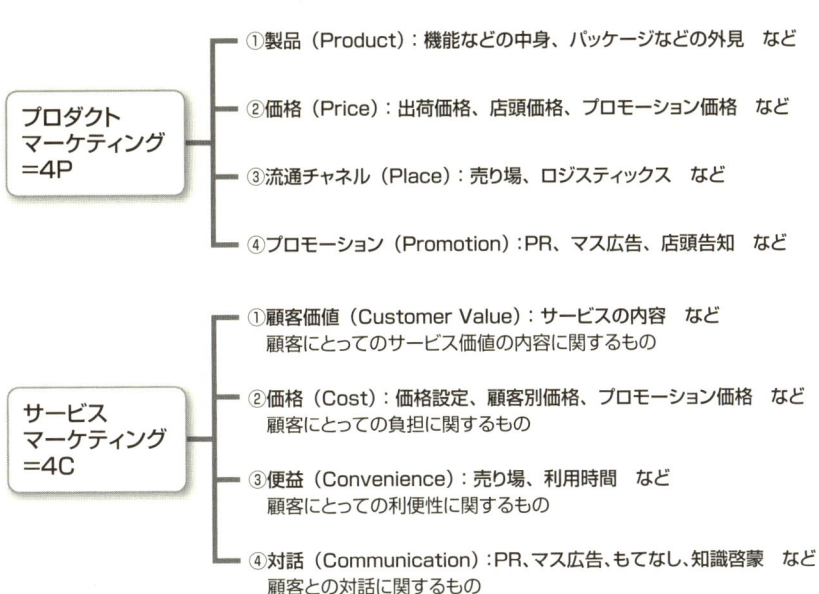

プロダクトマーケティング=4P
- ①製品(Product)：機能などの中身、パッケージなどの外見　など
- ②価格(Price)：出荷価格、店頭価格、プロモーション価格　など
- ③流通チャネル(Place)：売り場、ロジスティックス　など
- ④プロモーション(Promotion)：PR、マス広告、店頭告知　など

サービスマーケティング=4C
- ①顧客価値(Customer Value)：サービスの内容　など
　顧客にとってのサービス価値の内容に関するもの
- ②価格(Cost)：価格設定、顧客別価格、プロモーション価格　など
　顧客にとっての負担に関するもの
- ③便益(Convenience)：売り場、利用時間　など
　顧客にとっての利便性に関するもの
- ④対話(Communication)：PR、マス広告、もてなし、知識啓蒙　など
　顧客との対話に関するもの

▶②7Pによるアクション・プランの構築

　7Pは従来の4Pに3つの要素が加えられる枠組みであり、プロダクト販売も同時に持っているようなサービス財が向いています。典型的な適用事業は飲食店です。

❖7Pでプラスされる3つのP❖

⑤**Physical Evidence（フィジカル・エヴィデンス）**
　サービス財を見えるようにする部分。
　飲食店であれば、内装・外装、備品などがサービスの質として情報を発信する。また、会員カードや従業員の衣装なども入る

⑥**Proces（プロセス）**
　サービスの過程に関する部分。
　従業員の段取り、顧客からの情報収集の段取りなど

⑦**People（ピープル）**
　一連のサービスに関連する従業員のレベル。
　従業員のどういう人物がどのような態度で接客に臨めばよいかなど

❖「7P」の内容❖

サービスマーケティング＝7P
- 従来の4P
  - 製品（Product）：機能などの中身、パッケージなどの外見 など
  - 価格（Price）：出荷価格、店頭価格、プロモーション価格 など
  - 流通チャネル（Place）：売り場、ロジスティックス　など
  - プロモーション（Promotion）：PR、マス広告、店頭告知 など
- 加えられる3P
  - 物的証拠（Physical Evidence）：活動が視覚化される部分
  - プロセス（Process）：サービス業務の流れ、顧客側の段取り など
  - 人（People）：従業員による接客

5-8 サービス財マーケティング② 新サービス開発のポイント

サービスを価値として具体化する

◆バック・ステージとフロント・ステージ

サービス財の現場では、顧客から見える世界であるフロント・ステージと、顧客からは見えないバック・ステージがあります。サービス財の新商品（新サービスを新商品とします）で重要なのは、このバック・ステージ、つまり、楽屋側に独自のシーズを用意することです。

❖バック・ステージに準備するシーズの例❖

- ビデオ・レンタル・ショップ：顧客管理の独自のITシステム
- 鮨屋：独自の仕入れルート　　　　　　　　　　　　　　　など

サービス財のフロント・ステージは非常にマネされやすいのですが、バック・ステージは見えにくいために、マネされるまでに時間がかかります。その際、独自シーズはブラック・ボックスになってくれます。マネされるのに時間がかかれば、顧客の頭の中で商品がブランドになっていく確率が高まっていきます。

◆顧客自体がフィジカル・エヴィデンス

サービス財で設備などを稼働させるビジネスの場合、そこに来る顧客同士がフィジカル・エヴィデンス（Physical Evidence）になります。好循環ができるためには初期の客層が重要なので、コア・ターゲットの設定に留意します。

❖顧客がフィジカル・エヴィデンスの例❖

- ホテル：ロビーにいる客層からグレードが伝わる
- 遊園地：ほかのお客さんの盛り上がり具合で娯楽度が変わる　など

❖価値の構造❖

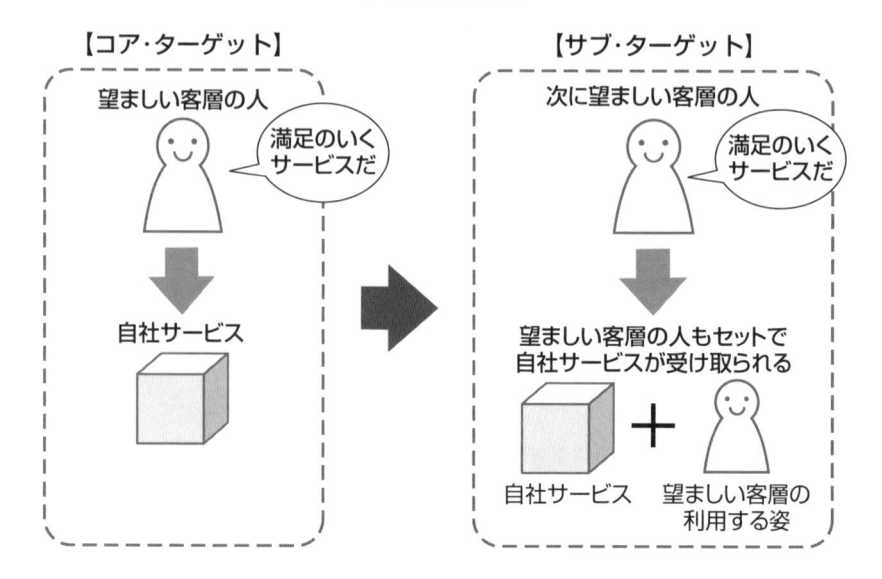

【コア・ターゲット】
望ましい客層の人 「満足のいくサービスだ」
↓
自社サービス

➡

【サブ・ターゲット】
次に望ましい客層の人 「満足のいくサービスだ」
↓
望ましい客層の人もセットで自社サービスが受け取られる
自社サービス ＋ 望ましい客層の利用する姿

◆需給バランス別に価格設定をする

　サービス財のなかには、設備や人の稼働に頼るものもあります。エステ・サロンやフィットネス・クラブなどはその代表的なものです。これらの稼働率を上げるために、需給バランスを意識した価格設定が必要になります。

　時間帯によって価格を変えることで、需給バランスを平準化します。

◆「真実の瞬間」を設計する

　サービス財では、顧客接点が長いビジネスもあります。顧客接点が長いビジネスでの新商品には、接客のどこかで商品価値を決定的に高める要素を設計しておきます。「真実の瞬間」とは、スカンジナビア航空のサービス向上のポイントをまとめた書籍化の題名です。顧客接点が長いサービス、たとえば旅客サービスの場合にはすべての顧客接点で平均的に満足度を高めるよりも、独自のポイントで顧客の期待を超える自社らしいサービスでアピールしたほうが印象に残りやすいものです。「プリ・サービス段階→サービス実施段階→アフター・サービス段階」のどこで深く価値を読み取ってくれるかを明確にし、アクション・プランに組み込みます。

❖自社らしい「真実の瞬間」の例❖

- ブライダル・サービス
  事前の衣装選びに時間と手間を惜しまない
- 海外ツアー
  現地で地元の人しか知らないユニークな飲食店へ連れていってくれる　など

❖アクション・プランに組み込むためのフォーマット例❖

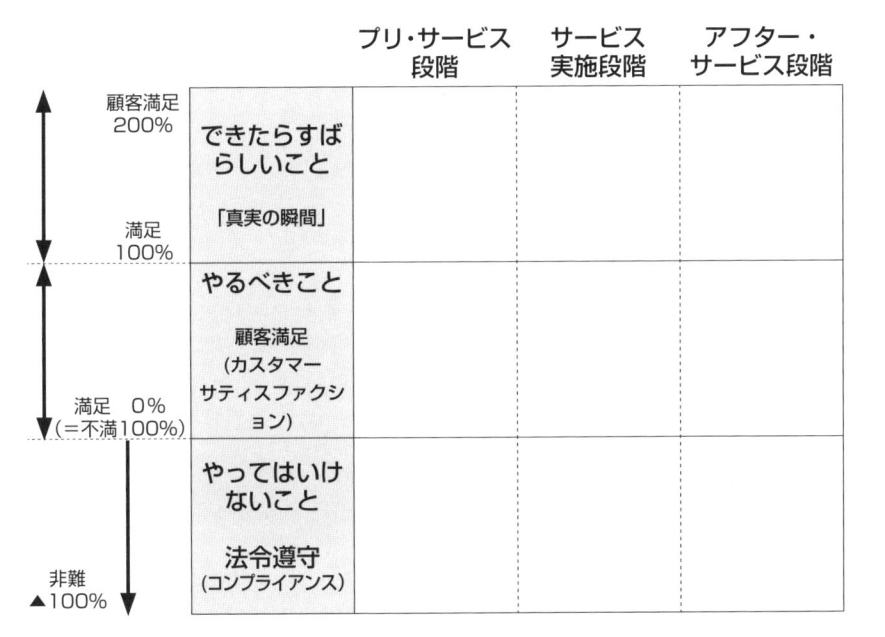

	プリ・サービス段階	サービス実施段階	アフター・サービス段階
できたらすばらしいこと 「真実の瞬間」 （顧客満足200％〜満足100％）			
やるべきこと 顧客満足（カスタマーサティスファクション） （満足100％〜満足0％（＝不満100％））			
やってはいけないこと 法令遵守（コンプライアンス） （満足0％〜非難100％）			

- 真実の瞬間＝満足度100％を超える行為は何か？
- 顧客満足（カスタマーサティスファクション）
  ＝満足度100％をめざすために必要な行為は何か？
- 法令遵守（コンプライアンス）＝非難されることを防ぐ行為は何か？

5-9 サービス財マーケティング③ 既存サービス育成のポイント

顧客化のための情報収集と活用

◆顧客アンケートの留意点

　既存商品育成の観点からサービス・マーケティングについてのポイントを説明します。

　サービス財では、プロダクトのように客観的なパフォーマンス・レビューができるものもあります。宅配便サービスやコンビニエンスストアなどですが、これらは「展開範囲が広い＆利用顧客数が多い」といった条件をそろえています。

　しかし、ホテル・旅館などの施設稼働型や、飲食店、エステのようなエリアが限られたものでは、利用顧客への直接アンケートがよく使われます。

　自社からのアンケートでは、「よくいわれやすい」ところがあります。そこで、第三者機関の満足度調査では5段階評価が使われますが、それに代わり、自社アンケートでは7段階評価が使われます。なぜ自社のアンケートでは7段階評価にするかというと、相手がアンケート先を知っているので、俗にいう下駄を履かせたスコアになりがちなものを読込済にするためです。「非常に満足」以外はすべてなんらかの不満が存在しているという見方をします。

　もちろん、単に顧客アンケートだけではなく、接客時間が長いサービス業ならば、担当した従業員から自分の理想の顧客増に近い人々なのかどうかを確認しておき、「誰の不満を優先的に解決すべきか？」という判断基準も用意することもあります。この場合、顧客アンケートはあくまで解決順序を引き出すツールとしての位置づけになります。

❖アンケートの違いと意味❖

	5段階評価	7段階評価
実施	第三者機関	当事者
形式	Q1) あなたは商品Xにどれくらい満足していますか？ どれか1つに○を付けてください ・満足 ・やや満足 ・どちらとも言えない ・やや不満 ・不満 Q2）Q1で○をつけた理由をお教えください 【自由回答欄】	Q1) あなたは今回のサービスにどれくらい満足していますか？ どれか1つに○を付けてください ・非常に満足 ・満足 ・やや満足 ・どちらとも言えない ・やや不満 ・不満 ・非常に不満 Q2）Q1で○をつけた理由をお教えください 【自由回答欄】
分析でのおもな留意点	・パフォーマンス・レビューと同様にそれぞれの段階での分析 ・ターゲットの意見を重視 ・ヘビーユーザーの意見を重視（消耗消費財など）	・原則、「非常に満足」以外何らかの問題と見る ・不満方向の回答者は回答そのものが少ないので、回収率がどうかを見る ・対応した従業員から見た顧客の様子を突き合わせる ・ターゲットの意見を重視

◆ ロイヤリティからの波及を促進する

　ロイヤリティからの波及を促進するためには、既存サービスでの顧客が顧客を生むサイクルがどのようになっているかを想定します。遊園地や旅館などの施設活用サービスでは、「顧客のリピート化によって、新規顧客が自動的に開拓できるサイクルを設計する」ことが既存商品育成のポイントになります。

❖顧客化サイクルの設計図❖

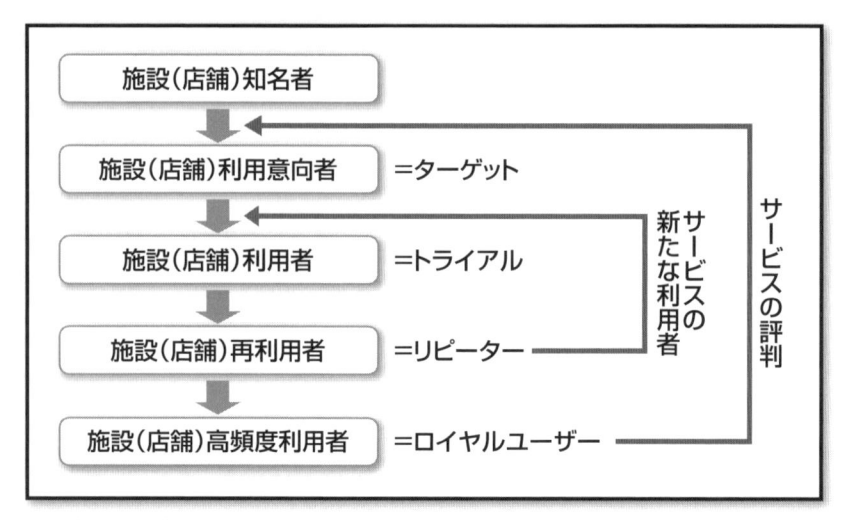

```
施設(店舗)知名者
    ↓
施設(店舗)利用意向者  =ターゲット
    ↓
施設(店舗)利用者      =トライアル
    ↓                              サービスの新たな利用者    サービスの評判
施設(店舗)再利用者    =リピーター
    ↓
施設(店舗)高頻度利用者 =ロイヤルユーザー
```

- 複数での利用を通じて、リピーターが次のトライアルを生む
- 自分なりの楽しみ方を知っているロイヤルユーザーが次のターゲットを生む

◆RFM分析

　RFM分析とは、サービス・マーケティングでとくに利用頻度の高いようなサービス（小売業など）で、既存ユーザーの分解の仕方として一般的な方法です。数字データなので消費者定量調査の代わりにもなります。

　Recency（リーセンシー：最新利用日）、Frequency（フリークエンシー：利用頻度）、Monetary（マネタリー：利用金額）という3つの要素から顧客全体を分類します。

　これらの指標からいくつかの階層（顧客人数に応じて階層数は自由なものの、扱える範囲）に分類します。たとえば、5階層にすると「5×5×5＝125区分」にまでできます。

- リーセンシー：最近利用から昔の利用までを5分割
- フリークエンシー：多い順に5分割
- マネタリー：累計利用金額の多い順から5分割

　区分することによって、理想の顧客、かつ、今後の利用が期待できる人の優先順位が特定できます。

安原 智樹（やすはら　ともき）

マーケティング・コンサルタント。消費財会社を中心にブランド・マーケティング、B2Bマーケティングの実務経験を15年近く積む。2000年に、企業内のマーケティング部門で行なわれる商品開発・育成の仕組み、ブランド管理の運営手法作成コンサルティングを目的としたヤスハラ・マーケティング・オフィスを設立。代表として現在に至る。著書は『入門ブランド・マーケティング』（プレジデント社）、『はじめて学ぶブランド・マネジメント』（翔泳社、翻訳書の監修）、『「マーケティング」の基本＆実践力がイチから身につく本』（すばる舎）、『ブランディングの基本』（日本実業出版社）。

ヤスハラ・マーケティング・オフィス
http://www.yasuhara-marketing.com/

マーケティングの基本

2009年3月1日　初版発行
2016年12月10日　第17刷発行

著　者　安原智樹　©T.Yasuhara 2009
発行者　吉田啓二
発行所　株式会社日本実業出版社　東京都新宿区谷本村町3-29 〒162-0845
　　　　　　　　　　　　　　　　大阪市北区西天満6-8-1 〒530-0047
　　　　編集部　☎03-3268-5651
　　　　営業部　☎03-3268-5161　振替 00170-1-25349
　　　　　　　　　　　　　　　　http://www.njg.co.jp

印刷／壮光舎　製本／若林製本

この本の内容についてのお問合せは、書面かFAX（03-3268-0832）にてお願い致します。
落丁・乱丁本は、送料小社負担にて、お取り替え致します。

ISBN 978-4-534-04518-8　Printed in JAPAN

日本実業出版社の本
マーケティング関連

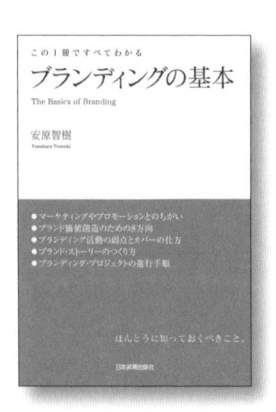

好評既刊！

ブランディングの基本
安原 智樹＝著
定価 本体 1600円（税別）

広告の基本
波田 浩之＝著
定価 本体 1500円（税別）

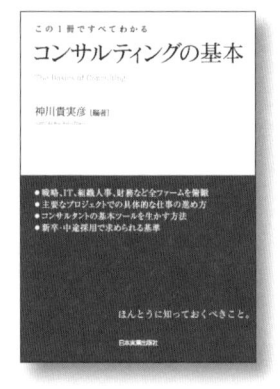

コンサルティングの基本
神川 貴実彦＝編著
定価 本体 1500円（税別）

価格の心理学
リー・コードウェル＝著
武田 玲子＝訳
定価 本体 1600円（税別）

「たった1人」を確実に振り向かせると、100万人に届く。
阪本 啓一＝著
定価 本体 1400円（税別）

経営戦略の基本
(株)日本総合研究所経営戦略研究会＝著
定価 本体 1500円（税別）

定価変更の場合はご了承ください。